해커스 공인중개사 출제예상문제집

2차 부동산세법

해커스 공인중개사

land.Hackers.com

합격을 좌우하는 **최종 마무리**

기본서를 통해 세법의 이론들을 학습하였음에도 불구하고 막상 문제를 풀어보면 점수가 생각했던 것보다 나오지 않아 실망하는 경우들을 보게 됩니다. 그 이유는 핵심 포인트를 제대로 이해하지 못하여 다른 내용과 혼동하였거나 사례적응 연습이 되지 않았기 때문입니다. 본서는 이러한 문제점을 해결하는 데 주안점을 두고 집필하였습니다.

세법은 매년 법령이 개정되는 과목으로 실전에서 의미 있는 개정세법은 당해 연도 시험에 출제가 되기 때문에 숙지하여야 할 필요가 있으며, 이에 본서는 2025년 개정세법과 최근의 개정내용을 반영하여 문제화하였습니다. 또한 수험 준비에 시간이 없는 수험생들도 본서의 문제와 해설을 통하여 출제 가능성이 높은 내용들을 단기간에 정복할 수 있도록 구성하였습니다.

본서는 다음의 내용에 중점을 두고 집필하였습니다.

1 조세의 핵심 내용을 포인트별로 정리하여 부동산세법을 체계적으로 요약정리할 수 있도록 하였습니다. 또한 핵심이론과 문제를 포인트로 연계하고, 각 포인트별 중요도를 표시하여 더욱 효과적으로 학습할 수 있도록 하였습니다.

2 최근의 출제경향을 철저히 분석하여 다양한 최신 출제 경향의 문제들로 구성하고 그에 대한 충실한 해설을 수록하였습니다.

3 문제를 고득점, 신유형, 중요로 구분하여 학습의 효율성을 높이도록 하였고, 최근 출제경향인 종합형 문제와 세목별 비교문제에 대비하여 다양한 유형의 문제를 수록하였습니다.

더불어 공인중개사 시험 전문 **해커스 공인중개사(land.Hackers.com)** 에서 학원 강의나 인터넷 동영상 강의를 함께 이용하여 꾸준히 수강한다면 학습 효과를 극대화할 수 있습니다.

본 교재는 제36회 공인중개사 시험에 완벽하게 대비하는 것을 목표로 서술하였습니다. 다만, 개정이 잦은 세법 과목의 특성상 출간 이후의 개정사항은 정오표를 통하여 보완할 것을 약속드립니다.

본서를 통해 공인중개사 시험을 준비하는 수험생들이 실전에서 좋은 점수를 얻어 아름다운 결실을 맺을 수 있을 것이라 믿습니다. 그리고 본 교재가 출간되기까지 많은 격려와 도움을 주시고 고생하신 사장님과 해커스 편집팀 모든 분들에게 감사드립니다.

2025년 5월

강성규, 해커스 공인중개사시험 연구소

이 책의 차례

제3편 | 국세

[책 속의 책] **해설집**

이 책의 특징

01 전략적인 문제풀이를 통해 합격으로 가는 실전 문제집

2025년 공인중개사 시험 대비를 위한 실전 문제집으로 합격에 꼭 필요한 문제만을 엄선하여 수록하였습니다. 출제 가능성이 높은 다양한 유형의 예상문제를 풀어볼 수 있도록 구성함으로써 주요 내용만을 전략적으로 학습하여 단기간에 합격에 이를 수 있도록 하였습니다.

02 기출 심층분석으로 선별한 48개 출제포인트로 부동산세법 최종 마무리

제29회부터 제35회까지 최근 7개년 기출문제를 분석하여 주요 출제포인트를 선정하였습니다. 부동산세법의 방대한 내용을 48개 출제포인트로 정리하여 출제 가능성이 높은 문제를 빠르게 학습할 수 있도록 구성하고, 포인트별 출제경향과 학습전략을 Tip 으로 제시하여 학습효과를 높였습니다.

03 확실한 이해를 돕는 정확하고 꼼꼼한 해설 수록

모든 문제에 대한 정확하고 꼼꼼한 해설을 수록하고, 문제와 관련된 판례 · 공식 · 암기사항 등을 풍부하게 제시하여 개념을 다시 한 번 정리하고 실력을 향상시킬 수 있도록 하였습니다. 또한 정답의 단서가 되는 부분에 강조 표시하고, 문제집과 해설집을 분리하여 보다 편리한 학습이 가능하도록 하였습니다.

04 최신 개정법령 및 출제경향 반영

최신 개정법령 및 시험 출제경향을 철저하게 분석하여 문제에 모두 반영하였습니다. 또한 기출문제의 경향과 난이도가 충실히 반영된 중요 · 고득점 · 신유형 문제를 수록하여 다양한 문제유형에 충분히 대비할 수 있도록 하였습니다.

05 효율적인 학습을 위한 2주 완성 및 자기주도 학습계획표 제공

개인의 학습방법과 속도에 따라 선택하여 활용할 수 있는 과목별 2주 완성 학습계획표와 자기주도 학습계획표를 수록하였습니다. 또한 학습계획표에 학습체크란을 제시하여 계획적으로 학습할 수 있도록 하였으며, '학습계획표 이용 Tip'을 수록하여 본 교재를 더욱 효과적으로 활용할 수 있도록 하였습니다.

06 학습효과 극대화를 위한 명쾌한 온·오프라인 강의 제공(land.Hackers.com)

해커스 공인중개사학원에서는 공인중개사 전문 교수진의 쉽고 명쾌한 강의를 제공하고 있습니다. 해커스 공인중개사(land.Hackers.com)에서는 학원강의를 온라인으로 학습할 수 있도록 동영상으로 제공하고 있으며, 교수님께 질문하기 게시판을 통하여 교수님에게 직접 질문하고 답변을 받으며 현장강의를 듣는 것과 같은 학습효과를 얻을 수 있습니다.

07 다양한 무료 학습자료 및 필수 합격정보 제공(land.Hackers.com)

해커스 공인중개사(land.Hackers.com)에서는 제35회 기출문제 동영상 해설강의, 온라인 전국 실전모의고사 그리고 각종 무료강의 등 다양한 학습자료와 시험 안내자료, 합격가이드 등 필수 합격정보를 제공하고 있습니다. 이러한 유용한 자료와 정보들을 효과적으로 얻어 시험 관련 내용에 빠르게 대처할 수 있도록 하였습니다.

이 책의 구성

전략 술술! 출제경향

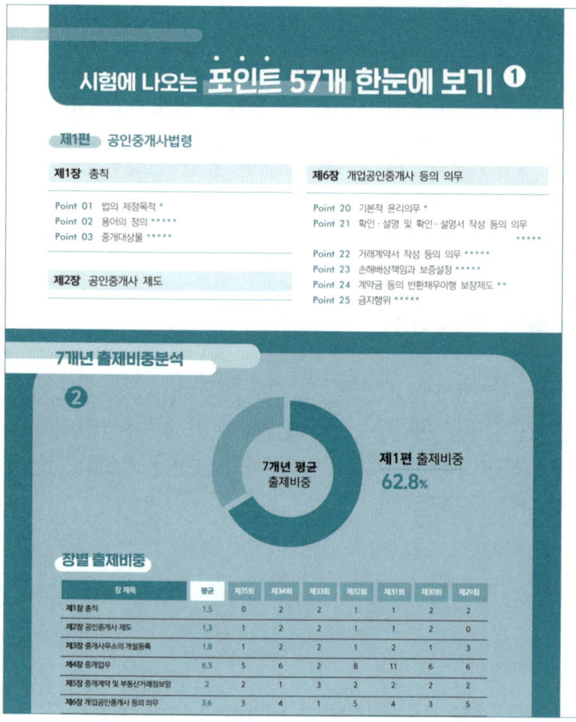

시험에 나오는 포인트 57개 한눈에 보기 ❶

제1편 공인중개사법령

제1장 총칙

Point 01 법의 제정목적 *
Point 02 용어의 정의 *****
Point 03 중개대상물 *****

제2장 공인중개사 제도

제6장 개업공인중개사 등의 의무

Point 20 기본적 윤리의무 *
Point 21 확인 · 설명 및 확인 · 설명서 작성 등의 의무 *****
Point 22 거래계약서 작성 등의 의무 *****
Point 23 손해배상책임과 보증설정 *****
Point 24 계약금 등의 반환채무이행 보장제도 **
Point 25 금지행위 *****

7개년 출제비중분석 ❷

7개년 평균 출제비중

제1편 출제비중 62.8%

장별 출제비중

장 제목	평균	제35회	제34회	제33회	제32회	제31회	제30회	제29회
제1장 총칙	1.5	0	2	2	1	1	2	2
제2장 공인중개사 제도	1.3	1	2	2	1	1	2	0
제3장 중개사무소의 개설등록	1.8	1	2	2	1	2	1	3
제4장 중개업무	6.3	5	6	2	8	11	6	6
제5장 중개계약 및 부동산거래정보망	2	2	1	3	2	2	2	2
제6장 개업공인중개사 등의 의무	3.6	3	4	1	5	4	3	5

실력 쑥쑥! 예상문제

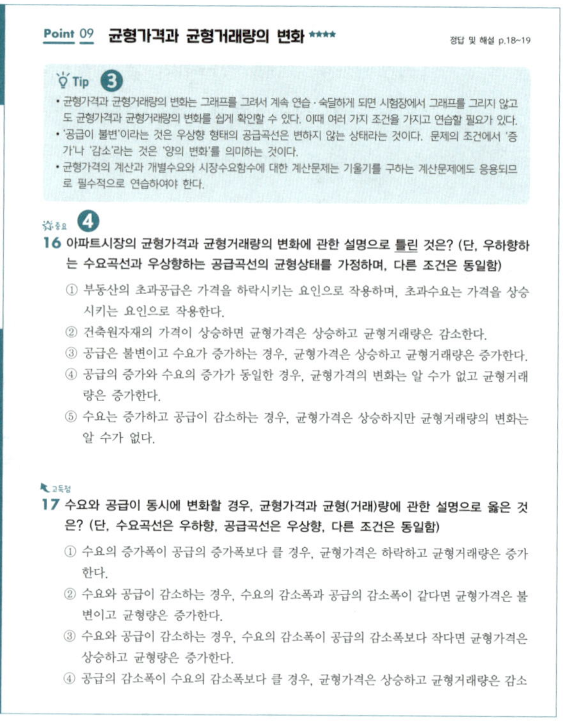

Point 09 균형가격과 균형거래량의 변화 ****　　정답 및 해설 p.18~19

Tip ❸
• 균형가격과 균형거래량의 변화는 그래프를 그려서 계속 연습 · 숙달하게 되면 시험장에서 그래프를 그리지 않고도 균형가격과 균형거래량의 변화를 쉽게 확인할 수 있다. 이때 여러 가지 조건을 가지고 연습할 필요가 있다.
• '공급이 불변'이라는 것은 우상향 형태의 공급곡선은 변하지 않는 상태라는 것이다. 문제의 조건에서 '증가'나 '감소'라는 것은 '양의 변화'를 의미하는 것이다.
• 균형가격의 계산과 개별수요와 시장수요함수에 대한 계산문제는 기울기를 구하는 계산문제에도 응용되므로 필수적으로 연습하여야 한다.

중요 ❹
16 아파트시장의 균형가격과 균형거래량의 변화에 관한 설명으로 틀린 것은? (단, 우하향하는 수요곡선과 우상향하는 공급곡선의 균형상태를 가정하며, 다른 조건은 동일함)
① 부동산의 초과공급은 가격을 하락시키는 요인으로 작용하며, 초과수요는 가격을 상승시키는 요인으로 작용한다.
② 건축원자재의 가격이 상승하면 균형가격은 상승하고 균형거래량은 감소한다.
③ 공급은 불변이고 수요가 증가하는 경우, 균형가격은 상승하고 균형거래량은 증가한다.
④ 공급의 증가와 수요의 증가가 동일한 경우, 균형가격의 변화는 알 수가 없고 균형거래량은 증가한다.
⑤ 수요는 증가하고 공급이 감소하는 경우, 균형가격은 상승하지만 균형거래량의 변화는 알 수가 없다.

고득점
17 수요와 공급이 동시에 변화할 경우, 균형가격과 균형(거래)량에 관한 설명으로 옳은 것은? (단, 수요곡선은 우하향, 공급곡선은 우상향, 다른 조건은 동일함)
① 수요의 증가폭이 공급의 증가폭보다 클 경우, 균형가격은 하락하고 균형거래량은 증가한다.
② 수요와 공급이 감소하는 경우, 수요의 감소폭과 공급의 감소폭이 같다면 균형가격은 불변이고 균형량은 증가한다.
③ 수요와 공급이 감소하는 경우, 수요의 감소폭이 공급의 감소폭보다 작다면 균형가격은 상승하고 균형량은 증가한다.
④ 공급의 감소폭이 수요의 감소폭보다 클 경우, 균형가격은 상승하고 균형거래량은 감소

❶ 시험에 나오는 포인트 한눈에 보기

각 단원별로 흩어져 있는 출제포인트를 교재 앞부분에 모아 수록함으로써 시험에 자주 출제되는 포인트와 포인트별 중요도를 한눈에 확인할 수 있도록 하였습니다.

❷ 7개년 출제비중분석

최근 7개년의 공인중개사 기출문제를 심층적으로 분석하여 도출한 편별 · 장별 출제비중을 각 편 시작 부분에 시각적으로 제시함으로써 단원별 출제경향을 한눈에 파악하고 학습전략을 수립할 수 있도록 하였습니다.

❸ 문제 해결능력을 높이는 Tip

학습방향, 문제풀이 방법 등을 담은 Tip을 수록하여 출제경향에 따라 전략적으로 문제를 해결할 수 있도록 하였습니다.

❹ 다양한 유형의 예상문제

출제예상문제를 중요 · 고득점 · 신유형으로 구분하여 전략적인 문제풀이가 가능하도록 하였습니다.

- 중요 : 60점 이상을 목표로 한다면 각 포인트에서 꼭 숙지하여야 할 문제
- 고득점 : 고득점을 목표로 한다면 풀어봐야 할 문제
- 신유형 : 기존에 출제되지 않았지만 출제될 것으로 예상되는 새로운 유형 대비 문제

이해 쏙쏙! 해설

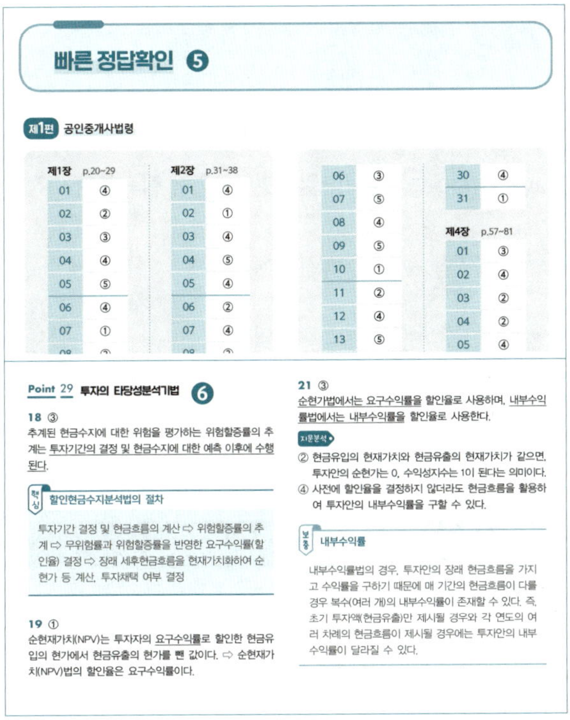

빠른 정답확인 ❺

제1편 공인중개사법령

제1장 p.20~29		제2장 p.31~38	
01	④	01	④
02	②	02	①
03	③	03	④
04	④	04	⑤
05	⑤	05	④
06	④	06	②
07	①	07	④

06	③
07	⑤
08	④
09	⑤
10	①
11	②
12	④
13	⑤

30	④
31	①

제4장 p.57~81	
01	③
02	④
03	②
04	②
05	④

Point 29 투자의 타당성분석기법 ❻

18 ③
추계된 현금수지에 대한 위험을 평가하는 위험할증률의 추계는 투자기간의 결정 및 현금수지에 대한 예측 이후에 수행된다.

핵심 할인현금수지분석법의 절차

투자기간 결정 및 현금흐름의 계산 ⇨ 위험할증률의 추계 ⇨ 무위험률과 위험할증률을 반영한 요구수익률(할인율) 결정 ⇨ 장래 세후현금흐름을 현재가치화하여 순현가 등 계산, 투자채택 여부 결정

19 ①
순현재가치(NPV)는 투자자의 요구수익률로 할인한 현금유입의 현가에서 현금유출의 현가를 뺀 값이다. ⇨ 순현재가치(NPV)법의 할인율은 요구수익률이다.

21 ③
순현가법에서는 요구수익률을 할인율로 사용하며, 내부수익률법에서는 내부수익률을 할인율로 사용한다.

지문분석

② 현금유입의 현재가치와 현금유출의 현재가치가 같으면, 투자안의 순현가는 0, 수익성지수는 1이 된다는 의미이다.
④ 사전에 할인율을 결정하지 않더라도 현금흐름을 활용하여 투자안의 내부수익률을 구할 수 있다.

보충 내부수익률

내부수익률법의 경우, 투자안의 장래 현금흐름을 가지고 수익률을 구하기 때문에 매 기간의 현금흐름이 다를 경우 복수(여러 개)의 내부수익률이 존재할 수 있다. 즉, 초기 투자액(현금유출)만 제시될 경우와 각 연도의 여러 차례의 현금흐름이 제시될 경우에는 투자안의 내부수익률이 달라질 수 있다.

❺ 빠른 정답확인

각 단원별로 제시된 정답박스를 모아 놓은 '빠른 정답확인'을 활용하여 문제풀이 후 간편하게 정답을 확인할 수 있도록 하였습니다.

❻ 이해를 돕는 상세한 해설

문제에 대한 자세하고 친절한 해설뿐만 아니라 '지문분석', '핵심', '보충'과 같은 다양한 학습장치를 수록하여 해설만으로도 관련 이론을 충분히 정리할 수 있도록 하였습니다.

공인중개사 시험안내

응시자격

학력, 나이, 내 · 외국인을 불문하고 제한이 없습니다.

* 단, 법에 의한 응시자격 결격사유에 해당하는 자는 제외합니다(www.Q-Net.or.kr/site/junggae에서 확인 가능).

원서접수방법

- 국가자격시험 공인중개사 홈페이지(www.Q-Net.or.kr/site/junggae) 및 모바일큐넷(APP)에 접속하여 소정의 절차를 거쳐 원서를 접수합니다.
  * 5일간 정기 원서접수 시행, 2일간 빈자리 추가접수 도입(정기 원서접수 기간 종료 후 환불자 범위 내에서만 선착순으로 빈자리 추가접수를 실시하므로 조기 마감될 수 있음)
- 원서접수시 최근 6개월 이내 촬영한 여권용 사진(3.5cm×4.5cm)을 JPG파일로 첨부합니다.
- 응시수수료는 1차 13,700원, 2차 14,300원, 1 · 2차 동시 응시의 경우 28,000원(제35회 시험 기준)입니다.

시험과목

차수	시험과목	시험범위
1차 (2과목)	부동산학개론	· 부동산학개론: 부동산학 총론, 부동산학 각론 · 부동산감정평가론
	민법 및 민사특별법	· 민법: 총칙 중 법률행위, 질권을 제외한 물권법, 계약법 중 총칙 · 매매 · 교환 · 임대차 · 민사특별법: 주택임대차보호법, 상가건물 임대차보호법, 집합건물의 소유 및 관리에 관한 법률, 가등기담보 등에 관한 법률, 부동산 실권리자명의 등기에 관한 법률
2차 (3과목)	공인중개사의 업무 및 부동산 거래신고에 관한 법령 및 중개실무	· 공인중개사법 · 부동산 거래신고 등에 관한 법률 · 중개실무(부동산거래 전자계약 포함)
	부동산공법 중 부동산중개에 관련되는 규정	· 국토의 계획 및 이용에 관한 법률 · 도시개발법 · 도시 및 주거환경정비법 · 주택법 · 건축법 · 농지법
	부동산공시에 관한 법령 및 부동산 관련 세법*	· 부동산등기법 · 공간정보의 구축 및 관리 등에 관한 법률(제2장 제4절 및 제3장) · 부동산 관련 세법(상속세, 증여세, 법인세, 부가가치세 제외)

* 부동산공시에 관한 법령 및 부동산 관련 세법 과목은 내용의 구성 편의상 '부동산공시법령'과 '부동산세법'으로 분리하였습니다.
* 답안은 시험시행일 현재 시행되고 있는 법령 등을 기준으로 작성합니다.

시험시간

구분	시험과목 수		입실시간	시험시간
1차 시험	2과목 (과목당 40문제)		09:00까지	09:30~11:10(100분)
2차 시험	1교시	2과목 (과목당 40문제)	12:30까지	13:00~14:40(100분)
	2교시	1과목 (과목당 40문제)	15:10까지	15:30~16:20(50분)

* 위 시험시간은 일반응시자 기준이며, 장애인 등 장애 유형에 따라 편의제공 및 시험시간 연장이 가능합니다(장애 유형별 편의제공 및 시험시간 연장 등 세부내용은 국가자격시험 공인중개사 홈페이지 공지사항 참고).

시험방법

- 1년에 1회 시험을 치르며, 1차 시험과 2차 시험을 같은 날에 구분하여 시행합니다.
- 모두 객관식 5지 선택형으로 출제됩니다.
- 답안작성은 OCR 카드에 작성하며, 전산자동 채점방식으로 채점합니다.

합격자 결정방법

- 1 · 2차 시험 공통으로 매 과목 100점 만점으로 하여 매 과목 40점 이상, 전 과목 평균 60점 이상 득점자를 합격자로 합니다.
- 1차 시험에 불합격한 사람의 2차 시험은 무효로 합니다.
- 1차 시험 합격자는 다음 회의 시험에 한하여 1차 시험을 면제합니다.

최종 정답 및 합격자 발표

- 최종 정답 발표는 인터넷(www.Q-Net.or.kr/site/junggae)을 통하여 확인 가능합니다.
- 최종 합격자 발표는 시험을 치른 한 달 후에 인터넷(www.Q-Net.or.kr/site/junggae)을 통하여 확인 가능합니다.

학습계획표

학습계획표 이용 Tip

- 본인의 학습 진도와 속도에 적합한 학습계획표를 선택한 후, 매일 · 매주 단위의 학습량을 확인합니다.
- 목표한 분량을 완료한 후에는 ☑와 같이 체크하거나 '학습 기간'에 기록하여 학습 진도를 스스로 점검합니다.

[학습 Tip]

- '출제비중분석'을 통해 단원별 출제비중과 해당 단원의 출제경향을 파악하고, 포인트별로 문제를 풀어나가며 다양한 출제 유형을 익힙니다.
- 틀린 문제는 해설을 꼼꼼히 읽어보고 '지문분석', '핵심', '보충' 코너에 수록된 내용을 확실히 이해하고 넘어가도록 합니다.
- 시험에 자주 출제되는 포인트와 포인트별 중요도를 확인하고, 문제풀이 전 단원별 주요 이론을 학습합니다.

[복습 Tip]

- 문제집을 학습하면서 어려움을 느낀 부분은 기본서 페이지를 찾아 관련 이론을 확인하고 주요 내용을 확실히 정리합니다.
- 문제집을 다시 풀어볼 때에는 ★의 개수가 많은 '핵심포인트' 위주로 전체 내용을 정리하고, 틀린 문제가 많았던 '핵심포인트'는 포인트별 Tip 에서 강조한 내용을 노트에 정리해 봅니다.
- 다양한 유형과 난이도에 대한 적응력을 높일 수 있도록 고득점 · 신유형 · 중요 문제의 지문과 해설을 다시 한 번 꼼꼼히 살펴봅니다.

부동산세법 2주 완성 학습계획표

한 과목을 2주에 걸쳐 1회독 할 수 있는 학습계획표로, 한 과목씩 집중적으로 공부하고 싶은 수험생에게 추천합니다.

구분	월	화	수	목	금	토
1주차	Point 01~07 □	Point 08~12 □	Point 13~16 □	Point 17~19 □	Point 20~21 □	Point 22~24 □
2주차	Point 25~27 □	Point 28~30 □	Point 31~37 □	Point 38~43 □	Point 44~45 □	Point 46~48 □

자기주도 학습계획표

자율적으로 일정을 설정할 수 있는 학습계획표로, 자신의 학습속도에 맞추어 공부하고 싶은 수험생에게 추천합니다.

	과목	학습 범위	학습 기간
1			
2			
3			
4			
5			
6			
7			
8			
9			
10			
11			
12			
13			
14			
15			
16			
17			
18			
19			
20			
21			
22			
23			
24			
25			

활용예시

	과목	학습 범위	학습 기간
3	민법	2편 2장	8월 1일 ~ 8월 3일

시험에 나오는 포인트 48개 한눈에 보기

제1편 조세총론

제1장 조세의 기초이론

- Point 01 조세의 개념 및 특징 *
- Point 02 물납과 분할납부 *****
- Point 03 조세의 분류 **
- Point 04 본세와 부가세 **
- Point 05 부동산활동에 따른 분류 ***
- Point 06 징수방법, 가산세 *****
- Point 07 면세점, 소액징수면제, 최저한세 ****

제2장 납세의무의 성립 · 확정 · 소멸

- Point 08 납세의무의 성립 · 확정 · 소멸 *****
- Point 09 기한 후 신고 및 수정신고 **
- Point 10 납세의무의 확장 및 보충적 납세의무 *

제3장 조세와 다른 채권의 관계

- Point 11 조세와 다른 채권의 관계 ***

제4장 조세의 불복제도 및 서류의 송달

- Point 12 조세의 불복제도 및 서류의 송달 *

제2편 지방세

제1장 취득세

- Point 13 취득세 특징 **
- Point 14 취득세 과세대상 *
- Point 15 취득세 납세의무자 *****
- Point 16 취득시기 ****
- Point 17 취득세 과세표준 *****
- Point 18 취득세율 *****
- Point 19 사치성 재산, 과밀억제권역(대도시) 내 취득시 중과세, 세율특례 ****
- Point 20 취득세 비과세 ***
- Point 21 취득세 납세절차 *****

제2장 등록면허세

- Point 22 등록면허세의 특징, 납세의무자 ***
- Point 23 등록면허세 과세표준 및 세율 *****
- Point 24 등록면허세 납세절차 및 비과세 ****

제3장 재산세

- Point 25 재산세의 특징과 과세대상 **
- Point 26 재산세 과세대상 토지의 구분 ****
- Point 27 재산세 납세의무자 *****
- Point 28 재산세 과세표준 및 세율 *****
- Point 29 재산세 비과세 ***
- Point 30 재산세 부과 · 징수 *****

제4장 기타 지방세

- Point 31 지역자원시설세 *
- Point 32 지방교육세 *
- Point 33 지방소득세 *

제3편 국세

제1장 종합부동산세

제2장 소득세 총설

제3장 양도소득세

7개년 출제비중분석

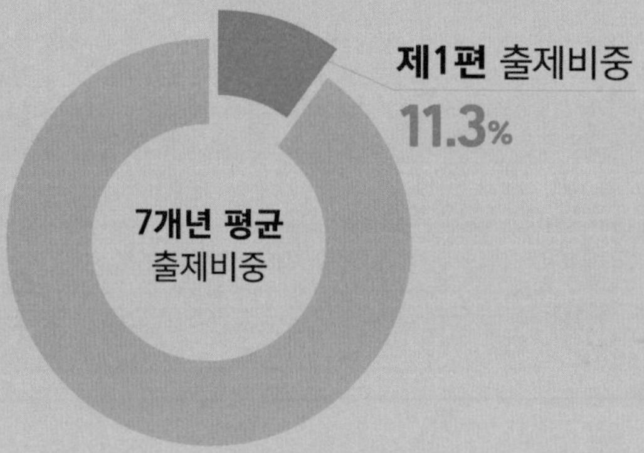

장별 출제비중

장 제목	평균	제35회	제34회	제33회	제32회	제31회	제30회	제29회
제1장 조세의 기초 이론	0.3	0	0	0	0	1	1	0
제2장 납세의무의 성립 · 확정 · 소멸	0.7	1	2	0	1	0	0	1
제3장 조세와 다른 채권의 관계	0.4	1	0	0	0	0	1	1
제4장 조세의 불복제도 및 서류의 송달	0.4	0	0	2	0	0	1	0

*평균: 최근 7개년 동안 출제된 각 장별 평균 문제 수입니다.

제1편

조세총론

제1장 조세의 기초이론

Point 01 조세의 개념 및 특징 ★

기본서 p.19~21

(1) 과세주체

국가 또는 지방자치단체

(2) 조세부과의 목적

① 1차적 목적(본원적 목적): 재정수입 확보(국고적 목적)*

② 2차적 목적: 사회정책적 · 경제정책적 목적

* 본래의 목적이 재정수입에 있지 않고 오직 위법행위에 대한 제재의 목적으로 부과되는 벌금 · 과태료 · 과료 등은 조세가 아니다.

(3) 과세근거

조세법률주의

(4) 과세요건

과세대상, 납세의무자, 과세표준, 세율

(5) 비보상성(비대가성)

(6) 납부이행의 방법

① 원칙: 금전납부, 일시불 납부

② 예외: 물납, 분할납부

Point 02 물납과 분할납부 ★★★★★

기본서 p.20~21

(1) 물납과 분할납부가 허용되는 세목

물납	① 지방세: 재산세 ② 국세: 상속세
분할납부	① 지방세: 재산세, 소방분 지역자원시설세(재산세 납세고지서에 병기하여 고지되는 경우), 지방교육세(재산세의 부가세), 종합소득에 대한 개인지방소득세 ② 국세: 종합부동산세, 양도소득세, 법인세, 상속세, 증여세, 농어촌특별세 등

(2) 재산세 물납

① 요건: 납부할 재산세액(병기세액과 부가세액 제외, 도시지역분 포함)이 1천만원 초과
② 신청절차: 납부기한 10일 전까지 신청, 5일 이내에 허가(서면)통지
③ 대상: 당해 과세 관할 내의 부동산
④ 물납부동산 평가: 과세기준일 현재 시가

(3) 분할납부

구분	재산세	종합부동산세	양도소득세
분할납부 요건	납부할 세액 250만원 초과	납부할 세액 250만원 초과	납부할 세액 1천만원 초과
분할납부 기한	납부기한 경과 후 3개월 이내	납부기한 경과 후 6개월 이내	납부기한 경과 후 2개월 이내
분할납부 가능금액	납부할 세액 500만원 이하: 250만원을 초과하는 금액	납부할 세액 500만원 이하: 해당 세액에서 250만원을 차감한 금액	납부할 세액 2천만원 이하: 1천만원을 초과하는 금액
	납부할 세액 500만원 초과: 100분의 50 이하의 금액	납부할 세액 500만원 초과: 100분의 50 이하의 금액	납부할 세액 2천만원 초과: 100분의 50 이하의 금액

종합소득에 대한 지방소득세 분할납부: 납부할 세액이 100만원을 초과하는 거주자는 그 납부할 세액의 일부를 납부기한이 지난 후 2개월 이내에 분할납부할 수 있다.

Point 03 조세의 분류 ★★

기본서 p.21~25

(1) 국세의 분류

내국세	보통세	직접세	종합부동산세, 소득세, 법인세, 상속세, 증여세
		간접세	부가가치세, 개별소비세, 주세, 인지세, 증권거래세
	목적세	교육세, 교통 · 에너지 · 환경세, 농어촌특별세	
관세	–		

(2) 과세권자에 따른 부동산 관련 지방세의 분류

특별자치도 · 특별자치시 (11개 지방세)	특별시 · 광역시 · 도	취득세, 지역자원시설세, 지방교육세, 지방소비세 등
	구 · 도	등록면허세
	시 · 군 · 구	재산세 등
	특별시 · 광역시, 시 · 군	지방소득세, 주민세 등

(3) 지방세의 분류

구분	특별시 · 광역시		도		특별자치도세 · 특별자치시세
	특별시 · 광역시세	구세	도세	시 · 군세	
보통세	• 취득세 • 지방소득세 • 지방소비세 • 주민세 • 자동차세 • 레저세 • 담배소비세	• 등록면허세 • 재산세	• 취득세 • 등록면허세 • 지방소비세 • 레저세	• 재산세 • 지방소득세 • 자동차세 • 담배소비세 • 주민세	• 취득세 • 등록면허세 • 재산세 • 지방소득세 • 지방소비세 • 주민세 • 자동차세 • 레저세 • 담배소비세
목적세	• 지역자원시설세 • 지방교육세		• 지역자원시설세 • 지방교육세		• 지역자원시설세 • 지방교육세

특별자치도의 관할 구역 안에 지방자치단체인 시 · 군이 있는 경우에는 도세를 해당 특별자치도의 특별자치도세로, 시 · 군세를 해당 시 · 군의 시 · 군세로 한다.

Point 04 본세와 부가세 ★★

기본서 p.27~28

본세	부가세
취득세	① 농어촌특별세 ㉠ 취득세 표준세율을 100분의 2로 적용하여 산출한 취득세액의 100분의 10 ㉡ 중과기준세율을 적용하여 계산한 취득세액의 100분의 10 ② 지방교육세: 취득세 표준세율에서 2%를 뺀 세율을 적용하여 산출한 금액의 20%
	농어촌특별세: 취득세 감면세액의 100분의 20
등록면허세	① 지방교육세: 납부하여야 할 등록면허세액의 100분의 20 ② 농어촌특별세: 감면세액의 100분의 20
재산세	지방교육세: 납부하여야 할 재산세액(도시지역분 제외)의 100분의 20
종합부동산세	농어촌특별세: 납부하여야 할 종합부동산세액의 100분의 20
양도소득세	① 납부세액의 부가세는 없음 ② 농어촌특별세: 양도소득세 감면세액의 100분의 20

Point 05 부동산활동에 따른 분류 ★★★

기본서 p.29~30

분류	부동산취득시 조세	부동산보유 · 이용시 조세	부동산양도시 조세
지방세	취득세, 등록면허세, 지방교육세, 지방소비세	재산세, 지역자원시설세(소방분), 지방교육세, 지방소득세, 지방소비세	지방소득세, 지방소비세
국세	상속세, 증여세, 농어촌특별세, 부가가치세, 인지세	종합부동산세, 종합소득세(부동산임대업), 농어촌특별세, 부가가치세(부동산임대업)	양도소득세, 종합소득세(부동산매매업), 농어촌특별세, 부가가치세, 인지세

취득활동	보유활동	처분활동
농어촌특별세, 부가가치세, 지방소비세		
지방교육세		×
×	지방소득세, 종합소득세	
인지세	×	인지세
취득세, 등록면허세, 상속세, 증여세	재산세, 지역자원시설세, 종합부동산세	양도소득세

인지세가 보유시에도 부과된다는 견해도 있다.

Point 06 징수방법, 가산세 ★★★★★

기본서 p.34~42

(1) 신고납부(신고납세)

① 의의: 납세의무자가 과세표준과 세액을 과세관청에 신고하고 납부하는 방법이다.

② 해당 세목

㉠ 지방세: 취득세, 등록에 대한 등록면허세, 지역자원시설세(특정자원분 및 특정시설분), 지방소득세, 지방소비세, 지방교육세(취득세 등 부가세) 등

㉡ 국세: 소득세(양도소득세 포함), 법인세, 부가가치세, 종합부동산세(선택) 등

(2) 보통징수(정부부과과세)

① 의의: 세무공무원이 납세고지서를 납세의무자에게 교부하여 조세를 징수하는 방법이다.

② 해당 세목

㉠ 지방세: 재산세, 지역자원시설세(소방분), 지방교육세(재산세 부가세) 등

㉡ 국세: 종합부동산세(원칙), 상속세 및 증여세, 농어촌특별세(종합부동산세의 부가세)

(3) 특별징수(원천징수)

① 의의: 지방세(국세) 징수의 편의가 있는 자로 하여금 조세를 징수시키고 납부하게 하는 방식이다.

② 해당 세목

㉠ 지방세: 등록에 대한 등록면허세, 지방소득세 등

취득세와 재산세는 특별징수로 징수되는 조세가 아니다.

㉡ 국세: 소득세 일부 등

(4) 가산세

㉠ 세법에 규정하는 의무의 성실한 이행을 확보하기 위하여 그 세법에 의하여 산출한 세액에 가산하여 징수하는 금액을 말하며, 보통징수방법으로 징수한다.

㉡ 가산세는 해당 조세의 세목에 포함하며, 해당 조세를 감면하는 경우 가산세는 그 감면대상에 포함하지 아니한다.

지방세 및 국세의 가산세 종합

구분	지방세	국세
신고납부가 원칙인 경우	① 신고불성실가산세 ㉠ 부정무신고 · 부정과소신고가산세: 40% ㉡ 무신고가산세: 20% ㉢ 과소신고가산세: 10% ② (납세고지 전)납부지연가산세(75% 한도): 1일 경과시마다 0.022%	① 신고불성실가산세 ㉠ 부정무신고 · 부정과소신고가산세: 40% ㉡ 무신고가산세: 20% ㉢ 과소신고가산세: 10% ② (납부고지 전)납부지연가산세: 1일 경과시마다 0.022%
보통징수(정부부과과세)하는 경우	(납세고지 후)납부지연가산세 적용(① + ②) ① 3% ② 납기 후 매 1개월 경과시마다 0.66%(0.022% × 30일) ㉠ 60개월까지 적용 ㉡ 체납 지방세가 45만원 미만인 경우에는 적용× ③ 납세의무자가 지방자치단체 또는 지방자치단체조합인 경우에는 ①, ②의 가산세를 적용×	(납부고지 후)납부지연가산세 적용(① + ②) ① 3% ② 1일 경과시마다 0.022% ㉠ 5년까지 적용 ㉡ 체납 국세가 150만원 미만인 경우에는 적용×

Point 07 면세점, 소액징수면제, 최저한세 ★★★★

기본서 p.45~46

(1) 면세점

과세표준이 일정 금액 이하일 때에는 과세하지 아니한다고 규정하는 경우의 그 일정 금액을 말한다.

취득세	① 취득가액이 50만원 이하인 경우 취득세를 과세 × ② 취득가액이 50만원인 경우 취득세를 과세 ×
사업소분 주민세	해당 사업소 연면적 $330m^2$ 이하인 경우 과세 ×
종업원분 주민세	해당 사업소 종업원 급여총액의 월 평균금액이 1억 8,000만원(360만원× 50) 이하인 경우 과세 ×

(2) 소액징수면제

산출세액이 일정 금액에 미달하는 경우에는 징수하지 않는 것을 말한다.

재산세, 지역자원시설세, 지방소득세	① 고지서 1장당 세액 2,000원 미만인 경우에는 징수 × ② 세액이 2,000원인 경우에는 징수 ○

(3) 등록면허세의 최저한세

산출한 세액이 그 밖의 등기(말소, 변경등기)세율보다 적을 때에는 그 밖의 등기세율(6,000원)을 적용한다.

🔍 등록면허세액이 6,000원 미만인 경우 6,000원을 징수한다.

제1장 단원별 출제예상문제

☆중요 출제가능성이 높은 중요 문제 고득점 고득점 목표를 위한 어려운 문제 신유형 기존에 출제되지 않은 신유형 대비 문제

Point 01 조세의 개념 및 특징 ★

정답 및 해설 p.8

Tip

출제가능성이 낮으므로 가볍게 보고 넘어가면 되는 부분이다.

01 조세의 개념에 대한 설명 중 틀린 것은?

① 조세를 부과하는 과세주체는 국가 또는 지방자치단체 및 공공기관이다.

② 조세는 과세주체의 경비충당을 위한 재정수입을 목적으로 부과된다.

③ 조세는 법률에 규정된 과세요건(과세대상물, 과세표준, 세율, 납세의무자)을 충족한 자에게 부과된다.

④ 조세는 개별적 · 직접적 반대급부 없이 부과된다.

⑤ 조세는 금전급부를 원칙으로 하되, 일부 세목에 대하여는 일정 조건 충족시 물납을 허용하고 있다.

Point 02 물납과 분할납부 ★★★★★

정답 및 해설 p.8

Tip

최근에 자주 출제되는 중요한 부분으로 각 세목에서 독립한 문제로도 출제되며 종합문제 형태로도 출제가능성이 높은 부분이다.

02 부동산에 관련된 조세 중 일정 요건을 충족하는 경우 물납과 분할납부를 모두 허용하고 있는 세목으로 옳은 것은? (단, 2025년도에 부동산을 취득 · 보유 · 양도한 경우이며 물납과 분할납부의 법정요건은 전부 충족한 것으로 가정함)

① 취득세
② 증여세
③ 재산세
④ 양도소득세
⑤ 종합부동산세

중요

03 2025년도에 시행되는 부동산세법의 물납과 분할납부에 대한 내용 중 <u>틀린</u> 것은?

① 취득세와 등록면허세 모두 물납은 허용되지 않는다.

② 재산세 납세고지서에 병기고지되는 경우 소방분 지역자원시설세와 종합소득에 대한 지방소득세는 분할납부할 수 있는 조세이다.

③ 재산세는 납부할 세액이 250만원을 초과하는 경우에 분할납부를 할 수 있으며, 분할납부 기한은 납부기한 경과 후 2개월 이내이다.

④ 양도소득세는 납부할 세액이 1천만원을 초과하는 경우에 한하여 분할납부를 할 수 있으나, 물납은 할 수 없다.

⑤ 종합부동산세의 물납은 허용되지 않지만, 분할납부는 납부기한 경과 후 6개월 이내에 할 수 있다.

Point 03 조세의 분류 ★★

정답 및 해설 p.8

Tip

독립한 문제로 자주 출제되는 부분은 아니지만, 종합문제 형태에서는 출제가 되는 부분이다.

04 「지방세법」상 세목분류에 관한 내용으로 <u>틀린</u> 것은?

① 등록면허세는 특별시세가 아니다.

② 재산세와 지역자원시설세는 조세사용목적이 특정되어 있지 않은 보통세이다.

③ 지방교육세와 농어촌특별세는 부가세이다.

④ 특별자치도의 관할 구역 안에 지방자치단체인 시·군이 있는 경우에는 도세를 해당 특별자치도의 특별자치도세로, 시·군세를 해당 시·군의 시·군세로 한다.

⑤ 지방소득세는 원칙적으로 특별자치도·특별자치시·특별시·광역시세 및 시·군세에 해당한다.

05 **다음 중 병기세목(재산세 납세고지서에 병기고지 되는 세목)과 목적세로 가장 옳은 것은?**

㉠ 종합부동산세	㉡ (소방분) 지역자원시설세
㉢ 지방교육세	㉣ 지방소득세
㉤ 농어촌특별세	㉥ 지방소비세

	병기세목	목적세		병기세목	목적세
①	㉡	㉠, ㉣, ㉤	②	㉡	㉡, ㉢, ㉤
③	㉢	㉡, ㉣, ㉤	④	㉣	㉠, ㉤, ㉥
⑤	㉣	㉡, ㉢, ㉤			

06 **「지방세기본법」상 부동산 관련 조세용어의 정의 중 틀린 것은?**

① '보증인'이라 함은 납세자의 지방세 또는 체납처분비의 납부를 보증한 자를 말한다.
② '특별징수'라 함은 지방세를 징수할 때 편의상 징수할 여건이 좋은 자로 하여금 징수하게 하고 그 징수한 세금을 납부하게 하는 것을 말한다.
③ '체납처분비'라 함은 체납처분에 관한 규정에 의한 재산의 압류 · 보관 · 운반과 매각에 드는 비용(매각을 대행시키는 경우 그 수수료를 포함)을 말한다.
④ '납세의무자'라 함은 「지방세법」에 따라 지방세를 납부할 의무(지방세를 특별징수하여 납부할 의무 포함)가 있는 자를 말한다.
⑤ '체납액'이란 체납된 지방세와 체납처분비를 말한다.

Point 04 본세와 부가세 ★★

정답 및 해설 p.9

Tip
독립한 문제로 출제된 적이 있으며 기본적으로 숙지하여야 하는 내용이다.

07 **부동산보유시 부과될 수 있는 국세와 그에 대한 부가세가 옳게 연결된 것은?**

	독립세	부가세		독립세	부가세
①	재산세	지방교육세	②	종합소득세	지방소비세
③	양도소득세	지방소득세	④	재산세	농어촌특별세
⑤	종합부동산세	농어촌특별세			

08 세목별 부가세에 대한 설명 중 틀린 것은?

① 취득세에 부과되는 농어촌특별세: 표준세율을 2%로 적용하여 산출한 금액의 100분의 10
② 재산세에 부과되는 지방교육세: 재산세액(재산세 도시지역분 제외)의 100분의 20
③ 소득세에 부과되는 지방소득세: 소득세액의 100분의 10
④ 등록면허세에 부과되는 농어촌특별세: 등록에 대한 등록면허세의 감면세액의 100분의 20
⑤ 종합부동산세에 부과되는 농어촌특별세: 종합부동산세액의 100분의 20

Point 05 부동산활동에 따른 분류 ★★★

정답 및 해설 p.9

Tip
독립한 문제로도 출제되고 종합문제로도 자주 출제되는 부분이다.

중요

09 부동산활동에 따른 조세의 분류내용 중 틀린 것은?

① 개인 지방소득세는 부동산의 보유와 양도시에 부과된다.
② 취득세 · (등록분)등록면허세 · 지방교육세 · 농어촌특별세는 부동산의 취득단계에서 부과될 수 있는 조세이다.
③ 재산세 · 종합부동산세는 부동산의 보유단계에서 부과될 수 있는 조세이다.
④ 양도소득세 · 종합소득세 · 지방소득세는 부동산을 양도할 경우에 양도자가 납부할 수 있는 조세이다.
⑤ 농어촌특별세 · 지방교육세는 부동산의 취득 · 보유 · 양도 모든 과정에서 부과될 수 있는 조세이다.

10 국내 소재 부동산의 보유단계에서 부담할 수 있는 세목은 모두 몇 개인가? 제30회

> • 농어촌특별세
> • 지방교육세
> • 개인지방소득세
> • 소방분에 대한 지역자원시설세

① 0개
② 1개
③ 2개
④ 3개
⑤ 4개

Point 06 징수방법, 가산세 ★★★★★

정답 및 해설 p.9

Tip
자주 출제되는 부분으로서 출제가능성이 높은 부분이다. 징수방법은 해당 세목을 암기하고 있어야 하며, 가산세에 관한 내용은 정확히 숙지하고 있어야 한다.

11 조세의 징수방법에 관한 설명 중 틀린 것은?

① 신고·납부는 납세의무자가 납부하여야 할 지방세의 산출세액을 신고하고 납부하는 방법으로 취득세, 등록에 대한 등록면허세, 지방교육세(취득세의 부가세) 등이 있다.
② 종합부동산세는 정부부과과세방법으로만 징수한다.
③ 보통징수는 세무공무원이 납세고지서를 해당 납세의무자에게 교부하여 지방세를 부과·징수하는 방법으로 재산세, 소방분 지역자원시설세 등이 있다.
④ 소득세(양도소득세 포함)는 납세의무자가 세금을 계산하여 신고하고 납부하는 조세이다.
⑤ 특별징수는 징수의 편의가 있는 자(특별징수의무자)로 하여금 지방세를 징수하게 하고 그 징수한 세액을 납부하게 하는 방법으로 지방소득세, 등록에 대한 등록면허세 등이 이에 해당한다.

12 「지방세기본법」상 가산세에 관한 내용으로 옳은 것은? 제27회 수정

① 무신고가산세(사기나 그 밖의 부정한 행위로 인하지 않은 경우): 무신고납부세액의 100분의 20에 상당하는 금액

② 무신고가산세(사기나 그 밖의 부정한 행위로 인한 경우): 무신고납부세액의 100분의 50에 상당하는 금액

③ 과소신고가산세(사기나 그 밖의 부정한 행위로 인하지 않은 경우): 과소신고분 세액의 100분의 20에 상당하는 금액

④ 과소신고가산세(사기나 그 밖의 부정한 행위로 인한 경우): 부정과소신고분 세액의 100분의 50에 상당하는 금액

⑤ (납세고지 전)납부지연가산세: 납부하지 아니한 세액의 100분의 20에 상당하는 금액

중요

13 부동산세법에 대한 가산세 내용 중 틀린 것은?

① 법정신고기한까지 과세표준 신고를 한 경우로서 납부할 세액을 신고하여야 할 세액보다 적게 신고한 경우에는 과소신고 납부세액의 100분의 10에 상당하는 금액을 과소신고에 따른 가산세로 부과한다.

② 취득세 납세의무자가 취득신고를 하지 아니하고 매각하는 경우에는 산출세액에 중가산세(산출세액의 100분의 80)를 가산한 금액을 세액으로 하여 보통징수의 방법으로 징수한다.

③ 취득세 납세의무가 있는 법인이 장부 등의 작성과 보존의무를 이행하지 아니하는 경우 산출세액의 100분의 10에 상당하는 가산세가 부과된다.

④ 취득세의 부가세로서 지방교육세를 법정신고 기한 내에 무신고 및 과소신고한 경우에 무신고 및 과소신고 가산세가 부과되지 아니한다.

⑤ 양도소득세의 예정신고와 관련하여 무신고가산세가 부과되는 경우, 그 부분에 대하여 확정신고와 관련한 무신고가산세가 다시 부과된다.

중요

14 「지방세기본법」상 납부지연가산세에 대한 설명 중 틀린 것은?

① 과세표준과 세액을 지방자치단체에 신고납부하는 지방세의 경우에는 법정납부기한까지 납부하지 아니한 세액 또는 과소납부분 세액(지방세관계법에 따라 가산하여 납부하여야 할 이자상당액이 있는 경우 그 금액을 더함)에 1일 100,000분의 22를 적용한다.

② ①의 가산세는 납부하지 아니한 세액, 과소납부분 세액의 100분의 75에 해당하는 금액을 한도로 한다.

③ 보통징수하는 지방세를 납세고지서에 따른 납부기한까지 납부하지 아니한 경우에는 100분의 3의 가산세와 1개월이 지날 때마다 월 10,000분의 66의 납부지연가산세가 적용되며, 가산세를 부과하는 기간은 60개월(1개월 미만은 없는 것으로 봄)을 초과할 수 없다.

④ 납세고지서별 · 세목별 세액이 50만원 이하인 경우에는 월 10,000분의 66의 납부지연가산세를 적용하지 아니한다.

⑤ 납세의무자가 지방자치단체 또는 지방자치단체조합인 경우에는 ③의 납부지연가산세를 적용하지 아니한다.

고득점

15 다음 자료에 의하여 거주자인 강감동씨가 2025년 10월 31일에 납부한 총 금액은 얼마인가?

> ㉠ 세목: 재산세
> ㉡ 고지세액: 1,000,000원
> ㉢ 납부기한: 2025년 7월 31일
> ㉣ 실제납부일: 2025년 10월 31일

① 1,000,000원
② 1,030,000원
③ 1,022,500원
④ 1,043,200원
⑤ 1,045,000원

중요

16 다음 중 「국세기본법」에 관한 설명으로 옳은 것은 모두 몇 개인가? (단, 국가와 지방자치단체 및 지방자치단체조합이 아니며 초과환급 및 징수유예는 없음)

> ㉠ 국세의 납부지연가산세 규정을 적용할 때 납부고지서에 따른 납부기한의 다음 날부터 납부일까지의 기간(「국세징수법」 제13조에 따라 지정납부기한과 독촉장에서 정하는 기한을 연장한 경우에는 그 연장기간은 제외)이 5년을 초과하는 경우에는 그 기간은 5년으로 한다.
> ㉡ 종합부동산세를 납부고지서에 기재된 법정납부기한 내에 납부하지 않은 경우에 미납세액의 100분의 3에 해당하는 금액과 1일 100,000분의 22에 해당하는 금액을 합한 금액을 납부지연가산세로 한다.
> ㉢ 양도소득세를 예정신고기한 내에 신고하지 않은 경우에 무신고가산세(사기나 그 밖의 부정한 행위로 인하지 않은 경우)는 무신고납부세액의 100분의 20에 상당하는 금액이다.
> ㉣ 체납된 국세의 납부고지서별 · 세목별 세액이 150만원 미만인 경우에는 1일 100,000분의 22의 가산세를 적용하지 아니한다.

① 0개
② 1개
③ 2개
④ 3개
⑤ 4개

Point 07 면세점, 소액징수면제, 최저한세 ★★★★

정답 및 해설 p.10

Tip

면세점, 소액징수면제, 최저한세에 관한 내용은 각 세목의 종합문제로 자주 출제되므로 정확히 숙지하고 있어야 한다.

중요

17 「지방세법」상 면세점과 소액징수면제, 최저한세 등에 대한 설명 중 옳은 것은?

① 등록에 대한 등록면허세의 산출세액이 6,000원인 경우에는 등록에 대한 등록면허세를 징수하지 않는다.
② 사업소분 주민세를 부과하는 경우에 사업소 연면적이 $660m^2$ 이하인 경우에는 부과하지 아니한다.
③ 취득세의 과세대상 물건의 취득가액이 50만원인 때에는 취득세를 부과한다.
④ 재산세의 고지서 1장당 세액이 2,000원인 때에는 해당 재산세를 징수한다.
⑤ 지역자원시설세로 징수할 세액이 고지서 1장당 2,000원인 경우에는 해당 지역자원시설세를 징수하지 않는다.

제2장 납세의무의 성립 · 확정 · 소멸

Point 08 납세의무의 성립 · 확정 · 소멸 ★★★★★

기본서 p.49~58

(1) 납세의무의 성립

세목	납세의무의 성립시기
취득세	과세물건을 취득하는 때
등록면허세(등록분)	재산권 등 그 밖의 권리를 등기 또는 등록하는 때
재산세	과세기준일(6월 1일)
지역자원시설세	① 소방분: 과세기준일(6월 1일) ② 특정자원분 및 특정시설분: 생략
종합부동산세	과세기준일(6월 1일)
지방소비세	「국세기본법」에 따른 부가가치세의 납세의무가 성립하는 때
주민세	① 사업소분: 과세기준일(7월 1일) ② 개인분: 과세기준일(7월 1일) ③ 종업원분: 종업원에게 급여를 지급하는 때
소득세	과세기간이 끝나는 때(12월 31일) **예정신고납부하는 소득세:** 과세표준이 되는 금액이 발생한 달의 말일
인지세	과세문서를 작성하는 때
지방교육세(농어촌특별세)	그 과세표준이 되는 세목(본세)의 납세의무가 성립하는 때
(개인)지방소득세	그 과세표준이 되는 소득에 대하여 소득세의 납세의무가 성립하는 때(12월 31일)
특별징수하는 지방소득세	그 과세표준이 되는 소득에 대하여 소득세 · 법인세를 원천징수하는 때
수시부과에 의하여 징수하는 조세	수시부과할 사유가 발생하는 때

(2) 납세의무의 확정

구분		신고납부(신고납세)	보통징수(부과과세)
납세의무의 확정	주체	납세의무자	과세주체
	시기	과세표준과 세액을 신고하는 때	과세주체가 과세표준과 세액을 결정하는 때
적용세목		① 지방세: 취득세, 등록에 대한 등록면허세, 지역자원시설세(특정자원분 및 특정시설분), 지방소비세, 지방소득세, 지방교육세(신고납부세목을 본세로 하는 경우) 등 ② 국세: 소득세(양도소득세 포함), 법인세, 부가가치세, 종합부동산세(납세의무자가 신고납세를 선택하는 경우) 등	① 지방세: 재산세, 지역자원시설세(소방분), 면허에 대한 등록면허세, 지방교육세(보통징수 세목을 본세로 하는 경우) 등 ② 국세: 종합부동산세, 농어촌특별세(종합부동산세 부가세), 상속세, 증여세 등

(3) 납세의무의 소멸

① 소멸사유

㉠ 소멸사유: 납부, 충당, 부과의 취소, 제척기간 만료, 소멸시효 완성

㉡ 소멸사유 아닌 것: 부과의 철회, 납세자의 사망, 법인의 합병

② 제척기간(중단과 정지가 없음)

㉠ 국세 제척기간

구분	대부분 국세	상속세, 증여세, 부담부증여에 따른 소득세
사기나 그 밖의 부정한 행위로 조세를 포탈하거나 환급·경감하는 경우	10년(역외거래: 15년)	15년
법정신고기한까지 과세표준신고서를 제출하지 아니한 경우	7년(역외거래: 10년)	15년
그 밖의 경우	5년(역외거래: 7년)	10년

제척기간의 기산일

- **신고납부세목**: 신고기한의 다음 날
- **보통징수세목**: 납세의무 성립일

㉡ 지방세 제척기간

사유	제척기간
ⓐ 사기나 그 밖의 부정한 행위로 지방세를 포탈하거나 환급 · 경감하는 경우 ⓑ 상속 또는 증여(부담부증여 포함)를 원인으로 취득하는 경우로서 법정신고기한까지 과세표준신고서를 제출하지 아니한 경우 ⓒ 「부동산 실권리자명의 등기에 관한 법률」 제2조 제1호에 따른 명의신탁약정으로 실권리자가 사실상 취득하는 경우로서 법정신고기한까지 과세표준신고서를 제출하지 아니한 경우 ⓓ 타인의 명의로 법인의 주식 또는 지분을 취득하였지만 해당 주식 또는 지분의 실권리자인 자가 과점주주가 되어 해당 법인의 부동산을 취득한 것으로 보는 경우로서 법정신고기한까지 과세표준신고서를 제출하지 아니한 경우	10년
ⓑ부터 ⓓ 이외의 경우로서 납세자가 법정신고기한까지 과세표준신고서를 제출하지 아니한 경우	7년
그 밖의 경우	5년

③ 소멸시효

㉠ 소멸시효기간

지방세	ⓐ 가산세를 제외한 금액이 5천만원 미만: 5년 ⓑ 가산세를 제외한 금액이 5천만원 이상: 10년
국세	ⓐ 가산세를 제외한 금액이 5억원 미만: 5년 ⓑ 가산세를 제외한 금액이 5억원 이상: 10년

㉡ 시효의 중단과 정지

중단사유	ⓐ 납세고지 ⓑ 독촉 또는 납부최고 ⓒ 교부청구 ⓓ 압류
정지사유	ⓐ 분할납부기간 ⓑ 징수유예기간 ⓒ 사해행위취소의 소송을 제기하여 그 소송이 진행 중인 기간 ⓓ 연부연납기간 ⓔ 채권자 대위소송을 제기하여 소송이 진행 중인 기간 ⓕ 체납자가 국외에 6개월 이상 계속하여 체류하는 경우 해당 국외 체류기간

소멸시효의 기산일
- 신고에 의해 납세의무가 확정되는 조세: 그 법정신고납부기한의 다음 날
- 정부가 결정, 경정 또는 수시부과 결정하는 조세: 그 고지에 따른 납부기한의 다음 날

Point 09 기한 후 신고 및 수정신고 ★★

기본서 p.59~61

구분	기한 후 신고	수정신고
대상자	① 법정신고기한 내에 과세표준신고서를 제출하지 아니한 자 ② 신고납부세목 중에서 납부할 세액이 있는 자 또는 환급받을 세액이 있는 자 모두	법정신고기한 내에 과세표준신고서를 제출한 자로서 과소신고한 자
신고기한	결정통지하기 전까지	경정통지하기 전까지
신고납부 절차	기한 후 신고서를 제출한 자로서 납부하여야 할 세액이 있는 자는 그 세액을 납부하여야 함	–
가산세 부과	① 무신고가산세 ② 납부지연가산세	① 과소신고가산세 ② 납부지연가산세
가산세 감면	① 1개월 이내에 신고한 경우: 무신고가산세 50% 감면 ② 법정신고기한이 지난 후 1개월 초과 3개월 이내에 기한 후 신고를 한 경우: 무신고가산세 30% 감면 ③ 3개월 초과 6개월 이내에 신고한 경우: 무신고가산세 20% 감면	① 1개월 이내에 신고: 과소신고가산세 90% 감면 ② 3개월 이내에 신고: 과소신고가산세 75% 감면 ③ 6개월 이내에 신고: 과소신고가산세 50% 감면 ④ 1년 이내에 신고: 과소신고가산세 30% 감면 ⑤ 1년 6개월 이내에 신고: 과소신고가산세 20% 감면 ⑥ 2년 이내에 신고: 과소신고가산세 10% 감면
납부지연 가산세	감면 없음	감면 없음
세액결정	기한 후 신고서를 제출한 경우 지방자치단체의 장은 「지방세법」에 따라 신고일로부터 3개월 이내에 그 지방세의 과세표준과 세액을 결정하여 신고인에게 통지하여야 함. 즉, 납세의무자의 기한 후 신고는 납세의무 확정효력 ×	–

양도소득세 예정신고기한 내에 무신고·과소신고 후 확정신고기한까지 신고 또는 수정신고한 경우에는 무신고·과소신고가산세의 50%를 감면한다.

Point 10 납세의무의 확장 및 보충적 납세의무 ★

기본서 p.62~67

(1) 납세의무자(징수의무자는 포함하지 않음)

① 본래의 납세의무자
② 연대납세의무자 ⇨ 동일한 납세의무
③ 제2차 납세의무자 ⇨ 보충적 납세의무(예 사업양도의 경우 사업양수인 등)
④ 보증인 ⇨ 납세자의 납부만 보증 ○, 신고는 보증 ×

제2차 납세의무자

구분	주된 납세자	제2차 납세의무자	한도
청산인 등	해산법인	청산인, 잔여재산을 분배 · 인도받은 자	㉠ 청산인: 분배 또는 인도한 가액 ㉡ 분배 또는 인도받은 자: 분배 또는 인도받은 가액
출자자	비상장법인 (상장법인 제외)	무한책임사원, 특정과점주주	㉠ 무한책임사원: 전액 ㉡ 특정과점주주*: 징수부족액 × 지분율
법인	무한책임사원 또는 과점주주	법인	법인의 순자산가액 × 지분율
사업양수인	사업양도인	사업양수인	양수한 재산가액

* **특정과점주주**: 주주 또는 유한책임사원 1명과 친족, 그 밖의 특수관계자의 소유주식의 합계 또는 출자액의 합계가 해당 법인의 발행주식총수 또는 출자총액의 100분의 50을 초과하는 자

(2) 징수의무자(납세의무자 ×)

특별징수의무자, 원천징수의무자, 대리납부의무자 등

제2장 단원별 출제예상문제

☆중요 출제가능성이 높은 중요 문제 ↖고득점 고득점 목표를 위한 어려운 문제 ✎신유형 기존에 출제되지 않은 신유형 대비 문제

Point 08 납세의무의 성립 · 확정 · 소멸 ★★★★★

정답 및 해설 p.10~12

Tip

- 납세의무의 성립 · 확정 · 소멸은 독립문제와 종합문제로 자주 빈출되는 중요한 부분이다.
- 납세의무의 확정은 징수방법과 연계하여 학습하여야 한다.
- 납세의무의 소멸은 제척기간과 소멸시효기간 등을 숙지하여야 한다.

01 각 세목별 납세의무 성립시기를 연결한 것으로 틀린 것은?

① 소득세 – 소득이 발생하는 때
② 재산세 – 과세기준일
③ 등록분 등록면허세 – 등기 · 등록하는 때
④ 취득세 – 과세물건을 취득하는 때
⑤ 「지방세기본법」 제53조에 따른 무신고가산세 – 법정신고기한이 경과하는 때

☆중요

02 「지방세기본법」 및 「국세기본법」상 납세의무 성립시기에 대한 설명 중 옳은 것은 모두 몇 개인가? (단, 특별징수 및 수시부과와 무관함)

ㄱ 지방소득세: 그 과세표준이 되는 소득에 대하여 소득세 · 법인세의 납세의무가 성립하는 때
ㄴ 종합부동산세: 과세기준일(7월 1일)
ㄷ 건축물과 선박에 대한 지역자원시설세: 과세기준일(6월 1일)
ㄹ 지방교육세: 그 과세표준이 되는 세목의 납세의무가 성립하는 때
ㅁ 예정신고하는 소득세: 그 과세표준이 되는 금액이 발생한 달의 말일
ㅂ 취득세: 과세물건을 취득한 날로부터 60일이 되는 때
ㅅ 등록에 대한 등록면허세: 재산권 등 그 밖의 권리를 등기 또는 등록하는 때
ㅇ 재산세: 과세기준일(6월 1일)
ㅈ 수시로 부과하여 징수하는 지방세: 수시부과하는 때

① 5개 ② 6개 ③ 7개 ④ 8개 ⑤ 9개

03 **국세 및 지방세의 납세의무 성립시기에 관한 내용으로 옳은 것은? (단, 특별징수 및 수시 부과와 무관함)**

제29회

① 사업소분 주민세: 매년 7월 1일
② 거주자의 양도소득에 대한 지방소득세: 매년 3월 31일
③ 재산세에 부가되는 지방교육세: 매년 8월 1일
④ 중간예납하는 소득세: 매년 12월 31일
⑤ 자동차 소유에 대한 자동차세: 납기가 있는 달의 10일

신유형

04 **거주자인 개인 甲이 乙로부터 부동산을 취득하여 보유하고 있다가 丙에게 양도하였다. 甲의 부동산 관련 조세의 납세의무에 관한 설명으로 틀린 것은? (단, 주어진 조건 외에는 고려하지 않음)**

제32회

① 甲이 乙로부터 증여받은 것이라면 그 계약일에 취득세 납세의무가 성립한다.
② 甲이 乙로부터 부동산을 취득 후 재산세 과세기준일까지 등기하지 않았다면 재산세와 관련하여 乙은 부동산 소재지 관할 지방자치단체의 장에게 소유권변동사실을 신고할 의무가 있다.
③ 甲이 종합부동산세를 신고납부방식으로 납부하고자 하는 경우 과세표준과 세액을 해당 연도 12월 1일부터 12월 15일까지 관할 세무서장에게 신고하는 때에 종합부동산세 납세의무는 확정된다.
④ 甲이 乙로부터 부동산을 40만원에 취득한 경우 등록면허세 납세의무가 있다.
⑤ 양도소득세의 예정신고만으로 甲의 양도소득세 납세의무가 확정되지 아니한다.

중요

05 **부동산 관련 조세의 납세의무가 원칙적으로 확정되는 시기로 옳게 연결된 것은?**

① 종합부동산세: 해당 종합부동산세의 과세표준과 세액을 정부가 결정하는 때
② 소득세: 해당 소득세의 과세표준과 세액을 정부가 결정하는 때
③ 취득세: 해당 취득세의 과세표준과 세액을 지방자치단체가 결정하는 때
④ 인지세: 해당 인지세의 과세표준과 세액을 정부에 신고하는 때
⑤ 재산세: 해당 재산세의 과세표준과 세액을 지방자치단체에 신고하는 때

06 다음 중 납세의무자가 원칙적으로 과세표준과 세액을 지방자치단체에 신고하는 때에 납세의무가 확정되는 지방세로 옳은 것은?

㉠ 취득세, 등록면허세	㉡ 재산세, 소방분 지역자원시설세
㉢ 종합부동산세	㉣ 양도소득세

① ㉠
② ㉡
③ ㉠, ㉣
④ ㉡, ㉢
⑤ ㉠, ㉡, ㉣

고득점

07 납세의무의 성립시기 및 확정에 대한 설명으로 옳은 것은?

① 취득세는 취득세 과세물건을 취득하는 때에 납세의무가 성립하고, 납세의무자가 과세표준과 세액을 지방자치단체에 신고하는 때에 확정된다.
② 소득세는 소득이 발생하는 때에 납세의무가 성립하고, 납세의무자가 과세표준과 세액을 정부에 신고하는 때에 확정된다.
③ 종합부동산세는 과세기간이 끝나는 때에 납세의무가 성립하고, 원칙적으로 납세의무자가 과세표준과 세액을 정부에 신고하는 때에 확정된다.
④ 등록에 대한 등록면허세는 재산권 등을 등기 또는 등록하는 때에 납세의무가 성립하고, 납세의무자의 신고가 있더라도 지방자치단체가 과세표준과 세액을 결정하는 때에 확정된다.
⑤ 재산세는 과세기준일에 납세의무가 성립하고, 납세의무자가 과세표준과 세액을 지방자치단체에 신고하는 때에 확정된다.

08 「지방세기본법」상 지방자치단체의 징수금을 납부할 의무가 소멸되는 것은 모두 몇 개인가?

제28회

㉠ 납부 · 충당되었을 때 ㉡ 지방세징수권의 소멸시효가 완성되었을 때 ㉢ 법인이 합병한 때 ㉣ 지방세 부과의 제척기간이 만료되었을 때 ㉤ 납세의무자의 사망으로 상속이 개시된 때

① 1개 ② 2개 ③ 3개
④ 4개 ⑤ 5개

09 「국세기본법」상 사기나 그 밖의 부정한 행위로 주택의 양도소득세를 포탈하는 경우 국세 부과의 제척기간은 이를 부과할 수 있는 날부터 몇 년간인가? (단, 결정 · 판결, 상호합의, 경정청구 등의 예외는 고려하지 않음)

① 3년 ② 5년 ③ 7년
④ 10년 ⑤ 15년

10 국세기본법령 및 지방세기본법령상 국세 또는 지방세 징수권의 소멸시효에 관한 설명으로 옳은 것은?

제35회

① 가산세를 제외한 국세가 10억원인 경우 국세징수권은 5년 동안 행사하지 아니하면 소멸시효가 완성된다.
② 가산세를 제외한 지방세가 1억원인 경우 지방세징수권은 7년 동안 행사하지 아니하면 소멸시효가 완성된다.
③ 가산세를 제외한 지방세가 5천만원인 경우 지방세징수권은 5년 동안 행사하지 아니하면 소멸시효가 완성된다.
④ 납세의무자가 양도소득세를 확정신고하였으나 정부가 경정하는 경우, 국세징수권을 행사할 수 있는 때는 납세의무자가 확정신고한 법정 신고납부기한의 다음 날이다.
⑤ 납세의무자가 취득세를 신고하였으나 지방자치단체의 장이 경정하는 경우, 납세고지한 세액에 대한 지방세징수권을 행사할 수 있는 때는 그 납세고지서에 따른 납부기한의 다음 날이다.

11 **다음 중 제척기간과 소멸시효기간이 옳은 것은 몇 개인가?**

> ㉠ 상속이나 증여(부담부증여 포함)를 원인으로 취득하는 경우로서 법정신고기한 내에 취득세 신고서를 제출하지 않은 경우 제척기간 – 10년
> ㉡ 5억원(가산세를 제외한 금액) 미만의 종합부동산세 소멸시효기간 –5년
> ㉢ 사기 등의 부정한 행위로 부담부증여에 따른 양도소득세를 포탈한 경우 제척기간 –10년
> ㉣ 재산세의 금액이 5천만원(가산세를 제외한 금액) 미만인 경우의 소멸시효기간 –5년

① 0개
② 1개
③ 2개
④ 3개
⑤ 4개

12 **국세기본법령상 국세의 부과제척기간에 관한 설명으로 옳은 것은?** 제34회

① 납세자가 「조세범 처벌법」에 따른 사기나 그 밖의 부정한 행위로 종합소득세를 포탈하는 경우(역외거래 제외) 그 국세를 부과할 수 있는 날부터 15년을 부과제척기간으로 한다.
② 지방국세청장은 「행정소송법」에 따른 소송에 대한 판결이 확정된 경우 그 판결이 확정된 날부터 2년이 지나기 전까지 경정이나 그 밖에 필요한 처분을 할 수 있다.
③ 세무서장은 「감사원법」에 따른 심사청구에 대한 결정에 의하여 명의대여 사실이 확인되는 경우에는 당초의 부과처분을 취소하고 그 결정이 확정된 날부터 1년 이내에 실제로 사업을 경영한 자에게 경정이나 그 밖에 필요한 처분을 할 수 있다.
④ 종합부동산세의 경우 부과제척기간의 기산일은 과세표준과 세액에 대한 신고기한의 다음 날이다.
⑤ 납세자가 법정신고기한까지 과세표준신고서를 제출하지 아니한 경우(역외거래 제외)에는 해당 국세를 부과할 수 있는 날부터 10년을 부과제척기간으로 한다.

Point 09 기한 후 신고 및 수정신고 ★★

정답 및 해설 p.12

Tip

기한 후 신고와 수정신고를 비교하여 학습하여야 한다.

중요

13 지방세의 기한 후 신고 및 수정신고에 관한 설명으로 틀린 것은?

① 기한 후 신고는 지방자치단체의 장이 「지방세법」에 따라 그 지방세의 과세표준과 세액(가산세 포함)을 결정하여 통지하기 전까지 할 수 있다.

② 법정신고기한 후 1개월 초과 3개월 이내에 기한 후 신고를 한 경우 무신고 및 납부지연가산세 100분의 20을 감면받을 수 있다.

③ 법정신고기한 후 1개월 이내 수정신고를 한 경우에는 과소신고가산세 100분의 90을 감면받을 수 있다.

④ 납부지연가산세는 수정신고의 경우에도 감면받을 수 없다.

⑤ 기한 후 신고서를 제출한 자로서 납부하여야 할 세액이 있는 자는 그 세액을 납부하여야 한다.

Point 10 납세의무의 확장 및 보충적 납세의무 ★

정답 및 해설 p.12

Tip

- 자주 출제되는 부분은 아니지만 납세자 중에서 납세의무자와 징수의무자를 구별하여 학습하여야 한다.
- 제2차 납세의무에서는 사업양도와 법인 및 출자자의 납세의무에 유의하여 학습하여야 한다.

14 「지방세기본법」상 취득세의 납세의무성립일 현재 출자자로서 제2차 납세의무를 부담하지 않는 자는? 제23회

① 합명회사의 무한책임사원

② 비상장법인의 과점주주로서 법인의 경영을 사실상 지배하는 자

③ 비상장법인 발행주식총수의 100분의 50의 주식에 관한 권리를 실질적으로 행사하는 자

④ 비상장법인의 과점주주 중 법인의 경영을 사실상 지배하는 자의 배우자

⑤ 합자회사의 무한책임사원

15 국세 및 지방세의 연대납세의무에 관한 설명으로 옳은 것은? 제34회

① 공동주택의 공유물에 관계되는 지방자치단체의 징수금은 공유자가 연대하여 납부할 의무를 진다.

② 공동으로 소유한 자산에 대한 양도소득금액을 계산하는 경우에는 해당 자산을 공동으로 소유하는 공유자가 그 양도소득세를 연대하여 납부할 의무를 진다.

③ 공동사업에 관한 소득금액을 계산하는 경우(주된 공동사업자에게 합산과세되는 경우 제외)에는 해당 공동사업자가 그 종합소득세를 연대하여 납부할 의무를 진다.

④ 상속으로 인하여 단독주택을 상속인이 공동으로 취득하는 경우에는 상속인 각자가 상속받는 취득물건을 취득한 것으로 보고, 공동상속인이 그 취득세를 연대하여 납부할 의무를 진다.

⑤ 어느 연대납세의무자에 대하여 소멸시효가 완성된 때에도 다른 연대납세의무자의 납세의무에는 영향을 미치지 아니한다.

제3장 조세와 다른 채권의 관계

Point 11 조세와 다른 채권의 관계 ★★★

기본서 p.69~75

(1) 국세 및 지방세 우선권

① 국세, 지방세, 체납처분비(국세: 강제징수비)는 다른 공과금 기타 채권에 우선하여 징수한다.

> ㉠ 국세 징수금의 징수순위: 강제징수비 ⇨ 국세(가산세 제외) ⇨ 가산세
> ㉡ 지방세 징수금의 징수순위: 체납처분비 ⇨ 지방세(가산세 제외) ⇨ 가산세

② 조세채권 사이의 우선권: 담보된 조세 ⇨ 압류한 조세 ⇨ 교부청구한 조세

(2) 지방세(국세) 우선권의 예외

구분	법정기일 후에 저당권 등이 설정된 경우	법정기일 전에 저당권 등이 설정된 경우
1순위	공익비용 또는 체납처분비	공익비용 또는 체납처분비
2순위	소액임차보증금(주택 · 상가건물), 최종 3개월분의 임금 등	소액임차보증금(주택 · 상가건물), 최종 3개월분의 임금 등
3순위	그 당해 재산에 부과된 조세*	그 당해 재산에 부과된 조세*
4순위	지방세(국세) · 가산세	피담보채권, 법정기일 전에 대항요건과 확정일자를 갖춘 (상가 · 주택)임차보증금
5순위	피담보채권, 법정기일 후에 대항요건과 확정일자를 갖춘 (상가 · 주택) 임차보증금	기타 임금채권
6순위	기타 임금채권	지방세(국세) · 가산세
7순위	일반채권(공과금과 기타의 채권)	일반채권(공과금과 기타의 채권)

* 그 당해 재산에 부과된 조세는 설정일자에 관계없이 피담보채권보다 우선한다.

당해 재산에 부과된 조세: 재산세, 지역자원시설세(소방분), 지방교육세(재산세 · 자동차세의 부가세), 자동차세, 종합부동산세, 상속세, 증여세

경매 · 공매시 해당 재산에 부과된 재산세, 소방분(지역자원시설세), 지방교육세(재산세 · 자동차세의 부가세), 자동차세, 상속세, 증여세 및 종합부동산세의 법정기일이 임차인의 확정일자보다 늦은 경우 그 배분 예정액에 한하여 주택임차보증금에 먼저 배분된다.

제3장 단원별 출제예상문제

☆ 중요 출제가능성이 높은 중요 문제 고득점 고득점 목표를 위한 어려운 문제 신유형 기존에 출제되지 않은 신유형 대비 문제

Point 11 조세와 다른 채권의 관계 ★★★

정답 및 해설 p.12~13

Tip

국세(지방세) 우선의 원칙과 예외를 숙지하여야 한다.

01 「국세기본법」에 의해 국세를 징수하는 경우 그 순서로 옳은 것은?

① 국세 ⇨ 가산세 ⇨ 강제징수비
② 국세 ⇨ 강제징수비 ⇨ 가산세
③ 강제징수비 ⇨ 가산세 ⇨ 국세(가산세 제외)
④ 강제징수비 ⇨ 국세(가산세 제외) ⇨ 가산세
⑤ 가산세 ⇨ 국세(가산세 제외) ⇨ 강제징수비

02 국세기본법령 및 지방세기본법령상 조세채권과 일반채권의 우선관계에 관한 설명으로 <u>틀린</u> 것은? (단, 납세의무자의 신고는 적법한 것으로 가정함) 제35회

① 취득세의 법정기일은 과세표준과 세액을 신고한 경우 그 신고일이다.
② 토지를 양도한 거주자가 양도소득세 과세표준과 세액을 예정신고한 경우 양도소득세의 법정기일은 그 예정신고일이다.
③ 법정기일 전에 전세권이 설정된 사실은 양도소득세의 경우 부동산등기부 등본 또는 공증인의 증명으로 증명한다.
④ 주택의 직전 소유자가 국세의 체납 없이 전세권이 설정된 주택을 양도하였으나, 양도 후 현재 소유자의 소득세가 체납되어 해당주택의 매각으로 그 매각금액에서 소득세를 강제징수하는 경우 그 소득세는 해당 주택의 전세권담보채권에 우선한다.
⑤ 「주택임대차보호법」 제8조가 적용되는 임대차관계에 있는 주택을 매각하여 그 매각금액에서 지방세를 강제징수하는 경우에는 임대차에 관한 보증금 중 일정액으로서 같은 법에 따라 임차인이 우선하여 변제받을 수 있는 금액에 관한 채권이 지방세에 우선한다.

중요

03 법정기일 전에 저당권의 설정을 등기한 사실이 등기사항증명서(부동산등기부 등본)에 따라 증명되는 재산을 매각하여 그 매각금액에서 국세 또는 지방세를 징수하는 경우, 그 재산에 대하여 부과되는 다음의 국세 또는 지방세 중 저당권에 따라 담보된 채권에 우선하여 징수하는 것은 모두 몇 개인가? (단, 가산세는 고려하지 않음) 제30회 수정

- 종합부동산세
- 취득세에 부가되는 지방교육세
- 등록면허세
- 부동산임대에 따른 종합소득세
- 소방분에 대한 지역자원시설세

① 1개
② 2개
③ 3개
④ 4개
⑤ 5개

중요

04 「국세기본법」 및 「지방세기본법」상 조세채권과 일반채권의 관계에 관한 설명으로 틀린 것은? 제29회

① 납세담보물 매각시 압류에 관계되는 조세채권은 담보가 있는 조세채권보다 우선한다.
② 재산의 매각대금 배분시 당해 재산에 부과된 종합부동산세는 당해 재산에 설정된 전세권에 따라 담보된 채권보다 우선한다.
③ 취득세 신고서를 납세지 관할 지방자치단체장에게 제출한 날 전에 저당권설정등기 사실이 증명되는 재산을 매각하여 그 매각금액에서 취득세를 징수하는 경우, 저당권에 따라 담보된 채권은 취득세에 우선한다.
④ 강제집행으로 부동산을 매각할 때 그 매각금액 중에 국세를 징수하는 경우, 강제집행 비용은 국세에 우선한다.
⑤ 재산의 매각대금 배분시 당해 재산에 부과된 재산세는 당해 재산에 설정된 저당권에 따라 담보된 채권보다 우선한다.

고득점

05 국세 우선권에 대한 규정에 의하여 우선변제 순서를 바르게 나열하고 있는 항목은?

> ㉠ 임금 기타 근로관계로 인한 채권
> ㉡ 강제징수비
> ㉢ 일반채권
> ㉣ 국세 · 가산세
> ㉤ 최종 3개월분의 임금과 일정 기간의 퇴직금 및 재해보상금
> ㉥ 압류재산에 국세의 법정기일 후에 설정된 질권 또는 저당권에 의하여 담보된 채권

① ㉡ ⇨ ㉤ ⇨ ㉥ ⇨ ㉠ ⇨ ㉣ ⇨ ㉢
② ㉡ ⇨ ㉥ ⇨ ㉤ ⇨ ㉠ ⇨ ㉣ ⇨ ㉢
③ ㉡ ⇨ ㉤ ⇨ ㉣ ⇨ ㉥ ⇨ ㉠ ⇨ ㉢
④ ㉤ ⇨ ㉡ ⇨ ㉠ ⇨ ㉥ ⇨ ㉣ ⇨ ㉢
⑤ ㉤ ⇨ ㉡ ⇨ ㉣ ⇨ ㉥ ⇨ ㉠ ⇨ ㉢

제4장 조세의 불복제도 및 서류의 송달

Point 12 조세의 불복제도 및 서류의 송달 ★

기본서 p.77~87

(1) 조세의 불복제도

① 불복청구대상에서 제외되는 처분: 범칙사건에 대한 통고처분, 「지방세기본법」에 따른 과태료 부과처분, 이의신청 또는 심판청구에 대한 처분, 「감사원법」에 따라 심사청구한 처분, 과세전적부심사의 청구에 대한 처분 등

② 국세의 불복제도

구분	청구기간	결정권자	결정기간
이의신청	90일	세무서장 · 지방국세청장	30일
심사청구	90일	국세청장	90일
심판청구	90일	조세심판관회의	90일
감사원의 심사청구	90일	감사원장	3개월
행정소송	90일	행정법원	–

③ 지방세의 불복제도

구분	청구기간	결정권자	결정기간
이의신청	90일	㉠ 도세: 도지사 ㉡ 시 · 군세: 시장 · 군수	90일
심판청구	90일	조세심판원장	90일
감사원의 심사청구	90일	감사원장	3개월
행정소송	90일	행정법원	–

④ 불복절차의 중요법령

㉠ 국세

- 이의신청은 임의적인 불복제도로서 납세자가 선택하지 않을 수 있다.
- 심사청구와 심판청구는 선택적인 필수절차이다. 다만 둘 중 하나만 거치면 행정소송이 가능하다.
- 동일한 처분에 대하여 심사청구와 심판청구는 중복청구가 불가하다.
- 조세불복절차는 불복청구절치 또는 감사원의 심사청구를 거치지 않으면 행정법원에 행정소송을 제기할 수 없다.

㉡ 지방세

- 이의신청은 임의적인 불복제도로서 납세자가 선택하지 않을 수 있다.

- 「지방세기본법」상 이의신청, 심판청구는 그 처분의 집행에 효력을 미치지 아니한다. 다만, 압류한 재산에 대하여는 이의신청, 심판청구의 결정처분이 있는 날부터 30일까지 공매처분을 보류할 수 있다.
- 「지방세기본법」상 이의신청인이 재해 등을 입어 이의신청기간 내에 이의신청을 할 수 없을 때에는 그 사유가 소멸한 날부터 14일 이내에 이의신청을 할 수 있다.
- 지방세도 국세와 동일하게 조세불복절차는 불복청구절차 또는 감사원의 심사청구를 거치지 않으면 행정법원에 행정소송을 제기할 수 없다.
- 이의신청인은 신청금액이 2천만원 미만인 경우에는 그의 배우자, 4촌 이내의 혈족 또는 그의 배우자의 4촌 이내 혈족을 대리인으로 선임할 수 있다.
- 보정기간은 「지방세기본법」 제96조에 따른 결정기간에 포함하지 않는다.

(2) 서류의 송달

① **서류의 송달방법**

㉠ **원칙**: 우편송달, 교부송달, 전자송달

㉡ **예외**: 공시송달(교부나 우편송달이 불가능한 경우)

② **공시송달**: 서류의 송달을 받아야 할 자가 다음의 어느 하나에 해당하는 경우에는 서류의 주요 내용을 공고한 날부터 14일이 지나면 서류의 송달이 된 것으로 본다.

㉠ **공시송달의 사유**

ⓐ 주소 또는 영업소가 국외에 있고 그 송달이 곤란한 경우

ⓑ 주소 또는 영업소가 분명하지 아니한 경우

ⓒ 서류를 우편으로 송달하였으나 받을 사람(사용인 등 사리판별이 가능한 자 포함)이 없는 것으로 확인되어 반송됨으로써 납부기한 내에 송달하기 곤란하다고 인정되는 경우

ⓓ 세무공무원이 2회 이상 납세자를 방문하여 서류를 교부하려고 하였으나 받을 사람(사용인 등 사리판별이 가능한 자 포함)이 없는 것으로 확인되어 납부기한 내에 송달하기 곤란하다고 인정되는 경우

㉡ **공시송달의 방법**

ⓐ 공시송달의 경우 서류의 공고는 지방세통합정보통신망, 시 · 군의 게시판에 게시하거나 관보 · 공보 또는 일간신문에 게재하는 방법으로 한다.

ⓑ 이 경우 지방세통합정보통신망이나 지방자치단체의 정보통신망을 이용하여 공시송달을 할 때에는 다른 공시송달방법과 함께 활용하여야 한다.

③ **유치송달**: 서류의 송달을 받아야 할 자 또는 그 사용인, 그 밖의 종업원 또는 동거인으로서 사리를 판별할 수 있는 사람이 정당한 사유 없이 서류의 송달을 거부하면 송달할 장소에 서류를 둘 수 있다.

제4장 단원별 출제예상문제

☆중요 출제가능성이 높은 중요 문제 ↖고득점 고득점 목표를 위한 어려운 문제 신유형 기존에 출제되지 않은 신유형 대비 문제

Point 12 조세의 불복제도 및 서류의 송달 ★

정답 및 해설 p.13

Tip

- 조세의 불복절차와 기간을 숙지하여야 한다.
- 서류의 송달은 공시송달의 사유를 정리하여야 한다.

01 「국세기본법」상 조세의 불복절차 중 거칠 수 있는 순서 중 <u>틀린</u> 것은?

① 심사청구 ⇨ 행정소송
② 심판청구 ⇨ 행정소송
③ 이의신청 ⇨ 심사청구 ⇨ 행정소송
④ 이의신청 ⇨ 심판청구 ⇨ 행정소송
⑤ 이의신청 ⇨ 심사청구 ⇨ 심판청구 ⇨ 행정소송

↖고득점

02 「지방세기본법」상 이의신청 또는 심판청구에 관한 설명으로 <u>틀린</u> 것은?

① 이의신청은 처분이 있은 것을 안 날(처분의 통지를 받았을 때에는 그 통지를 받은 날)부터 90일 이내에 하여야 한다.
② 이의신청을 거친 후에 심판청구를 할 때에는 이의신청에 대한 결정통지를 받은 날부터 90일 이내에 심판청구를 하여야 한다.
③ 이의신청에 따른 결정기간 내에 이의신청에 대한 결정통지를 받지 못한 경우에는 결정통지를 받기 전이라도 그 결정기간이 지난 날부터 심판청구를 할 수 있다.
④ 이의신청, 심판청구는 그 처분의 집행에 효력을 미치지 아니한다. 다만, 압류한 재산에 대하여는 이의신청, 심판청구의 결정처분이 있는 날부터 60일까지 공매처분을 보류할 수 있다.
⑤ 이의신청인이 재해 등을 입어 이의신청기간 내에 이의신청을 할 수 없을 때에는 그 사유가 소멸한 날부터 14일 이내에 이의신청을 할 수 있다.

03 「지방세기본법」상 이의신청 · 심판청구에 관한 설명으로 틀린 것은?

제30회 수정

① 「지방세기본법」에 따른 과태료의 부과처분을 받은 자는 이의신청 또는 심판청구를 할 수 없다.

② 심판청구는 그 처분의 집행에 효력이 미치지 아니하지만 압류한 재산에 대하여는 심판청구의 결정이 있는 날부터 30일까지 그 공매처분을 보류할 수 있다.

③ 지방세에 관한 불복시 불복청구인은 불복청구절차 또는 감사원의 심사청구를 거치지 아니하고도 행정소송을 제기할 수 있다.

④ 이의신청인은 신청금액이 2천만원 미만인 경우에는 그의 배우자, 4촌 이내의 혈족 또는 그의 배우자의 4촌 이내 혈족을 대리인으로 선임할 수 있다.

⑤ 「감사원법」에 따른 심사청구를 거친 경우에는 「지방세기본법」에 따른 심판청구를 거친 것으로 보고 행정소송을 제기할 수 있다.

04 「지방세기본법」상 이의신청과 심판청구에 관한 설명으로 옳은 것을 모두 고른 것은?

제33회 수정

㉠ 통고처분은 이의신청 또는 심판청구의 대상이 되는 처분에 포함된다. ㉡ 이의신청인은 신청금액이 1,800만원인 경우에는 그의 배우자를 대리인으로 선임할 수 있다. ㉢ 보정기간은 결정기간에 포함하지 아니한다. ㉣ 이의신청을 거치지 아니하고 바로 심판청구를 할 수는 없다.

① ㉠　② ㉡　③ ㉠, ㉣　④ ㉡, ㉢　⑤ ㉢, ㉣

05 서류의 송달에 대한 설명으로 옳은 것은?

① 주간신문에 게시한 경우에도 공시송달의 효력이 있다.

② 교부송달의 경우에 송달을 받아야 할 자가 송달받기를 거부하지 아니하면 송달할 장소가 아닌 다른 장소에서 교부할 수 있다.

③ 서류의 송달을 받아야 할 자 또는 그 사용인, 기타 종업원, 동거인 등이 정당한 사유 없이 서류의 수령을 거부한 때에는 공시송달을 할 수 있다.

④ 납세의 고지에 관계되는 서류는 일반우편에 의하여 송달할 수 있다.

⑤ 납세의 고지와 독촉에 관한 서류는 연대납세의무자 중 그 대표자에게 송달한다.

06 「지방세기본법」상 공시송달할 수 있는 경우가 아닌 것은? 제24회

① 송달을 받아야 할 자의 주소 또는 영업소가 국외에 있고 그 송달이 곤란한 경우
② 송달을 받아야 할 자의 주소 또는 영업소가 분명하지 아니한 경우
③ 서류를 우편으로 송달하였으나 받을 사람이 없는 것으로 확인되어 반송됨으로써 납부기한 내에 송달하기 곤란하다고 인정되는 경우
④ 서류를 송달할 장소에서 송달을 받을 자가 정당한 사유 없이 그 수령을 거부한 경우
⑤ 세무공무원이 2회 이상 납세자를 방문하여 서류를 교부하려고 하였으나 받을 사람이 없는 것으로 확인되어 납부기한 내에 송달하기 곤란하다고 인정되는 경우

07 「지방세기본법」상 서류의 송달에 관한 설명으로 틀린 것은? 제33회

① 연대납세의무자에게 납세의 고지에 관한 서류를 송달할 때에는 연대납세의무자 모두에게 각각 송달하여야 한다.
② 기한을 정하여 납세고지서를 송달하였더라도 서류가 도달한 날부터 10일이 되는 날에 납부기한이 되는 경우 지방자치단체의 징수금의 납부기한은 해당 서류가 도달한 날부터 14일이 지난 날로 한다.
③ 납세관리인이 있을 때에는 납세의 고지와 독촉에 관한 서류는 그 납세관리인의 주소 또는 영업소에 송달한다.
④ 교부에 의한 서류송달의 경우에 송달할 장소에서 서류를 송달받아야 할 자를 만나지 못하였을 때에는 그의 사용인으로서 사리를 분별할 수 있는 사람에게 서류를 송달할 수 있다.
⑤ 서류송달을 받아야 할 자의 주소 또는 영업소가 분명하지 아니한 경우에는 서류의 주요 내용을 공고한 날부터 14일이 지나면 서류의 송달이 된 것으로 본다.

land.Hackers.com

7개년 출제비중분석

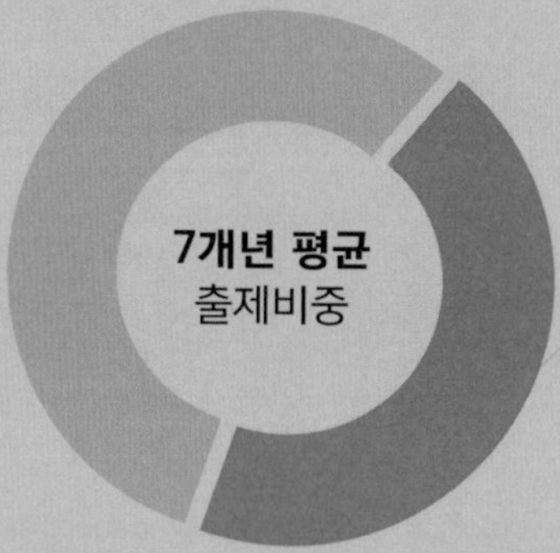

제2편 출제비중

41.2%

장별 출제비중

장 제목	평균	제35회	제34회	제33회	제32회	제31회	제30회	제29회
제1장 취득세	2.4	3	2	2	3	1	3	3
제2장 등록면허세	1.4	0	2	1	1	3	1	2
제3장 재산세	2.6	3	2	2	2	3	3	3
제4장 기타 지방세	0.2	0	0	0	0	1	0	0

*평균: 최근 7개년 동안 출제된 각 장별 평균 문제 수입니다.

제2편

지방세

제1장 취득세

Point 13 취득세 특징 ★★

기본서 p.91

① 과세주체: 특별시 · 광역시 · 도(시 · 군 · 구가 위임징수), 특별자치도, 특별자치시
② 행위세, 유통세
③ 물세: 납세의무자 인적사항 고려 ×, 개별과세
④ 사실주의과세: 등기 · 등록 · 허가 등과 무관하게 과세
⑤ 현황부과: 공부상 현황과 사실상 현황이 다른 경우 사실상 현황에 따라 과세
⑥ 징수방법: 신고납부(원칙)
⑦ 가산세: 신고불성실가산세(40%, 20%, 10%), 납부지연가산세(최대 75% 한도)는 1일 0.022%
⑧ 면세점: 취득가액 50만원 이하

Point 14 취득세 과세대상 ★

기본서 p.98~102

① 부동산: 토지(사실상 토지 포함), 건축물(건물, 골프연습장 등 토지에 정착하거나 지하 또는 다른 구조물에 설치하는 레저시설, 저장시설 등 시설물, 승강기 등 건축물에 딸린 시설물)
② 부동산에 준하는 것: 차량 · 기계장비 · 항공기 · 선박(원시취득은 과세 ×), 입목
③ 권리 등: 광업권 · 어업권 · 양식업권(원시취득은 취득세 면제), 골프 · 콘도 · 종합체육시설 · 승마 · 요트회원권

Point 15 취득세 납세의무자 ★★★★★

기본서 p.103~108

① 과세물건을 취득한 경우: 사실상 취득자(등기 · 등록과 무관)
② 주체구조부 취득자 이외의 자가 가설한 경우: 주체구조부 취득자가 함께 취득한 것으로 본다(가설한 자 ×).
③ 토지의 지목변경: 변경시점의 소유자
④ 상속받은 경우: 상속인 각자(공동상속의 경우 연대납세의무 ○)
⑤ 주택조합원용 부동산: 조합원(비조합원용은 조합)
⑥ 배우자 또는 직계존비속의 부동산을 취득하는 경우: 증여취득 의제

🔍 유상으로 취득한 것으로 보는 경우

1. 공매(경매 포함)를 통하여 부동산 등을 취득한 경우
2. 파산선고로 인하여 처분되는 부동산 등을 취득한 경우
3. 권리의 이전이나 행사에 등기 또는 등록이 필요한 부동산 등을 서로 교환한 경우
4. 해당 부동산 등의 취득을 위하여 그 대가를 지급한 사실을 입증한 경우
   - 그 대가를 지급하기 위하여 취득자의 소득이 입증되는 경우
   - 소유재산을 처분 또는 담보한 금액으로 해당 부동산을 취득한 경우
   - 이미 상속세 또는 증여세를 과세받았거나 신고한 경우로서 그 상속 또는 수증 재산의 가액으로 그 대가를 지급한 경우
   - 기타 위에 준하는 것으로서 취득자의 재산으로 그 대가를 지급한 사실이 입증되는 경우

⑦ 증여자의 채무를 인수하는 부담부증여의 경우

㉠ 그 채무액에 상당하는 부분: 유상취득 의제

🔍 배우자 또는 직계존비속으로부터의 부동산 등의 부담부증여의 경우에는 ⑥의 내용을 적용한다.

㉡ 채무액 이외 자산: 무상취득 의제

⑧ 상속재산의 재분할에 따라 초과 취득: 증여취득 의제

🔍 상속에 따른 신고·납부기한 내에 재분할에 의한 취득과 등기 등을 모두 마친 경우 등은 제외한다.

⑨ 택지공사가 준공된 토지에 정원 또는 부속시설물 등을 조성·설치하는 경우

㉠ 건축이 수반되지 않는 경우의 납세의무자: 토지소유자

㉡ 건축이 수반되는 경우의 납세의무자: 건축물을 취득하는 자

⑩ 신탁재산의 위탁자 지위의 이전: 새로운 위탁자가 해당 신탁재산을 취득한 것으로 본다.

⑪ 재개발사업·도시개발사업으로 토지 및 건축물을 취득하는 경우

㉠ 건축물: 소유자가 신축에 따른 원시취득으로 본다.

㉡ 토지: 당초 소유한 토지 면적을 초과하는 경우 그 초과한 면적에 한하여 승계취득으로 본다.

⑫ 환지방식에 의한 사업 시행으로 토지의 지목을 사실상 변경한 경우

㉠ 환지계획에 따른 환지: 조합원

㉡ 체비지 또는 보류지: 사업시행자

Point 16 취득시기 ★★★★

기본서 p.108~111

(1) 유상승계취득(매매 등)

① 원칙: 사실상 잔금지급일

② 신고인이 제출한 자료로 사실상의 잔금지급일을 확인할 수 없는 경우: 그 계약상 잔금지급일(계약상 잔금지급일이 명시되지 않은 경우에는 계약일부터 60일이 경과한 날)

🔍 계약해제: 해당 취득물건을 등기·등록하지 아니하고 계약이 해제된 사실이 화해조서 등의 서류에 의하여 입증되는 경우에는 취득한 것으로 보지 아니한다.

(2) 연부취득

사실상 연부금지급일(계약상 연부금지급일 ×)

(3) 무상취득

① 증여: 계약일

② 상속(유증): 상속(유증)개시일

계약해제: 해당 취득물건을 등기·등록하지 아니하고 화해조서 등의 서류에 의하여 계약이 해제된 사실이 입증되는 경우에는 취득한 것으로 보지 아니한다.

(4) 위 (1)~(3)의 취득일 전에 선등기·등록한 경우

그 등기·등록일

(5) 건축물 건축 또는 개수

사용승인서(「도시개발법」 제51조 제1항에 따른 준공검사증명서, 「도시 및 주거환경정비법 시행령」 제74조에 따른 준공인가증 및 그 밖에 건축 관계 법령에 따른 사용승인서에 준하는 서류를 포함)를 내주는 날(사용승인서를 내주기 전에 임시사용승인을 받은 경우에는 그 임시사용승인일을 말하고, 사용승인서 또는 임시사용승인서를 받을 수 없는 건축물의 경우에는 사실상 사용이 가능한 날을 말함)과 사실상의 사용일 중 빠른 날을 취득일로 본다.

(6) 주택조합 등의 비조합원용 토지

① 「주택법」에 의한 주택조합이 취득하는 경우: 사용검사 받은 날

② 「도시 및 주거환경정비법」에 의한 주택재건축조합이 취득하는 경우: 소유권이전고시일의 다음 날

(7) 토지의 지목변경 등

사실상 변경된 날과 공부상 변경일 중 빠른 날

(8) 매립·간척에 의한 취득

공사준공인가일

(9) 「민법」 제839조의2 및 제843조에 따른 재산분할로 인한 취득

취득물건의 등기일 또는 등록일

(10) 「민법」 제245조 및 제247조에 따른 점유로 취득

취득물건의 등기일 또는 등록일

Point 17 취득세 과세표준 ★★★★★

기본서 p.112~120

(1) 과세표준의 기준

원칙	취득 당시의 가액
연부취득	연부금액(매회 사실상 지급되는 금액)

(2) 무상취득의 경우

원칙	시가인정액(취득일 전 6개월부터 취득일 후 3개월 이내의 평가기간 내 매매사례가액, 감정가액 등)	
예외	① 상속에 따른 무상취득	시가표준액
	② 시가표준액이 1억원 이하인 부동산 등을 무상취득(상속 제외)	시가인정액과 시가표준액 중에서 납세자가 정하는 가액
	③ ①과 ②에 해당하지 아니하는 경우	시가인정액으로 하되, 시가인정액을 산정하기 어려운 경우에는 시가표준액
	④ 부담부증여의 경우	• 채무부담액 ⇨ 유상취득의 과세표준 적용 • 시가인정액에서 채무부담액을 뺀 잔액 ⇨ 무상취득의 과세표준 적용

(3) 유상취득의 경우

원칙	사실상 취득가격
부당행위계산	시가인정액(지방자치단체의 장이 결정 가능)

⊕ 부당행위계산: 특수관계인으로부터 시가인정액보다 낮은 가격으로 부동산을 취득한 경우로서 시가인정액과 사실상 취득가격의 차액이 3억원 이상이거나 시가인정액의 100분의 5에 상당하는 금액 이상인 경우로 한다.

⊕ 사실상 취득가격의 범위

- **포함되는 비용**: 할부 또는 연부계약에 따른 이자상당액 및 연체료(법인이 아닌 자가 취득하는 경우 제외), 건설자금에 충당한 차입금의 이자(법인이 아닌 자가 취득하는 경우 제외), 농지보전부담금, 대체산림자원 조성비, 「문화예술진흥법」 제9조에 따른 미술작품의 설치비용 또는 문화예술진흥기금에 출연하는 금액, 취득에 필요한 용역을 제공받은 대가로 지급하는 용역비·수수료, 취득자 조건부담액과 채무인수액, 국민주택채권 매각차손, 공인중개사에게 지급한 중개보수(법인이 아닌 자가 취득하는 경우 제외), 붙박이 가구·가전제품 등 건축물에 부착되거나 일체를 이루면서 건축물의 효용을 유지 또는 증대시키기 위한 설비·시설 등의 설치비용, 정원 또는 부속시설물 등을 조성·설치하는 비용
- **포함되지 않는 비용**: 광고선전비 등 판매비용, 전기·가스·열 등을 이용하는 자가 분담하는 비용, 이주비, 지장물 보상금, 부가가치세, 매매대금을 일시에 지급함에 따른 할인금액

(4) 원시취득의 경우

원칙	사실상 취득가격
개인이 취득	법인이 아닌 자가 건축물을 건축하여 취득하는 경우로서 사실상 취득가격을 확인할 수 없는 경우 ⇨ 시가표준액

(5) 취득으로 보는 경우

<table>
<tr><th>구분</th><th colspan="3">과세표준</th></tr>
<tr><td>토지의 지목변경</td><td rowspan="2">증가한 가액에 해당하는 사실상 취득가격</td><td rowspan="2">법인이 아닌 자가 취득하는 경우로서 사실상 취득가격이 확인 ×</td><td>지목변경 이후의 시가표준액에서 지목변경 전의 시가표준액을 뺀 가액</td></tr>
<tr><td>선박, 차량 또는 기계장비의 종류변경</td><td>시가표준액</td></tr>
<tr><td>건축물을 개수</td><td colspan="3">원시취득의 과세표준 적용</td></tr>
<tr><td>과점주주의 주식 간주취득</td><td colspan="3">해당 법인의 취득세 과세대상자산의 총가액 $\times \dfrac{\text{과점주주가 취득한 주식 또는 출자의 수}}{\text{그 법인의 주식 또는 출자의 총수}}$</td></tr>
</table>

(6) 무상취득 · 유상승계취득 · 원시취득의 경우 과세표준에 대한 특례

① **대물변제, 교환, 양도담보 등 유상거래를 원인으로 취득하는 경우:** 다음의 구분에 따른 가액. 다만, 특수관계인으로부터 부동산 등을 취득하는 경우로서 「지방세법」 제10조의3 제2항에 따른 부당행위계산을 한 것으로 인정되는 경우 취득당시가액은 시가인정액으로 한다.

㉠ **대물변제:** 대물변제액(대물변제액 외에 추가로 지급한 금액이 있는 경우에는 그 금액을 포함). 다만, 대물변제액이 시가인정액보다 적은 경우 취득당시가액은 시가인정액으로 한다.

㉡ **교환:** 교환을 원인으로 이전받는 부동산 등의 시가인정액과 이전하는 부동산 등의 시가인정액(상대방에게 추가로 지급하는 금액과 상대방으로부터 승계받는 채무액이 있는 경우 그 금액을 더하고, 상대방으로부터 추가로 지급받는 금액과 상대방에게 승계하는 채무액이 있는 경우 그 금액을 차감) 중 높은 가액

㉢ **양도담보:** 양도담보에 따른 채무액(채무액 외에 추가로 지급한 금액이 있는 경우 그 금액을 포함). 다만, 그 채무액이 시가인정액보다 적은 경우 취득당시가액은 시가인정액으로 한다.

② **법인의 합병 · 분할 및 조직변경을 원인으로 취득하는 경우:** 시가인정액. 다만, 시가인정액을 산정하기 어려운 경우 취득당시가액은 시가표준액으로 한다.

③ 「도시 및 주거환경정비법」 제2조 제8호의 사업시행자, 「빈집 및 소규모주택 정비에 관한 특례법」 제2조 제1항 제5호의 사업시행자 및 「주택법」 제2조 제11호의 주택조합이 취득하는 경우: 다음 계산식에 따라 산출한 가액

공시지가 × 「지방세법 시행령」 제11조2의 계산식에 따라 산출한 면적

Point 18 취득세율 ★★★★★

기본서 p.121~129

(1) 표준세율(탄력세율, ±50%)

구분		세율	비고
상속취득	농지	2.3%	전 · 답 · 과수원 · 목장용지
	농지 이외	2.8%	-
무상취득(증여 등)	비영리사업자	2.8%	① 비영리사업자: 종교 및 제사단체, 학교, 사회복지법인, 정당 등 ② 조정대상지역 내 3억원 이상의 주택 증여취득: 12%
	일반	3.5%	
유상취득	농지	3%	전 · 답 · 과수원 · 목장용지
	농지 · 주택 이외	4%	매매와 교환으로 인한 경우 세율 동일
원시취득(신축 · 매립 · 간척)	일반적인 경우	2.8%	건축(신축과 재축은 제외) 또는 개수로 인하여 건축물 면적이 증가된 부분 포함
분할취득	공유물 · 공유권 해소의 분할	2.3%	-
	합유 · 총유물의 분할	2.3%	-
법인의 합병 · 분할 취득	농지	3%	법인이 합병 · 분할에 따라 부동산을 취득하는 경우 유상취득의 세율을 적용
	농지 · 주택 이외	4%	

(2) 주택 유상취득(조정대상지역 내 1세대 1주택 및 조정대상지역 외 1세대 2주택)

구분		세율
주택	취득가액 6억원 이하	1,000분의 10
	취득가액 6억원 초과 9억원 이하	$Y = \left(\text{해당 주택의 취득당시가액} \times \frac{2}{\text{3억원}} - 3\right) \times \frac{1}{100}$
	취득가액 9억원 초과	1,000분의 30

(3) 주택 수 산정방법

① 「신탁법」에 따라 신탁된 주택은 위탁자의 주택 수에 가산한다.

② 조합원입주권, 주택분양권, 주택으로 과세되는 오피스텔은 소유한 자의 주택 수에 가산한다.

(4) 과밀억제권역 안 취득 등 중과세율

<table>
<tr><th colspan="2">구분</th><th>세율</th></tr>
<tr><td>사치성 재산에 대한 중과세</td><td>고급오락장 · 골프장 · 고급선박 · 고급주택 등(별장은 사치성 재산에서 제외)</td><td>표준세율 + 중과기준세율(2%) × 4배</td></tr>
<tr><td>과밀억제권역 내 중과세</td><td>① 과밀억제권역에서 본점이나 주사무소의 사업용 부동산을 취득하는 경우
② 과밀억제권역(산업단지, 유치지역, 공업지역 제외)에서 공장을 신 · 증설하기 위하여 사업용 과세물건을 취득하는 경우</td><td>표준세율 + 중과기준세율 × 2배</td></tr>
<tr><td>대도시에서의 중과세</td><td>① 대도시에서 법인을 설립(휴면법인을 인수하는 경우 포함)하거나 지점 또는 분사무소를 설치하는 경우 및 법인의 본점 · 주사무소 · 지점 또는 분사무소를 대도시로 전입함에 따라 대도시의 부동산을 취득하는 경우
② 대도시(유치지역 및 공업지역 제외)에서 공장을 신설하거나 증설함에 따라 부동산을 취득하는 경우</td><td>표준세율 × 3배 − 중과기준세율 × 2배</td></tr>
<tr><td colspan="2">사치성 재산 중과세와 대도시에서의 중과세가 동시에 적용되는 경우</td><td>표준세율 × 3배 + 중과기준세율 × 2배</td></tr>
<tr><td colspan="2">과밀억제권역 내 중과세와 대도시에서의 중과세가 동시에 적용되는 경우</td><td>표준세율 × 3배</td></tr>
<tr><td colspan="2">조정대상지역 내 주택유상거래로 인한 취득세 세율 · 조정대상지역 내 주택을 증여받은 경우의 취득세 세율과 사치성 재산에 대한 중과세가 동시에 적용되는 경우</td><td>해당 취득세 표준세율에 중과기준세율의 4배를 합한 세율 (최대 20%)</td></tr>
</table>

Point 19 사치성 재산, 과밀억제권역(대도시) 내 취득시 중과세, 세율특례 ★★★★

기본서 p.129~144

(1) 사치성 재산

취득세율 = 표준세율 + 중과기준세율(2%) × 4배

① 종류: 고급오락장, 골프장(승계취득은 중과세 제외), 고급선박(시가표준액 3억원을 초과하는 비업무용 자가용 선박), 고급주택(취득세만 중과세, 취득 당시 시가표준액 9억원 초과하는 주택)

별장은 사치성 재산에서 제외

② 고급오락장, 고급주택에 부속된 토지의 경계가 명백하지 아니할 때에는 그 건축물 바닥면적의 10배에 해당하는 토지를 그 부속토지로 본다.

③ 고급주택 · 고급오락장용 건축물을 취득한 날부터 60일 이내에 고급주택 · 고급오락장이 아닌 용도로 사용하거나 고급주택 · 고급오락장이 아닌 용도로 사용하기 위하여 용도변경공사에 착공하는 경우에는 중과세율 적용대상에서 제외한다.

(2) 과밀억제권역 내 부동산취득

취득세율 = 표준세율 + 중과기준세율(2%) × 2배

① 과밀억제권역 내(산업단지, 유치지역, 공업지역 제외) 공장 신 · 증설

㉠ 업종: 비도시형 업종(도시형 업종 제외)

㉡ 신설: 생산시설 연면적 500m^2 이상

㉢ 증설: 20% 이상 또는 330m^2 초과

㉣ 중과세되는 사업용 과세물건: 공장용 건축물, 부속토지, 공장용 차량 · 기계장비

② 과밀억제권역 내 본점 또는 주사무소의 사업용 부동산취득

㉠ 지점용 ×, 분사무소용 ×

㉡ 신축과 증축에 한해 중과세하며, 승계취득은 중과세하지 않음

(3) 대도시 내 법인설립 등에 따른 부동산취득

취득세율 = 표준세율 × 3배 − 중과기준세율(2%) × 2배

① 대도시 내에서 법인의 설립, 설치, 전입 등에 따른 부동산취득
   ㉠ 중과세 대상: 본점(주사무소), 지점(분사무소), 원시 · 승계취득, 사업용 · 비사업용 관계 없이 모든 부동산취득
   ㉡ 중과세 제외되는 경우(중과세 제외 업종): 은행업, 할부금융업, 의료업, 유통산업, 사회간접자본시설업, 첨단업종 등 대도시 설치불가피 업종

② 대도시 내 공장 신 · 증설에 따른 부동산취득(과세대상은 건축물, 부속토지)

(4) 특례세율

적용세율	적용대상
표준세율 − 중과기준세율(2%)	① 환매권 행사로 인한 취득(환매등기) ② 상속으로 인한 1가구 1주택 및 감면대상 농지 취득 ③ 법인의 합병 ④ 공유물 · 합유물의 분할 ⑤ 건축물의 이전 ⑥ 이혼시 재산분할 ⑦ 벌채하여 원목을 생산하기 위한 입목의 취득
중과기준세율(2%)	① 건축물 개수(면적증가가 있는 개수 제외) ② 차량 · 기계장비 · 선박의 종류변경 가액의 증가 ③ 토지의 지목변경 가액의 증가 ④ 과점주주의 취득 ⑤ 골프연습장 등 시설물의 취득 ⑥ 존속기간 1년을 초과하는 임시건축물의 취득 ⑦ 지목이 묘지인 토지의 취득 ⑧ 택지공사가 준공된 토지에 정원 또는 부속시설물 등을 조성 · 설치하는 경우 토지의 소유자의 취득

Point 20 취득세 비과세 ★★★

기본서 p.144~146

(1) 국가 등에 대한 비과세

① 국가 등의 직접 취득(다만, 외국정부의 취득은 상호주의 적용)

② 국가 등에 귀속 또는 기부채납하는 부동산 및 사회기반시설의 취득

취득세를 부과하는 경우

- 국가 등에 귀속 등의 조건을 이행하지 아니하고 타인에게 매각·증여하거나 귀속 등을 이행하지 아니하는 것으로 조건이 변경된 경우
- 국가 등에 귀속 등의 반대급부로 국가 등이 소유하고 있는 부동산 및 사회기반시설을 무상으로 양여받거나 기부채납 대상물의 무상사용권을 제공받는 경우

(2) 기타 비과세

① 신탁(「신탁법」에 따른 신탁으로서 신탁등기가 병행되는 것만 해당)으로 인한 신탁재산의 취득(다만, 신탁재산의 취득 중 주택조합 등과 조합원간의 부동산취득 및 주택조합 등의 비조합원용 부동산취득은 과세함)

② 「징발재산 정리에 관한 특별조치법」 또는 「국가보위에 관한 특별조치법 폐지법률」 부칙 규정에 따른 환매권 행사로 매수하는 부동산의 취득

③ 「주택법」 규정에 따른 공동주택의 개수로 인한 취득(다만, 공동주택의 대수선으로 인한 취득은 과세함)

④ **사용할 수 없는 차량의 상속에 따른 취득**

㉠ 상속개시 이전에 천재지변·화재·교통사고·폐차·차령초과 등으로 사용할 수 없는 차량의 상속에 따른 취득

㉡ 상속개시일이 속하는 달의 말일부터 6개월(외국에 주소를 둔 상속인이 있는 경우에는 9개월) 이내에 대통령령으로 정하는 사유로 상속 이전 등록하지 않은 상태에서 폐차 말소된 차량의 취득

Point 21 취득세 납세절차 ★★★★★

기본서 p.147~153

(1) 납세지

취득물건 소재지(부동산은 부동산 소재지, 골프회원권 등은 시설 소재지)

- 같은 취득물건이 둘 이상의 지방자치단체에 걸쳐 있는 경우: 법령으로 정하는 바에 따라 소재지별로 안분(시가표준액 비율)
- 납세지가 불분명한 경우: 취득물건 소재지

(2) 징수방법

① 원칙: 신고납부

㉠ 취득일부터 60일 이내

- 「부동산 거래신고 등에 관한 법률」 규정에 따른 토지거래계약에 관한 허가구역에 있는 토지를 취득하는 경우로서 토지거래계약에 관한 허가를 받기 전에 거래대금을 완납한 경우에는 그 허가일(지정해제일 또는 축소일)로부터 60일 이내에 신고하고 납부하여야 한다.

㉡ 무상취득

ⓐ 증여(부담부증여 포함): 취득일이 속하는 달의 말일부터 3개월 이내

ⓑ 상속: 상속개시일이 속하는 달의 말일부터 6개월(외국에 주소를 둔 상속인이 있는 경우에는 9개월) 이내

㉢ 재산권과 그 밖의 권리의 취득 · 이전에 관한 사항을 공부에 등기하거나 등록하려는 경우: 등기 · 등록신청서를 등기 · 등록관서에 접수하는 날까지

㉣ 추가신고납부

ⓐ 취득 후 중과세대상이 된 경우: 중과세대상이 된 날부터 60일 이내에 해당 중과세율을 적용(이미 납부한 세액공제시 가산세 제외)하여 신고납부하여야 한다.

ⓑ 취득 후 부과대상이나 추징대상이 된 경우: 사유발생일부터 60일 이내에(이미 납부한 세액공제시 가산세 제외) 신고납부하여야 한다.

② 예외: 보통징수(부족세액 추징 및 가산세)

일반 가산세	신고불성실가산세	㉠ 부정무신고 · 부정과소신고: 40% ㉡ 일반무신고: 20% ㉢ 과소신고: 10%
	(납세고지 전) 납부지연가산세	1일 0.022%(최대 75% 한도)
중가산세	적용	㉠ 취득 후 신고하지 않고 매각 ㉡ 산출세액의 80%
	제외 (일반가산세 적용)	㉠ 취득세 과세물건 중 등기 또는 등록이 필요하지 아니하는 과세물건(골프회원권 등은 중가산세를 적용) ㉡ 지목변경, 차량 · 기계장비 또는 선박의 종류 변경, 주식 등의 취득 등 취득으로 보는 과세물건

- 법인의 장부 등의 작성과 보존의무 불성실가산세: 10%

③ **면세점:** 취득가액이 50만원 이하일 때에는 취득세를 부과하지 아니한다.
④ **부가세:** 농어촌특별세, 지방교육세를 함께 신고납부하여야 한다.
⑤ **채권자대위자의 취득세 신고납부**
㉠ 「부동산등기법」 제28조에 따라 채권자대위권에 의한 등기신청을 하려는 채권자는 납세의무자를 대위하여 부동산의 취득에 대한 취득세를 신고납부할 수 있다. 이 경우 채권자대위자는 행정안전부령으로 정하는 바에 따라 납부확인서를 발급받을 수 있다.
㉡ 지방자치단체의 장은 ㉠에 따른 채권자대위자의 신고납부가 있는 경우 납세의무자에게 그 사실을 즉시 통보하여야 한다.
⑥ **미납부의 통보:** 등기·등록관서의 장은 취득세가 납부되지 아니하였거나 납부부족액을 발견하였을 때에는 다음 달 10일까지 대통령령으로 정하는 바에 따라 납세지를 관할하는 지방자치단체의 장에게 통보하여야 한다.
⑦ **국가 등의 매각통보:** 매각일로부터 30일 이내에 법령으로 정하는 바에 따라 그 물건 소재지를 관할하는 지방자치단체의 장에게 통보하거나 신고하여야 한다.
⑧ **시가인정액을 수정신고시 가산세 제외:** 납세의무자가 「지방세법」 제20조에 따른 신고기한까지 취득세를 시가인정액으로 신고한 후 지방자치단체의 장이 세액을 경정하기 전에 그 시가인정액을 수정신고한 경우에는 「지방세기본법」 제53조 및 제54조에 따른 가산세를 부과하지 아니한다.
⑨ **일시적 2주택:** 법령에 따라 일시적 2주택으로 신고하였으나 신주택 취득일로부터 3년 내에 종전 주택을 처분하지 못하여 1주택으로 되지 아니한 경우에는 가산세를 적용한다.

제1장 단원별 출제예상문제

중요 출제가능성이 높은 중요 문제 고득점 고득점 목표를 위한 어려운 문제 신유형 기존에 출제되지 않은 신유형 대비 문제

Point 13 취득세 특징 ★★

정답 및 해설 p.14

Tip

취득세의 특징을 이해하며, 취득의 유형 중에서 간주취득에 대한 과세는 자세한 내용을 숙지하여야 한다.

01 취득세와 관련하여 2025년도 시행되고 있는 제도는 모두 몇 개인가? (단, 2025년 1월 1일 이후에 취득한 것으로 가정함)

㉠ 특별징수	㉡ 분할납부
㉢ 물납	㉣ 세 부담 상한
㉤ 면세점	㉥ 기한 후 신고
㉦ 소액징수면제	㉧ 중가산세

① 1개 ② 2개 ③ 3개
④ 4개 ⑤ 5개

02 취득세에 대한 설명으로 틀린 것은?

① 취득에는 원시취득과 승계취득 그리고 의제(간주)취득이 있다.
② 전세권과 지상권을 취득하는 경우에는 취득세가 과세되지 않는다.
③ 과세대상 자산의 취득에 있어서는 관계 법령의 규정에 의한 등기·등록 등을 이행하지 않은 경우라도 사실상 취득한 때에 이를 취득한 것으로 보고, 해당 취득물건의 소유자 또는 양수인을 각각 취득자로 한다.
④ 매매·교환 등의 유상승계취득은 취득세가 과세되나, 상속·증여·기부 등의 무상승계취득은 취득세를 과세하지 않는다.
⑤ 비상장법인의 과점주주로서 법인설립일 이후에 주식을 취득함으로써 과점주주에 해당되는 경우 과점주주가 된 날 현재 그 회사의 자산을 지분율만큼 취득한 것으로 보아 과점주주는 취득세 납세의무를 지게 된다.

☆중요

03 과점주주의 간주취득에 대한 취득세 납세의무를 설명한 것으로 <u>틀린</u> 것은?

① 과점주주라 함은 주주 또는 유한책임사원 1명과 그와 「지방세기본법 시행령」으로 정하는 친족, 그 밖의 특수관계에 있는 자의 소유주식의 합계 또는 출자액의 합계가 해당 법인의 발행주식총수 또는 출자총액의 100분의 50을 초과하는 자를 말한다.

② 과점주주들은 취득세 납세의무에 대해 연대납세의무가 없다.

③ 법인설립시에 발행하는 주식 또는 지분을 취득함으로써 과점주주가 된 경우에도 취득세 납세의무를 부담하지 아니한다.

④ 이미 과점주주가 된 주주 또는 유한책임사원이 해당 법인의 주식 등을 취득하여 해당 법인의 주식 등의 총액에 대한 과점주주가 가진 주식 등의 비율이 그 증가된 날을 기준으로 그 이전에 해당 과점주주가 가지고 있던 주식 등의 최고비율보다 증가되지 않은 경우에는 간주취득에 대한 취득세를 부과하지 않는다.

⑤ 과점주주의 취득세 납세의무는 법인이 「신탁법」에 따라 신탁한 재산으로서 수탁자 명의로 등기·등록이 되어 있는 부동산 등을 포함한다.

04 「지방세법」상 과점주주의 간주취득세가 과세되는 경우가 <u>아닌</u> 것은 모두 몇 개인가? (단, 주식발행법인은 「자본시장과 금융투자업에 관한 법률 시행령」 제176조의9 제1항에 따른 유가증권시장에 상장한 법인이 아니며, 「지방세특례제한법」은 고려하지 않음) 제29회

㉠ 법인설립시에 발행하는 주식을 취득함으로써 과점주주가 된 경우
㉡ 과점주주가 아닌 주주가 다른 주주로부터 주식을 취득함으로써 최초로 과점주주가 된 경우
㉢ 이미 과점주주가 된 주주가 해당 법인의 주식을 취득하여 해당 법인의 주식의 총액에 대한 과점주주가 가진 주식의 비율이 증가된 경우
㉣ 과점주주 집단 내부에서 주식이 이전되었으나 과점주주 집단이 소유한 총 주식의 비율에 변동이 없는 경우

① 0개
② 1개
③ 2개
④ 3개
⑤ 4개

05 거주자 甲의 A비상장법인에 대한 주식보유 현황은 아래와 같다. 2025년 9월 15일 주식 취득시 「지방세법」상 A법인 보유부동산 등에 대한 甲의 취득세 과세표준을 계산하는 경우 취득으로 간주되는 지분비율로 옳은 것은? (단, A법인 보유자산 중 취득세가 비과세 · 감면되는 부분은 없으며, 甲과 특수관계에 있는 다른 주주는 없음)

구분	발행주식수	보유주식수
㉠ 2020년 1월 1일 설립시	10,000주	5,000주
㉡ 2023년 4월 29일 주식 취득 후	10,000주	6,000주
㉢ 2024년 7월 18일 주식 양도 후	10,000주	3,000주
㉣ 2025년 9월 15일 주식 취득시	10,000주	7,000주

① 10%
② 20%
③ 40%
④ 60%
⑤ 70%

Point 14 취득세 과세대상 ★

정답 및 해설 p.14

Tip

양도소득세 과세대상과 비교 · 정리하여야 하며, 취득의 구분과 종합문제로 출제될 수 있다.

06 「지방세법」상 취득세 과세객체가 되는 취득의 목적물이 아닌 것은?

① 콘도미니엄회원권
② 등기된 부동산임차권
③ 골프회원권
④ 지목(地目)이 잡종지인 토지
⑤ 승마회원권

07 「지방세법」상 취득세가 과세될 수 있는 것으로만 묶인 것은?

㉠ 보유토지의 지목이 전(田)에서 대(垈)로 변경되어 가액이 증가한 경우 ㉡ 차량, 기계장비, 항공기 및 주문을 받아 건조하는 선박을 원시취득한 경우 ㉢ 토지를 사실상 취득하였지만 등기하지 않은 경우 ㉣ 공유수면을 매립하거나 간척하여 토지를 조성한 경우

① ㉠, ㉡
② ㉠, ㉡, ㉢
③ ㉠, ㉢, ㉣
④ ㉡, ㉢, ㉣
⑤ ㉠, ㉡, ㉢, ㉣

08 「지방세법」상 취득세에 관한 설명으로 틀린 것은?

① 토지의 경우 「공간정보의 구축 및 관리 등에 관한 법률」에 따라 지적공부의 등록대상이 되는 토지뿐만 아니라 사실상의 토지도 과세대상이다.
② 과세대상이 되는 건축물에는 「건축법」에 따른 건축물과 토지에 정착하거나 지하 또는 다른 구조물에 설치하는 레저시설 등 독립된 시설물이 포함된다.
③ 「체육시설의 설치 · 이용에 관한 법률」에 의하여 골프연습장업으로 신고된 20타석 이상의 골프연습장도 과세대상이 된다.
④ 부동산, 차량, 기계장비 또는 항공기는 특별한 규정이 있는 경우를 제외하고는 해당 물건을 취득하였을 때의 사실상 현황에 따라 부과한다. 다만, 취득하였을 때의 사실상 현황이 분명하지 아니한 경우에는 공부상의 등재현황에 따라 부과한다.
⑤ 개인간에 부동산을 교환하는 경우 취득세를 과세하지 않는다.

Point 15 취득세 납세의무자 ★★★★★

정답 및 해설 p.14~15

Tip

자주 출제되는 부분으로서 납세의무자를 형태별로 명확히 구분하여야 한다.

중요

09 지방세법령상 취득세에 관한 설명으로 틀린 것은? 제34회

① 건축물 중 조작 설비에 속하는 부분으로서 그 주체구조부와 하나가 되어 건축물로서의 효용가치를 이루고 있는 것에 대하여는 주체구조부 취득자 외의 자가 가설한 경우에도 주체구조부의 취득자가 함께 취득한 것으로 본다.

② 「도시개발법」에 따른 환지방식에 의한 도시개발사업의 시행으로 토지의 지목이 사실상 변경됨으로써 그 가액이 증가한 경우에는 그 환지계획에 따라 공급되는 환지는 사업시행자가, 체비지 또는 보류지는 조합원이 각각 취득한 것으로 본다.

③ 경매를 통하여 배우자의 부동산을 취득하는 경우에는 유상으로 취득한 것으로 본다.

④ 형제자매인 증여자의 채무를 인수하는 부동산의 부담부증여의 경우에는 그 채무액에 상당하는 부분은 부동산을 유상으로 취득하는 것으로 본다.

⑤ 부동산의 승계취득은 「민법」 등 관계 법령에 따른 등기를 하지 아니한 경우라도 사실상 취득하면 취득한 것으로 보고 그 부동산의 양수인을 취득자로 한다.

10 「지방세법」상 취득세 납세의무에 관한 설명으로 옳은 것은? 제32회 수정

① 토지의 지목을 사실상 변경함으로써 그 가액이 증가한 경우에는 취득으로 보지 아니한다.

② 상속회복청구의 소에 의한 법원의 확정판결에 의하여 특정 상속인이 당초 상속분을 초과하여 취득하게 되는 재산가액은 상속분이 감소한 상속인으로부터 증여받아 취득한 것으로 본다.

③ 권리의 이전이나 행사에 등기 또는 등록이 필요한 부동산을 직계존속과 서로 교환한 경우에는 무상으로 취득한 것으로 본다.

④ 증여로 인한 승계취득의 경우 해당 취득물건을 등기·등록하더라도 취득일부터 취득일이 속하는 달의 말일부터 3개월 이내에 공증받은 공정증서에 의하여 계약이 해제된 사실이 입증되는 경우에는 취득한 것으로 보지 아니한다.

⑤ 증여자가 배우자 또는 직계존비속이 아닌 경우 증여자의 채무를 인수하는 부담부증여의 경우에는 그 채무액에 상당하는 부분은 부동산 등을 유상으로 취득하는 것으로 본다.

11 「지방세법」상 부동산의 유상취득으로 보지 않는 것은?

① 공매를 통하여 배우자의 부동산을 취득하는 경우
② 파산선고로 인하여 처분되는 직계비속의 부동산을 취득하는 경우
③ 배우자의 부동산을 취득하는 경우로서 그 취득대가를 지급한 사실을 증명하는 경우
④ 권리의 이전이나 행사에 등기가 필요한 부동산을 직계존속과 서로 교환하는 경우
⑤ 증여자의 채무를 인수하는 부담부증여로 취득한 경우로서 그 채무액에 상당하는 부분을 제외한 나머지 부분의 경우

12 「지방세법」상 취득세의 납세의무자에 대한 설명 중 틀린 것은?

① 차량을 운수업체의 명의로 등록하는 경우라도 해당 차량의 구매계약서, 세금계산서 등에 비추어 취득대금을 지급한 자가 따로 있음이 입증되는 경우에는 그 취득대금을 지급한 자가 취득한 것으로 본다.
② 「도시개발법」에 따른 도시개발사업과 「도시 및 주거환경정비법」에 따른 정비사업의 시행으로 해당 사업의 대상이 되는 부동산의 소유자(상속인을 포함)가 환지계획 또는 관리처분계획에 따라 공급받거나 토지상환채권으로 상환받는 건축물은 그 소유자가 원시취득한 것으로 보며, 토지의 경우에는 그 소유자가 승계취득한 것으로 본다. 이 경우 토지는 당초 소유한 토지 면적을 초과하는 경우로서 그 초과한 면적에 해당하는 부분에 한정하여 취득한 것으로 본다.
③ 「여신전문금융업법」에 따른 시설대여업자가 건설기계나 차량의 시설대여 등을 하는 경우로서 같은 법령규정에 따라 대여시설이용자의 명의로 등록하는 경우라도 그 건설기계나 차량은 시설대여업자가 취득한 것으로 본다.
④ 외국인 소유의 취득세 과세대상 물건(차량, 기계장비, 항공기 및 선박에 한함)을 직접 사용하거나 국내의 대여시설 이용자에게 대여하기 위하여 소유권을 이전받는 조건으로 임차하여 수입하는 경우에는 수입하는 자가 이를 취득한 것으로 본다.
⑤ 상속(피상속인으로부터 상속인에게 한 유증 및 포괄유증과 신탁재산의 상속을 포함)으로 인하여 취득하는 경우에는 상속지분이 가장 높은 자가 상속받는 과세물건을 취득한 것으로 보아 주된 상속인이 납세의무를 지며, 상속인이 여러 명인 경우에는 연대납세의무는 없다.

중요

13 「지방세법」상 취득세 납세의무에 관한 설명으로 틀린 것은?

① 토지의 지목을 사실상 변경함으로써 그 가액이 증가한 경우에는 취득으로 본다.

② ①의 경우 「도시개발법」에 따른 도시개발사업(환지방식만 해당)의 시행으로 토지의 지목이 사실상 변경된 때에는 그 환지계획에 따라 공급되는 환지는 조합원이, 체비지 또는 보류지는 사업시행자가 각각 취득한 것으로 본다.

③ 토지의 지목을 변경함으로써 가액이 증가하는 경우에는 지목변경 시점의 소유자를 납세의무자로 한다.

④ 「공간정보의 구축 및 관리 등에 관한 법률」 제67조에 따른 대(垈) 중 「국토의 계획 및 이용에 관한 법률」 등 관계 법령에 따른 택지공사가 준공된 토지에 건축물을 건축하면서 그 건축물에 부수되는 정원 또는 부속시설물 등을 조성·설치하는 경우에는 토지의 소유자가 취득한 것으로 본다.

⑤ 「신탁법」 제10조에 따라 신탁재산의 위탁자 지위의 이전이 있는 경우에는 새로운 위탁자가 해당 신탁재산을 취득한 것으로 본다. 다만, 위탁자 지위의 이전에도 불구하고 신탁재산에 대한 실질적인 소유권 변동이 있다고 보기 어려운 경우로서 법령으로 정하는 경우에는 그러하지 아니하다.

Point 16 취득시기 ★★★★

정답 및 해설 p.15~16

Tip

취득유형에 따른 취득시기를 구분하여 숙지하여야 하며, 양도소득세 취득시기와 비교·정리하여야 한다.

14 「지방세법」상 취득의 시기에 관한 설명으로 틀린 것은? (단, 각 지항은 독립적이며 등기일보다는 빠른 것으로 가정함)

① 상속으로 인한 취득의 경우: 상속개시일

② 신고인이 제출한 자료로 사실상의 잔금지급일을 확인할 수 있는 유상승계취득의 경우: 그 계약상의 잔금지급일

③ 유상승계취득의 경우로서 계약상 잔금지급일이 명시되지 않은 경우: 계약일부터 60일이 경과한 날

④ 연부취득(면세점이 적용되는 경우는 아님)의 경우: 그 사실상의 연부금지급일

⑤ 무상취득(상속 제외)의 경우: 그 계약일

☆중요

15 「지방세법」상 취득의 시기에 관한 설명으로 <u>틀린</u> 것은?

① 「주택법」 제11조에 따른 주택조합이 주택건설사업을 하면서 조합원으로부터 취득하는 토지 중 조합원에게 귀속되지 아니하는 토지를 취득하는 경우: 「주택법」 제49조에 따른 사용검사를 받은 날

② 매매에 의한 취득의 경우: 그 사실상의 잔금지급일(신고인이 제출한 자료로 확인됨)과 등기일 또는 등록일 중 빠른 날

③ 건축물(주택 아님)을 건축하여 취득하는 경우로서 사용승인서를 내주기 전에 임시사용승인을 받은 경우: 그 임시사용승인일과 사실상의 사용일 중 빠른 날

④ 「민법」 제839조의 2에 따른 재산분할로 인한 취득의 경우: 취득물건의 등기일 또는 등록일

⑤ 관계 법령에 따라 매립으로 토지를 원시취득하는 경우: 취득물건의 등기일

☆중요

16 「지방세법」상 취득세의 취득시기에 대한 설명으로 <u>틀린</u> 것은?

① 신고인이 제출한 자료로 사실상 잔금지급일이 확인되는 경우에는 사실상 잔금지급일을 취득일로 하되, 사실상 잔금지급일 전에 먼저 등기 · 등록한 경우에는 그 등기일 또는 등록일을 취득일로 본다.

② 유상승계취득의 경우 취득 후 계약이 해제된 사실이 화해조서 등으로 입증되는 경우라도 계약해제 전에 이미 등기 · 등록이 된 경우에는 취득한 것으로 본다.

③ 무상승계취득의 경우 취득 후 계약이 해제된 사실이 화해조서 등으로 입증되는 경우 계약해제 전에 이미 등기 · 등록이 된 경우라도 취득한 것으로 보지 아니한다.

④ 토지의 지목변경에 따른 취득은 토지의 지목이 사실상 변경된 날과 공부상 변경된 날 중 빠른 날을 취득일로 본다. 다만, 토지의 지목변경일 이전에 사용하는 부분에 대해서는 그 사실상의 사용일을 취득일로 본다.

⑤ 「도시개발법」에 따른 도시개발사업으로 건축한 건축물과 「도시 및 주거환경정비법」에 따른 정비사업으로 건축한 건축물의 취득시기는 준공검사증명서 또는 준공인가증을 내주는 날과 사실상 사용일 중 빠른 날을 취득일로 본다.

고득점

17 「지방세법」상 취득세의 납세의무 성립시기가 되는 부동산의 취득시기에 관한 설명으로 옳은 것은 모두 몇 개인가?

> ㉠ 신고인이 제출한 자료로 사실상 잔금지급일이 확인되지 아니하는 경우로서 계약서상 잔금지급일이 명시되지 않은 경우에는 등기·등록일을 취득일로 본다.
> ㉡ 「민법」 제245조 및 제247조에 따른 점유로 인한 취득의 경우에는 취득물건의 점유개시일을 취득일로 본다.
> ㉢ 개인간의 증여계약에 의하여 부동산을 취득한 경우에는 그 계약일에 취득한 것으로 본다.
> ㉣ 유증으로 인하여 부동산을 취득한 경우에는 유증개시일에 취득한 것으로 본다.
> ㉤ 토지의 지목변경에 따른 취득은 토지의 지목이 사실상 변경된 날을 취득일로 본다.

① 1개 ② 2개 ③ 3개 ④ 4개 ⑤ 5개

18 甲이 乙 소유 토지를 다음과 같이 취득할 때, 甲의 「지방세법」상 취득세 취득시기는?

> ㉠ 계약서 내용
> • 계약일: 2025년 3월 15일 • 중도금지급일: 명시되지 않음 • 잔금지급일: 명시되지 않음
> ㉡ 사실 내용
> • 잔금지급일: 불분명 • 등기·등록일: 2025년 4월 20일

① 2025년 3월 15일 ② 2025년 4월 3일 ③ 2025년 4월 20일
④ 2025년 4월 30일 ⑤ 2025년 5월 15일

19 지방세기본법령 및 지방세법령상 취득세 납세의무의 성립에 관한 설명으로 틀린 것은?

제34회 수정

① 상속으로 인한 취득의 경우에는 상속개시일이 납세의무의 성립시기이다.
② 부동산의 증여계약으로 인한 취득에 있어서 소유권이전등기를 하지 않고 계약일부터 취득일이 속하는 달의 말일부터 3개월 이내에 공증받은 공정증서로 계약이 해제된 사실이 입증되는 경우에는 취득한 것으로 보지 않는다.
③ 유상승계취득의 경우 신고인이 제출한 자료로 사실상의 잔금지급일을 확인할 수 있는 때에는 사실상의 잔금지급일이 납세의무의 성립시기이다. 단, 사실상 잔금지급일이 등기일보다는 빠른 경우이다.
④ 「민법」에 따른 이혼시 재산분할로 인한 부동산 취득의 경우에는 취득물건의 등기일이 납세의무의 성립시기이다.
⑤ 「도시 및 주거환경정비법」에 따른 재건축조합이 재건축사업을 하면서 조합원으로부터 취득하는 토지 중 조합원에게 귀속되지 아니하는 토지를 취득하는 경우에는 같은 법에 따른 준공인가고시일의 다음 날이 납세의무의 성립시기이다.

Point 17 취득세 과세표준 ★★★★★

정답 및 해설 p.16~18

Tip

자주 출제되는 부분이므로 일반적인 경우와 예외적인 경우를 구별하여 숙지하고 있어야 하며, 계산문제나 사례문제로도 출제되는 부분이다.

중요

20 취득세 과세표준에 관한 설명으로 틀린 것은?

① 취득세의 과세표준의 기준은 취득 당시의 가액으로 한다.

② 부동산을 무상으로 취득하는 경우 「지방세법」 제10조에 따른 취득 당시의 가액은 취득시기 현재 불특정 다수인 사이에 자유롭게 거래가 이루어지는 경우 통상적으로 성립된다고 인정되는 가액(시가인정액)으로 한다.

③ 취득물건에 대한 시가표준액이 1억원 이하인 부동산 등을 무상취득(상속 제외)하는 경우에는 시가인정액과 시가표준액 중에서 납세자가 정하는 가액으로 한다.

④ 부동산 등을 유상거래로 승계취득하는 경우 취득당시가액은 취득시기 이전에 해당 물건을 취득하기 위하여 거래 상대방이나 제3자에게 지급하였거나 지급하여야 할 일체의 비용으로서 대통령령으로 정하는 사실상의 취득가격으로 한다.

⑤ 지방자치단체의 장은 「지방세기본법」 제2조 제1항 제34호에 따른 특수관계인간의 거래로 그 취득에 대한 조세부담을 부당하게 감소시키는 행위 또는 계산을 한 것으로 인정되는 경우(부당행위계산)에는 ④에도 불구하고 시가표준액을 취득당시가액으로 결정할 수 있다.

21 **지방세법령상 취득세의 취득당시가액에 관한 설명으로 옳은 것은? (단, 주어진 조건 외에는 고려하지 않음)** 제35회

① 건축물을 교환으로 취득하는 경우에는 교환으로 이전받는 건축물의 시가표준액과 이전하는 건축물의 시가표준액 중 낮은 가액을 취득당시가액으로 한다.

② 상속에 따른 건축물 무상취득의 경우에는 「지방세법」 제4조에 따른 시가표준액을 취득당시가액으로 한다.

③ 대물변제에 따른 건축물 취득의 경우에는 대물변제액(대물변제액 외에 추가로 지급한 금액이 있는 경우에는 그 금액을 제외한다)을 취득당시가액으로 한다.

④ 법인이 아닌 자가 건축물을 건축하여 취득하는 경우로서 사실상 취득가격을 확인할 수 없는 경우에는 시가인정액을 취득당시가액으로 한다.

⑤ 법인이 아닌 자가 건축물을 매매로 승계취득하는 경우에는 그 건축물을 취득하기 위하여 「공인중개사법」에 따른 공인중개사에게 지급한 중개보수를 취득당시가액에 포함한다.

22 **다음 중 취득으로 보는 경우의 취득세 과세표준에 대한 설명으로 <u>틀린</u> 것은?**

① 토지의 지목을 사실상 변경한 경우 취득당시가액은 그 변경으로 증가한 가액에 해당하는 사실상 취득가격으로 한다.

② 법인이 토지의 지목을 변경한 경우로서 사실상 취득가격을 확인할 수 없는 경우 취득당시가액은 토지의 지목이 사실상 변경된 때를 기준으로 지목변경 이후의 토지에 대한 시가표준액에서 지목변경 전의 시가표준액을 뺀 가액으로 한다.

③ 건축물을 개수하는 경우 취득당시가액은 원시취득 규정에 따른다.

④ 과점주주가 취득한 것으로 보는 해당 법인의 부동산 등의 취득당시가액은 해당 법인의 결산서와 그 밖의 장부 등에 따른 그 부동산 등의 총가액을 그 법인의 주식 또는 출자의 총수로 나눈 가액에 과점주주가 취득한 주식 또는 출자의 수를 곱한 금액으로 한다.

⑤ 선박, 차량 또는 기계장비의 용도 등 대통령령으로 정하는 사항을 변경한 경우의 취득당시가액은 그 변경으로 증가한 가액에 해당하는 사실상의 취득가격으로 한다.

중요

23 다음 중 취득세 과세표준에 관한 설명으로 틀린 것은?

① 증여자의 채무를 인수하는 부담부증여의 경우 유상으로 취득한 것으로 보는 채무액에 상당하는 부분에 대해서는 유상승계취득에서의 과세표준을 적용하고, 취득물건의 시가인정액에서 채무부담액을 뺀 잔액에 대해서는 무상취득에서의 과세표준을 적용한다.

② 지방자치단체의 장은 특수관계인간의 거래로 그 취득에 대한 조세부담을 부당하게 감소시키는 행위 또는 계산을 한 것으로 인정되는 경우에는 시가인정액을 취득당시가액으로 결정할 수 있다.

③ ②의 부당행위계산은 특수관계인으로부터 시가인정액보다 낮은 가격으로 부동산을 취득한 경우로서 시가인정액과 사실상 취득가격의 차액이 5억원 이상이거나 시가인정액의 100분의 3에 상당하는 금액 이상인 경우로 한다.

④ 대물변제의 경우 과세표준은 대물변제액(대물변제액 외에 추가로 지급한 금액이 있는 경우 그 금액을 포함)으로 한다. 다만, 대물변제액이 시가인정액보다 적은 경우 취득당시가액은 시가인정액으로 한다.

⑤ 교환의 경우 과세표준은 교환을 원인으로 이전받는 부동산 등의 시가인정액과 이전하는 부동산 등의 시가인정액(상대방에게 추가로 지급하는 금액과 상대방으로부터 승계받는 채무액이 있는 경우 그 금액을 더하고, 상대방으로부터 추가로 지급받는 금액과 상대방에게 승계하는 채무액이 있는 경우 그 금액을 차감) 중 높은 가액으로 한다.

고득점

24 甲이 특수관계자인 乙로부터 아파트를 매매로 취득하는 경우에 지방자치단체의 장이 결정할 수 있는 취득세 과세표준 금액은 얼마인가? (단, A아파트와 B아파트는 동일한 단지 내의 동일한 평형임)

- 서울특별시 강동구 소재 A아파트의 사실상 취득가격: 10억원
- 취득일 전 6개월부터 취득일 후 3개월 이내의 기간에 B아파트의 매매사례가액(시가인정액): 15억원
- 甲이 乙로부터 시가인정액보다 낮은 가격으로 취득한 경우이다.

① 3억원　② 5억원
③ 8억원　④ 10억원
⑤ 15억원

25 「지방세법」상 시가표준액에 관한 설명으로 옳은 것을 모두 고른 것은? 제32회

> ㉠ 토지의 시가표준액은 세목별 납세의무의 성립시기 당시 「부동산 가격공시에 관한 법률」에 따른 개별공시지가가 공시된 경우 개별공시지가로 한다.
> ㉡ 건축물의 시가표준액은 소득세법령에 따라 매년 1회 국세청장이 산정, 고시하는 건물신축가격기준액에 행정안전부장관이 정한 기준을 적용하여 국토교통부장관이 결정한 가액으로 한다.
> ㉢ 공동주택의 시가표준액은 공동주택가격이 공시되지 아니한 경우에는 지역별 · 단지별 · 면적별 · 층별 특성 및 거래가격을 고려하여 행정안전부장관이 정하는 기준에 따라 국토교통부장관이 산정한 가액으로 한다.

① ㉠
② ㉠, ㉡
③ ㉠, ㉢
④ ㉡, ㉢
⑤ ㉠, ㉡, ㉢

26 부동산 등을 한꺼번에 취득하여 부동산 등의 취득가격이 구분되지 아니하는 경우에는 한꺼번에 취득한 가격을 부동산 등의 (　　) 비율로 나눈 금액을 각각의 취득가격으로 한다. (　　) 안에 들어갈 내용으로 옳은 것은?

① 매매사례가액
② 사실상 취득가액
③ 기준시가
④ 시가표준액
⑤ 감정가액

☆중요

27 「지방세법」상 부동산을 유상취득하는 경우로서 취득세 과세표준을 사실상의 취득가격으로 하는 경우 이에 포함될 수 있는 항목을 모두 고른 것은? (단, 아래 항목은 개인이 국가로부터 시가로 유상취득하기 위하여 취득시기 이전에 지급하였거나 지급하여야 할 것으로 가정함)

> ㉠ 취득대금을 일시급으로 지불하여 일정액을 할인받은 경우 그 할인액
> ㉡ 「주택도시기금법」에 따라 매입한 국민주택채권을 해당 부동산취득 이전에 양도함으로써 발생한 매각차손
> ㉢ 할부 또는 연부계약에 따른 이자상당액 및 연체료
> ㉣ 취득대금 외에 당사자 약정에 의한 취득자 채무인수액
> ㉤ 공인중개사에게 지급한 중개보수

① ㉠, ㉡
② ㉡, ㉣
③ ㉠, ㉢, ㉤
④ ㉡, ㉢, ㉣
⑤ ㉢, ㉣, ㉤

28 「지방세법」상 사실상의 취득가격 또는 연부금액을 취득세의 과세표준으로 하는 경우 취득 가격 또는 연부금액에 포함되지 않는 것은? (단, 특수관계인과의 거래가 아니며, 비용 등은 취득시기 이전에 지급되었음) 제27회 수정

① 「전기사업법」에 따라 전기를 사용하는 자가 분담하는 비용
② 법인이 취득하는 경우 건설자금에 충당한 차입금의 이자
③ 법인이 연부로 취득하는 경우 연부계약에 따른 이자상당액
④ 취득에 필요한 용역을 제공받는 대가로 지급하는 용역비
⑤ 취득대금 외에 당사자의 약정에 따른 취득자 조건 부담액

고득점

29 甲은 특수관계 없는 乙로부터 다음과 같은 내용으로 주택을 취득하였다. 취득세 과세표준 금액으로 옳은 것은? 제29회 수정

아래의 계약내용은 부동산 등을 유상거래로 승계취득하는 경우이다.	
〈계약내용〉	
• 총 매매대금	500,000,000원
– 2025년 7월 2일 계약금	50,000,000원
– 2025년 8월 2일 중도금	150,000,000원
– 2025년 9월 3일 잔금	300,000,000원
〈甲이 주택 취득과 관련하여 지출한 비용〉	
• 총 매매대금 외에 당사자약정에 의하여 乙의 은행채무를 甲이 대신 변제한 금액	10,000,000원
• 법령에 따라 매입한 국민주택채권을 양도함으로써 발생하는 매각차손	1,000,000원

① 500,000,000원
② 501,000,000원
③ 509,000,000원
④ 510,000,000원
⑤ 511,000,000원

고득점

30 다음 자료에 따라 제조업을 영위하는 A비상장법인의 주주인 甲이 과점주주가 됨으로써 과세되는 「지방세법」상 취득세(비과세 또는 감면은 고려하지 않음)의 과세표준은 얼마인가?

〈A법인의 증자 전 자산가액 및 주식발행 현황〉
- 증자 전 자산가액(「지방세법」상 취득세 과세표준임)
  - 건물: 4억원
  - 차량: 1억원
  - 토지: 5억원
  - 현금: 2억원
- 주식발행 현황
  - 2021년 3월 10일 설립시 발행주식총수: 50,000주
  - 2025년 10월 5일 증자 후 발행주식총수: 100,000주

〈甲의 A법인 주식 취득 현황〉
- 2021년 3월 10일 A법인설립시 30,000주 취득
- 2025년 10월 5일 증자로 40,000주 추가 취득

① 1억원
② 4억원
③ 5억 1천만원
④ 6억원
⑤ 10억원

31 다음 연부취득에 대한 취득세의 내용 중 취득시기와 과세표준액으로 옳은 것은?

- 계약일: 2025년 4월 20일
- 연부금액: 12,000,000원(매년 2,000,000원씩 지급 약정)
- 계약서상 연부금지급일: 매년 6월 1일
- 연부기간: 6년
- 자금사정으로 2025년 6월 20일에 1회분 연부금액 1,000,000원을 현금으로 지급
- 시가표준액: 10,000,000원

	취득시기	과세표준액
①	4월 20일	2,000,000원
②	6월 1일	1,000,000원
③	6월 1일	2,000,000원
④	6월 20일	1,000,000원
⑤	6월 20일	2,000,000원

Point 18 취득세율 ★★★★★

정답 및 해설 p.18

Tip
거의 매년 출제되므로 표준세율과 중과세율의 암기가 필수적이다.

32 「지방세법」상 취득세 세율에 대한 설명으로 틀린 것은?

① 취득세의 표준세율은 취득물건에 따라 차등비례세율이 적용된다.
② 동일한 과세물건에 대하여 둘 이상의 세율이 적용되는 경우에는 그 중 높은 세율을 적용한다.
③ 유상승계취득하는 부동산이 공유물인 때에는 그 취득지분의 가액을 과세표준으로 하여 세율을 적용한다.
④ 주택을 신축 또는 증축한 이후 해당 주거용 건축물의 소유자(배우자 및 직계존비속을 포함)가 해당 주택의 부속토지를 유상승계취득하는 경우에는 「지방세법」 제11조 제1항 제8호의 세율(주택 표준세율)을 적용하지 아니하고 토지에 대한 유상승계취득세율(4%)을 적용한다.
⑤ 「주택법」 제63조의2 제1항 제1호에 따른 조정대상지역 내 1세대 1주택을 6억원에 유상취득하는 경우에는 1,000분의 10의 세율을 적용하지만, 조정대상지역 외 1세대 2주택을 6억원에 유상취득하는 경우에는 8%의 중과세율이 적용된다.

33 지방세법령상 부동산 취득에 대한 취득세의 표준세율로 옳은 것을 모두 고른 것은? (단, 조례에 의한 세율조정, 지방세관계법령상 특례 및 감면은 고려하지 않음) 제35회

㉠ 상속으로 인한 농지의 취득: 1,000분의 23
㉡ 법인의 합병으로 인한 농지 외의 토지 취득: 1,000분의 40
㉢ 공유물의 분할로 인한 취득: 1,000분의 17
㉣ 매매로 인한 농지 외의 토지 취득: 1,000분의 19

① ㉠, ㉡
② ㉡, ㉢
③ ㉢, ㉣
④ ㉠, ㉡, ㉢
⑤ ㉡, ㉢, ㉣

34 「지방세법」상 주택을 신축(취득가액 10억원)하는 경우 취득세 표준세율로 옳은 것은?

① 1,000분의 10
② 1,000분의 20
③ 1,000분의 28
④ 1,000분의 30
⑤ 1,000분의 40

35 「지방세법」상 농지를 상호교환하여 소유권이전등기를 할 때 적용하는 취득세 표준세율은? (단, 법령이 정하는 비영리사업자가 아님)

① 1,000분의 23
② 1,000분의 25
③ 1,000분의 28
④ 1,000분의 30
⑤ 1,000분의 35

중요

36 「지방세법」상 부동산취득에 대한 취득세 표준세율을 설명한 것으로 틀린 것은? (단, 비과세 및 감면은 없는 것으로 가정함)

① 법인이 합병 또는 분할에 따라 부동산(상가 건축물) 취득: 1,000분의 40
② 비영리법인이 주택을 증여받은 경우: 1,000분의 28
③ 개인이 상가 건축물을 위자료로 지급받은 경우: 1,000분의 40
④ 영리법인이 농지를 교환으로 취득하는 경우: 1,000분의 30
⑤ 「지방세법」 제10조 제3항에 따라 건축(신축 · 재축은 제외) 또는 개수로 인하여 건축물 면적이 증가하는 경우(증가된 면적 부분): 1,000분의 23

고득점

37 「지방세법」상 법인의 주택 유상승계취득 등 중과세에 관한 설명으로 <u>틀린</u> 것은?

① 주택의 공유지분이나 부속토지만을 소유하거나 취득하는 경우에도 주택을 소유하거나 취득한 것으로 본다.

② 법인(법인으로 보는 단체, 법인 아닌 사단 · 재단 등 개인이 아닌 자를 포함)이 주택을 유상승계취득하는 경우에는 「지방세법」 제11조 제1항 제7호 나목의 세율(4%)을 표준세율로 하여 해당 세율에 중과기준세율의 100분의 400을 합한 세율(12%)을 적용한다.

③ 1세대 다주택자의 취득에 대해서는 취득세 세율을 법령이 정하는 바에 따라 중과세하는 경우가 있다.

④ 조합원입주권, 주택분양권, 주택으로 과세하는 오피스텔을 소유한 자의 주택 수에 가산한다.

⑤ 「신탁법」에 따라 신탁된 주택은 수탁자의 주택 수에 가산한다.

38 「지방세법」상 취득세의 표준세율이 가장 높은 것은? (단, 「지방세특례제한법」은 고려하지 않음) 제30회 수정

① 상속으로 건물(주택 아님)을 취득한 경우

② 「사회복지사업법」에 따라 설립된 사회복지법인이 독지가의 기부에 의하여 건물을 취득한 경우

③ 영리법인이 공유수면을 매립하여 농지를 취득한 경우

④ 유상거래를 원인으로 「지방세법」 제10조에 따른 취득 당시의 가액이 6억원인 주택(「주택법」에 의한 조정대상지역 내 1세대 1주택)을 취득한 경우

⑤ 유상거래를 원인으로 농지를 취득한 경우

39 「지방세법」상 취득세의 표준세율에 대한 설명으로 <u>틀린</u> 것은?

① 농지를 상속으로 취득하는 경우의 세율과 총유물의 분할로 취득하는 경우의 세율은 동일하다.

② 지방자치단체의 장은 조례로 정하는 바에 따라 취득세의 세율을 표준세율의 100분의 50의 범위에서 가감할 수 있다.

③ 비영리사업자가 농지를 증여받은 경우의 표준세율과 농지가 아닌 토지를 증여받은 경우의 표준세율은 동일하다.

④ 공유물분할로 인한 취득세 세율과 합유물분할로 인한 취득세율은 동일하다.

⑤ 건축물을 매매로 취득하는 경우와 교환으로 취득하는 경우의 세율은 다르다.

Point 19 사치성 재산, 과밀억제권역(대도시) 내 취득시 중과세, 세율특례 ★★★★

정답 및 해설 p.18~20

Tip

- 사치성 재산의 종류와 요건 등을 숙지하여야 한다.
- 과밀억제권역 내 중과세와 대도시 내 중과세의 요건을 비교·정리하여야 한다.
- 특례세율의 두 가지를 비교·정리하여야 한다.

40 다음 중 「지방세법」상 취득세 표준세율(「지방세법」 제11조 및 제12조의 세율)과 중과기준세율의 4배를 합한 중과세율이 적용되는 취득세 과세대상은 모두 몇 개인가? (단, 「지방세법」상 중과세율의 적용요건을 모두 충족하는 것으로 가정함)

> ㉠ 개인소유의 별장
> ㉡ 골프장
> ㉢ 고급주택
> ㉣ 고급오락장
> ㉤ 과밀억제권역 안에서 법인의 본점으로 사업에 사용하는 부동산

① 1개 ② 2개 ③ 3개
④ 4개 ⑤ 5개

41 「지방세법」상 부동산 취득에 대한 취득세의 세율에 관한 설명으로 틀린 것은?

① 부동산취득에 대한 취득세의 세율은 취득물건가액(또는 연부금액)에 표준세율을 적용한다.
② 대도시 내에서 법인설립을 위해 부동산을 취득하는 경우 표준세율(「지방세법」 제11조 제1항)의 3배의 세율을 적용한다.
③ 사치성 재산을 취득하는 경우에는 원칙적으로 표준세율(「지방세법」 제11조 및 제12조의 세율)과 중과기준세율의 4배를 합한 세율을 적용한다.
④ 과밀억제권역 내에서 공장의 신설·증설을 위한 사업용 과세물건에 대하여는 표준세율(「지방세법」 제11조 및 제12조의 세율)과 중과기준세율의 2배를 합한 세율을 적용한다.
⑤ 「지방세법」상 고급주택은 취득세만 중과세하며, 가액요건은 취득당시 시가표준액이 9억원을 초과하는 주택이다.

고득점

42 **취득세 과세대상 중 표준세율과 중과기준세율의 100분의 400을 합한 세율을 적용하는 중과세인 고급주택의 요건을 설명한 것으로 틀린 것은?**

① 1구의 건물의 연면적(주차장 면적 제외)이 331m²를 초과하는 것으로서 취득 당시의 시가표준액이 9억원을 초과하는 경우

② 1구의 건축물(공동주택 제외)에 엘리베이터(적재하중 200kg 이하의 소형엘리베이터 제외)가 설치된 주거용 건축물과 부속토지의 경우

③ 1구의 공동주택의 연면적(공용면적 제외)이 245m²(각 층별로 1개 층이 245m² 이하인 복층형의 경우에는 합계면적을 기준으로 274m², 1개 층이 245m²를 초과하는 복층형의 경우에는 합계면적이 274m² 이하이더라도 고급주택으로 봄)를 초과하는 주거용 공동주택과 그 부속토지로서 취득 당시의 시가표준액이 9억원을 초과하는 경우

④ 1구의 건물의 대지면적이 662m²를 초과하는 것으로서 취득 당시의 시가표준액이 9억원을 초과하는 경우

⑤ 1구의 건축물(공동주택 제외)에 에스컬레이터 또는 67m² 이상의 수영장 중 1개 이상의 시설이 설치된 주거용 건축물과 그 부속토지의 경우

43 **취득세가 중과세되는 사치성 재산에 대한 내용으로 틀린 것은?**

① 고급주택, 골프장, 고급오락장용 건축물을 증축 · 개축 또는 개수한 경우와 일반 건축물을 증축 · 개축 또는 개수하여 고급주택 또는 고급오락장이 된 경우 그 증가되는 건축물의 가액에 대하여 취득세를 중과세한다.

② 「지방세법」상 사치성 재산인 고급선박이란 시가표준액이 3억원을 초과하는 선박으로서 비업무용 선박을 말한다.

③ 골프장, 고급주택, 고급오락장 또는 고급선박을 2인 이상이 구분하여 취득하거나 1인 또는 수인이 시차를 두고 구분하여 취득하는 경우에도 표준세율과 중과기준세율의 4배를 합한 세율을 적용하여 중과세한다.

④ 고급주택을 취득한 날로부터 30일[상속의 경우에는 상속개시일이 속하는 달의 말일로부터 6개월(납세자가 외국에 주소를 둔 경우에는 9개월)] 이내에만 주거용이 아닌 용도로 사용하거나 고급주택이 아닌 용도로 사용하기 위하여 용도변경공사에 착공하는 경우에는 고급주택으로 보지 않는다.

⑤ 고급오락장, 고급주택에 부속된 토지의 경계가 명확하지 아니한 때에는 그 건축물 바닥면적의 10배에 해당하는 토지를 그 부속토지로 보아 중과세한다.

44 **공인중개사인 甲이 「수도권정비계획법」에 따른 과밀억제권역에서 본점이나 주사무소 사업용 부동산을 취득하는 경우에 대하여 고객에게 설명한 것으로 틀린 것은?**

① 취득세율은 표준세율(「지방세법」 제11조 및 제12조의 세율)에서 중과기준세율의 100분의 200을 합한 세율을 적용한다.

② 본점이나 주사무소용 건축물을 신축하거나 증축하는 경우와 그 부속토지만 해당하며, 승계취득하는 경우에는 제외한다.

③ 본점이나 주사무소의 사업용 부동산이란 법인의 본점 또는 주사무소의 사무소로 사용하는 부동산과 그 부대시설용 부동산(기숙사, 합숙소, 사택, 연수시설, 체육시설 등 복지후생시설과 향토예비군 병기고 및 탄약고 제외)을 말한다.

④ 도시형 공장을 영위하는 공장의 구내에서 본점용 사무실을 증축하는 경우에는 중과세 대상에 해당한다.

⑤ 병원의 병실을 증축 취득하는 경우와 본점의 사무소 전용 주차타워를 신 · 증축하는 경우 중과세대상에 해당하지 않는다.

고득점

45 **취득세의 중과세율에 대한 내용 중 틀린 것은?**

① 과밀억제권역 내 서울특별시 이외의 지역에서 서울특별시 내로 공장을 전입하는 경우에는 중과세를 적용하지 않는다.

② 과밀억제권역 내에서 비도시형 업종의 공장을 신설 또는 증설하기 위하여 사업용 과세대상물을 취득하는 경우에는 표준세율에 중과기준세율의 100분의 200을 합한 세율로 중과세한다.

③ 대도시에서 법인을 설립(휴면법인을 인수하는 경우 포함)하거나 지점 또는 분사무소를 설치하는 경우 및 법인의 본점 · 주사무소 · 지점 또는 분사무소를 대도시로 전입함에 따라 대도시의 부동산을 취득하는 경우 표준세율의 100분의 300에서 중과기준세율(1,000분의 20)의 100분의 200을 뺀 세율을 적용한다.

④ 위 ③의 경우 유상거래를 원인으로 하는 주택을 취득하는 경우의 취득세는 「지방세법」 제11조 제1항 제7호 나목의 세율(4%)을 표준세율로 하여 해당 세율에 중과기준세율의 100분의 400을 합한 세율(12%)을 적용한다.

⑤ 토지나 건축물을 취득한 후 5년 이내에 해당 토지나 건축물이 골프장, 고급주택 또는 고급오락장이 된 경우에는 해당 중과세율을 적용하여 취득세를 추징한다. 이때 당초에 납부한 세액이 있는 경우에는 차감하여 중과세로 추징한다.

46 과밀억제권역 내에서 공장을 신설·증설하는 경우에 대한 설명으로 틀린 것은?

① 취득세율은 표준세율(「지방세법」 제11조 및 제12조의 세율)에 중과기준세율의 100분의 200을 합한 세율이다.

② 중과세대상 지역이란 「수도권정비계획법」에 의한 과밀억제권역을 말하며, 단, 유치지역, 산업단지, 공업지역은 제외한다.

③ 중과세되는 공장의 범위는 생산설비를 갖춘 공장용 건축물로서 연면적이 $200m^2$ 이상인 비도시형 업종의 공장을 말한다.

④ 공장용에 공하는 중과세대상 사업용 과세물건은 토지, 건축물, 차량 및 기계장비를 말한다.

⑤ 공장의 포괄적 승계취득이나 해당 과밀억제권역 내에서의 공장이전의 경우에는 중과세를 하지 않는다.

47 다음 중 대도시 내 설치가 불가피한 업종으로서 대도시 내 중과세 제외 법인에 해당하는 것은 모두 몇 개인가?

- 은행업
- 첨단기술업종
- 주택건설사업
- 의료업
- 할부금융업
- 유통산업 및 화물자동차운송사업, 물류터미널

① 2개
② 3개
③ 4개
④ 5개
⑤ 6개

고득점

48 취득세 세율적용에 대한 설명으로 틀린 것은?

① 토지나 건축물을 취득한 후 5년 이내에 해당 부동산이 취득세 중과세대상에 해당하게 되는 경우에는 그 증가한 가액에 대하여 중과세율을 적용하여 취득세를 추징한다.
② 고급주택, 골프장 또는 고급오락장용 건축물을 증축 · 개축 · 개수한 경우와 일반건축물을 증축 · 개축 또는 개수하여 고급주택 또는 고급오락장이 된 경우에는 그 증가된 건축물의 가액에 대하여 중과세한다.
③ 과밀억제권역 내의 공장 신설 또는 증설의 경우 사업용 과세물건의 소유자와 공장을 신설 또는 증설한 자가 다른 때에는 그 사업용 과세물건의 소유자가 공장을 신설 또는 증설한 것으로 보아 중과세율을 적용한다. 다만, 취득일로부터 공장 신설 또는 증설에 착수한 날까지의 기간이 5년을 경과한 사업용 과세대상 물건은 그러하지 아니하다.
④ 동일한 취득물건에 대해 2 이상의 세율이 해당하는 경우에는 그 중 높은 세율을 적용한다.
⑤ 사치성 재산을 2인 이상이 구분하여 취득하거나 1인 또는 수인이 시차를 두고 구분취득하는 경우에도 중과세를 적용한다.

49 다음 중 「지방세법」상 중과기준세율(2%)이 적용되는 경우가 아닌 것은?

① 건축 또는 개수로 인하여 건축물 면적이 증가하는 경우 그 증가된 부분
② 선박 · 차량 · 기계장비의 종류변경으로 인한 가액증가
③ 토지의 지목변경으로 인한 가액증가
④ 과점주주에 대한 간주취득
⑤ 택지공사가 준공된 토지에 정원 또는 부속시설물 등을 조성 · 설치하는 경우 토지의 소유자의 취득

50 「지방세법」상 취득세 표준세율에서 중과기준세율을 뺀 세율로 산출한 금액을 그 세액으로 하는 것으로만 모두 묶은 것은? (단, 취득물건은 「지방세법」 제11조 제1항 제8호에 따른 주택 외의 부동산이며 취득세 중과대상이 아님)

제28회

ㄱ 환매등기를 병행하는 부동산의 매매로서 환매기간 내에 매도자가 환매한 경우의 그 매도자와 매수자의 취득
ㄴ 존속기간이 1년을 초과하는 임시건축물의 취득
ㄷ 「민법」 제839조의2에 따라 이혼시 재산분할로 인한 취득
ㄹ 등기부등본상 본인 지분을 초과하지 않는 공유물의 분할로 인한 취득

① ㄱ, ㄴ　② ㄴ, ㄹ　③ ㄷ, ㄹ
④ ㄱ, ㄴ, ㄷ　⑤ ㄱ, ㄷ, ㄹ

☆중요

51 「지방세법」상 취득세 표준세율에서 중과기준세율을 뺀 세율로 산출한 금액을 취득세액으로 하는 경우가 아닌 것은? (단, 취득물건은 취득세 중과대상이 아님)

① 상속으로 인한 취득 중 법령으로 정하는 1가구 1주택 및 그 부속토지의 취득
② 공유물의 분할로 인한 취득(등기부등본상 본인지분을 초과하지 아니함)
③ 건축물의 이전으로 인한 취득(이전한 건축물의 가액이 종전 건축물의 가액을 초과하지 아니함)
④ 「민법」 제834조 및 제839조의2에 따른 이혼시 재산분할로 인한 취득
⑤ 무덤과 이에 접속된 부속시설물의 부지로 사용되는 토지로서 지적공부상 지목이 묘지인 토지의 취득

52 「지방세법」상 취득세액을 계산할 때 중과기준세율만 적용하는 경우를 모두 고르면 몇 개인가? (단, 취득세 중과물건이 아님)

- 개수로 인하여 건축물 면적이 증가하는 경우
- 토지의 지목을 사실상 변경함으로써 그 가액이 증가한 경우
- 법인설립 후 유상 증자시에 주식을 취득하여 최초로 과점주주가 된 경우
- 무덤과 이에 접속된 부속시설물의 부지로 사용되는 토지로서 지적공부상 지목이 묘지인 토지의 취득
- 존속기간이 1년을 초과하는 임시건축물의 취득
- 골프연습장 등 레저시설의 취득

① 1개 ② 2개 ③ 3개 ④ 4개 ⑤ 5개

고득점

53 다음 「지방세법」상 취득세 세율에 대한 설명 중 적용되는 세율이 가장 낮은 것은? (단, 취득물건은 「지방세법」 제11조 제1항 제8호에 따른 주택 외의 부동산이며 취득세 중과대상이 아님)

① 환매등기를 병행하는 부동산(농지 제외)의 매매로서 환매기간 내에 매도자가 환매한 경우 그 매도자와 매수자의 취득
② 건축물의 신축으로 인한 취득
③ 레저시설의 취득
④ 상속으로 인한 「지방세특례제한법」 제6조 제1항에 따라 취득세 감면대상이 되는 농지취득
⑤ 택지공사가 준공된 토지에 정원 또는 부속시설물 등을 조성 · 설치하는 경우 토지의 소유자의 취득

Point 20 취득세 비과세 ★★★

정답 및 해설 p.20~21

Tip

최근에 독립문제로도 출제된 바 있지만, 종합문제에서 출제가 자주 되고 있다. 비과세 유형에 따른 비교학습을 하여야 한다.

중요

54 「지방세법」상 취득세가 비과세되는 경우로 <u>틀린</u> 것은? (단, 취득세가 중과세되는 사치성 재산은 아님)

① 국가의 부동산취득
② 대한민국 정부기관의 취득에 대하여 비과세하는 외국정부의 부동산취득
③ 국가 등에 귀속 등의 반대급부로 국가 등이 소유하고 있는 부동산 및 사회기반시설을 무상으로 양여받거나 기부채납 대상물의 무상사용권을 제공받는 경우의 부동산취득
④ 영리법인이 임시흥행장, 공사현장사무소 등 존속기간이 1년을 초과하지 않는 임시건축물의 취득
⑤ 「징발재산정리에 관한 특별조치법」 규정에 따른 동원대상지역 내의 토지의 수용에 관한 환매권의 행사로 매수하는 부동산의 취득

55 「지방세법」상 신탁(「신탁법」에 따른 신탁으로서 신탁등기가 병행되는 것임)으로 인한 신탁재산의 취득으로서 취득세를 부과하는 경우는 모두 몇 개인가? 제29회

㉠ 위탁자로부터 수탁자에게 신탁재산을 이전하는 경우 ㉡ 신탁의 종료로 인하여 수탁자로부터 위탁자에게 신탁재산을 이전하는 경우 ㉢ 수탁자가 변경되어 신수탁자에게 신탁재산을 이전하는 경우 ㉣ 「주택법」에 따른 주택조합이 비조합원용 부동산을 취득하는 경우

① 0개
② 1개
③ 2개
④ 3개
⑤ 4개

56 「지방세법」상 취득세 비과세대상이 아닌 것은?

① 국가 또는 지방자치단체, 지방자치단체조합, 외국정부 및 주한국제기구의 취득
② 「건축법」상 대수선으로 인한 공동주택의 취득
③ 국가 · 지방자치단체 또는 지방자치단체조합에 귀속 또는 기부채납을 조건으로 부동산을 취득
④ 공사현장사무소로서 존속기간이 1년을 초과하지 아니하는 임시용 건축물(사치성 재산은 제외)의 취득
⑤ 상속개시 이전에 천재지변 · 화재 · 교통사고 · 폐차 · 차령초과(車齡超過) 등으로 사용할 수 없는 대통령령령으로 정하는 차량의 상속에 따른 취득

57 「지방세법」상 취득세가 부과되지 않는 것은? 제30회

① 「주택법」에 따른 공동주택의 개수(「건축법」에 따른 대수선 제외)로 인한 취득 중 개수로 인한 취득 당시 주택의 시가표준액이 9억원 이하인 경우
② 형제간에 부동산을 상호교환한 경우
③ 직계존속으로부터 거주하는 주택을 증여받은 경우
④ 파산선고로 인하여 처분되는 부동산을 취득한 경우
⑤ 「주택법」에 따른 주택조합이 해당 조합원용으로 조합주택용 부동산을 취득한 경우

Point 21 취득세 납세절차 ★★★★★

정답 및 해설 p.21~22

Tip

독립한 문제 또는 종합문제로 거의 매년 출제되는 부분으로서 취득유형별 신고납부기간과 가산세 등의 내용을 정확히 숙지하여야 한다.

58 취득세에 대한 설명으로 틀린 것은?

① 상속으로 인한 취득의 경우 상속인 각자가 취득한 것으로 본다.

② 토지거래계약에 관한 허가구역에 있는 토지를 취득하는 경우로서 토지거래계약에 관한 허가를 받기 전에 거래대금을 완납한 경우 대금완납일로부터 60일 이내에 그 과세표준에 세율을 적용하여 산출한 세액을 신고하고 납부하여야 한다.

③ 중가산세가 적용되는 경우가 있다.

④ 국가에 귀속 또는 기부채납을 조건으로 취득하는 부동산에 대하여는 취득세를 부과하지 아니한다.

⑤ 재산권과 그 밖의 권리의 취득 · 이전에 관한 사항을 공부(公簿)에 등기하거나 등록하려는 경우에는 등기 또는 등록신청서를 등기 · 등록관서에 접수하는 날까지 취득세를 신고납부하여야 한다.

59 「지방세법」상 취득세 납세지에 관한 내용으로 틀린 것은?

① 부동산을 취득하는 경우에는 부동산 소재지이다.

② 요트회원권을 취득하는 경우에는 요트보관소 소재지이다.

③ 납세지가 분명하지 아니한 경우에는 해당 취득물건의 소재지를 그 납세지로 한다.

④ 같은 취득물건이 둘 이상의 지방자치단체에 걸쳐 있는 경우에는 소재지별로 안분한다.

⑤ 위 ④의 경우에 취득세를 산출할 때 그 과세표준은 취득 당시의 가액을 취득물건 소재지별 면적비율로 나누어 계산한다.

☆중요

60 「지방세법」상 취득세 신고납부에 대한 설명 중 <u>틀린</u> 것은? (단, 토지거래허가구역 내 거래가 아님)

① 무상취득(상속은 제외)에 의하여 부동산을 취득하는 경우에는 취득일로부터 3개월 이내에 산출한 세액을 신고하고 납부하여야 한다.

② 국내에 주소를 둔 자가 상속에 의하여 부동산을 취득한 경우에는 상속개시일이 속하는 달의 말일로부터 6개월 이내에 산출한 세액을 신고하고 납부하여야 한다.

③ 부동산을 매매계약에 의하여 취득한 자는 취득일로부터 60일 이내에 산출한 세액을 신고하고 납부하여야 한다.

④ 도에 소재하는 부동산에 대한 취득세는 부동산 소재지 관할 시 · 군 금고에 납부하여야 한다.

⑤ 취득세 신고기한 내에 신고하지 아니한 경우 가산세 면제사유에 해당하지 않는 한 무신고가산세를 부과한다.

61 「지방세법」상 취득세에 관한 설명으로 <u>틀린</u> 것은? 제32회

① 「도시 및 주거환경정비법」에 따른 재건축조합이 재건축사업을 하면서 조합원으로부터 취득하는 토지 중 조합원에게 귀속되지 아니하는 토지를 취득하는 경우에는 같은 법에 따른 소유권이전 고시일의 다음 날에 그 토지를 취득한 것으로 본다.

② 취득세 과세물건을 취득한 후에 그 과세물건이 중과세율의 적용대상이 되었을 때에는 취득한 날부터 60일 이내에 중과세율을 적용하여 산출한 세액에서 이미 납부한 세액(가산세 포함)을 공제한 금액을 신고하고 납부하여야 한다.

③ 대한민국 정부기관의 취득에 대하여 과세하는 외국정부의 취득에 대해서는 취득세를 부과한다.

④ 상속으로 인한 취득의 경우에는 상속개시일에 취득한 것으로 본다.

⑤ 부동산의 취득은 「민법」 등 관계 법령에 따른 등기 · 등록 등을 하지 아니한 경우라도 사실상 취득하면 취득한 것으로 본다.

☆중요

62 「지방세법」 및 「지방세기본법」상 취득세의 부과 · 징수에 관한 설명으로 옳은 것은?

① 「부동산등기법」 제28조에 따라 채권자대위권에 의한 등기신청을 하려는 채권자는 납세의무자를 대위하여 부동산의 취득에 대한 취득세를 신고납부할 수 없다.

② 취득세 납세의무자가 부동산을 취득한 후 신고를 하고 매각하는 경우 산출세액에 100분의 80을 가산한 금액을 세액으로 하여 징수한다.

③ 토지의 지목변경에 따라 사실상 그 가액이 증가된 경우 취득세의 신고를 하지 않고 매각하더라도 취득세의 중가산세 규정은 적용되지 아니한다.

④ 「지방세기본법」의 규정에 의하여 법정신고기한 경과 후 1개월 내에 기한 후 신고를 한 경우에는 납부지연가산세의 100분의 50을 경감한다.

⑤ 취득세의 기한 후 신고는 법정신고기한까지 신고한 경우에 한하여 할 수 있다.

63 「지방세법」상 취득세에 대한 설명으로 옳은 것은?

① 「지방세법」 제13조의2 제1항 제2호에 따라 일시적 2주택으로 신고하였으나 그 취득일로부터 5년 내에 대통령령으로 정하는 종전 주택을 처분하지 못하여 1주택으로 되지 아니한 경우에는 가산세는 적용하지 아니한다.

② 취득물건에 대해 취득세 표준세율에서 2%를 뺀 세율을 적용하여 산출한 금액의 20%에 해당하는 금액을 농어촌특별세로 하여 취득세에 부가한다. 다만, 중과기준세율이 적용되는 경우에는 제외한다.

③ 취득세 과세물건 중 등기 또는 등록이 필요하지 아니하는 골프회원권을 취득 후 신고하지 않고 매각하는 경우에는 중가산세(산출세액의 100분의 80)규정을 적용하지 아니하고 일반가산세를 적용한다.

④ 「부동산등기법」 제28조에 따라 채권자대위권에 의한 등기신청을 하려는 채권자는 납세의무자를 대위하여 부동산의 취득에 대한 취득세를 신고납부할 수 있다. 이 경우 채권자대위자는 행정안전부령으로 정하는 바에 따라 납부확인서를 발급받을 수 있다.

⑤ 지방자치단체의 장은 ④에 따른 채권자대위자의 신고납부가 있는 경우 납세의무자에게 그 사실을 60일 이내에 통보하여야 한다.

중요

64 「지방세법」상 취득세의 부과 · 징수에 관한 설명으로 틀린 것은?

① 납세의무자가 「지방세법」 제20조에 따른 신고기한까지 취득세를 시가인정액으로 신고한 후 지방자치단체의 장이 세액을 경정하기 전에 그 시가인정액을 수정신고한 경우에는 「지방세기본법」 제53조 및 제54조에 따른 가산세를 부과하지 아니한다.

② 증여자의 채무를 인수하는 부담부증여로 인한 취득의 경우는 취득일로부터 3개월 이내에 취득세를 신고납부하여야 한다.

③ 등기 · 등록관서의 장은 취득세가 납부되지 아니하였거나 납부부족액을 발견하였을 때에는 다음 달 10일까지 납세지를 관할하는 시장 · 군수에게 통보하여야 한다.

④ 취득세 납세의무자가 신고 또는 납부의무를 다하지 아니하면 산출세액 또는 그 부족세액에 「지방세기본법」의 규정에 따라 산출한 가산세를 합한 금액을 세액으로 하여 보통징수의 방법으로 징수한다.

⑤ 지방자치단체의 장은 취득세 납세의무가 있는 법인이 장부 등의 작성과 보존의무를 이행하지 아니한 경우에는 산출된 세액 또는 부족세액의 100분의 10에 상당하는 금액을 징수하여야 할 세액에 가산한다.

65 「지방세법」상 취득세의 부과 · 징수에 관한 설명으로 옳은 것은? 제33회

① 취득세의 징수는 보통징수의 방법으로 한다.

② 상속으로 취득세 과세물건을 취득한 자는 상속개시일부터 60일 이내에 산출한 세액을 신고하고 납부하여야 한다.

③ 신고 · 납부기한 이내에 재산권과 그 밖의 권리의 취득 · 이전에 관한 사항을 공부에 등기하거나 등록(등재 포함)하려는 경우에는 등기 또는 등록신청서를 등기 · 등록관서에 접수하는 날까지 취득세를 신고 · 납부하여야 한다.

④ 취득세 과세물건을 취득한 후에 그 과세물건이 중과세율의 적용대상이 되었을 때에는 중과세율을 적용하여 산출한 세액에서 이미 납부한 세액(가산세 포함)을 공제한 금액을 세액으로 하여 신고 · 납부하여야 한다.

⑤ 법인의 취득당시가액을 증명할 수 있는 장부가 없는 경우 지방자치단체의 장은 그 산출된 세액의 100분의 20을 징수하여야 할 세액에 가산한다.

신유형

66 「지방세법」 및 「지방세기본법」상 취득세에 대한 설명으로 <u>틀린</u> 것은?

> 무주택자인 개인 甲은 개인 乙로부터 주택을 유상으로 매입하여 1세대 1주택이 되었다.
> • 계약서 내용(계약 총액 7억 5천만원)
>   – 계약일: 2025년 5월 20일
>   – 중도금지급일: 2025년 6월 14일
>   – 잔금지급일: 2025년 9월 25일
> • 사실상 잔금지급일(증빙서류로 확인됨): 2025년 9월 15일
> • 등기접수일: 2025년 10월 20일

① 취득세 납세의무자는 甲이며, 납세의무의 성립시기는 2025년 9월 15일이다.

② 甲은 등기 또는 등록신청서를 등기 · 등록관서에 접수하는 날까지 취득세를 신고하고 납부하여야 한다.

③ 甲은 취득세를 신고하는 경우에 9월 15일로부터 60일 이내에 신고하고 납부하여야 한다.

④ 甲이 신고기한 내에 신고서는 제출하였으나 신고하여야 할 납부세액보다 적게 신고한 경우에는 과소신고납부세액의 100분의 10에 상당하는 금액을 가산세로 부과한다.

⑤ 취득세의 표준세율은 1,000분의 30이다.

고득점

67 다음 사례에서 강백호씨의 취득세를 계산하는 경우 부가세목을 포함한 총 납부할 세액은 얼마인가? (단, 주어진 조건만으로 판단함)

> • 개인 강백호씨가 특수관계인이 아닌 류현진씨로부터 아래와 같이 상가를 공인중개사무실을 통해 매매로 취득하였다.
> • 사실상 취득가액: 11억원
> • 취득 당시 시가표준액: 12억원
> • 위의 건물분의 취득가액에는 부가가치세 1억원이 포함되어 있다.

① 1,000만원

② 2,500만원

③ 4,000만원

④ 4,600만원

⑤ 5,600만원

68 「지방세법」상 취득세에 관한 설명으로 옳은 것은? 제31회 수정

① 국가 및 외국정부의 취득에 대해서는 취득세를 부과한다.

② 토지의 지목변경에 따른 취득은 토지의 지목이 사실상 변경된 날을 취득일로 본다.

③ 국가가 취득세 과세물건을 매각하면 매각일부터 60일 이내에 지방자치단체의 장에게 신고하여야 한다.

④ 법인이 아닌 자가 건축물을 건축하여 취득하는 경우로서 사실상 취득가격을 확인할 수 없는 경우의 취득당시가액은 시가인정액으로 한다.

⑤ 토지를 취득한 자가 그 취득한 날부터 1년 이내에 그에 인접한 토지를 취득한 경우 그 전후의 취득에 관한 토지의 취득을 1건의 토지 취득으로 보아 취득세에 대한 면세점을 적용한다.

69 지방세법령상 취득세에 관한 설명으로 틀린 것은? (단, 지방세특례제한법령은 고려하지 않음) 제35회

① 대한민국 정부기관의 취득에 대하여 과세하는 외국정부의 취득에 대해서는 취득세를 부과한다.

② 토지의 지목을 사실상 변경함으로써 그 가액이 증가한 경우에는 취득으로 본다.

③ 국가에 귀속의 반대급부로 영리법인이 국가 소유의 부동산을 무상으로 양여받는 경우에는 취득세를 부과하지 아니한다.

④ 영리법인이 취득한 임시흥행장의 존속기간이 1년을 초과하는 경우에는 취득세를 부과한다.

⑤ 신탁(「신탁법」에 따른 신탁으로서 신탁등기가 병행되는 것만 해당한다)으로 인한 신탁재산의 취득 중 주택조합등과 조합원간의 부동산취득에 대해서는 취득세를 부과한다.

제2장 등록면허세

Point 22 등록면허세의 특징, 납세의무자 ★★★

기본서 p.155~157

(1) 등록면허세의 특징

① **과세주체**: 도·구, 특별자치도, 특별자치시

② 행위세, 유통세, 물세(개별과세), 보통세

③ **수수료적 성격**: 면세점 ×, 소액징수면제 ×

④ **최저한세**: 6,000원

⑤ 종가세(정률세율), 종량세(정액세율) 함께 사용

⑥ 형식주의 과세, 명의자 과세원칙 적용

> **등록이란**
>
> 재산권과 그 밖의 권리의 설정·변경 또는 소멸에 관한 사항을 공부에 등기하거나 등록하는 것을 말한다. 다만, 취득을 원인으로 이루어지는 등기 또는 등록은 제외하되 다음의 어느 하나에 해당하는 등기나 등록은 포함한다.
>
> - 광업권, 어업권 및 양식업권의 취득에 따른 등록
> - 외국인 소유의 취득세 과세대상 물건(차량, 기계장비, 항공기 및 선박만 해당)의 연부취득에 따른 등기 또는 등록
> - 「지방세기본법」 제38조에 따른 취득세 부과제척기간이 경과한 물건의 등기 또는 등록
> - 취득세 면세점에 해당하는 물건의 등기 또는 등록

(2) 납세의무자 - 등록을 하는 자(외관상 등기권리자)

① **저당권설정**: 저당권자(채권자)

② **임차권설정**: 임차권자(임차인)

③ **지상권설정**: 지상권자(건축물 소유자)

④ **전세권설정**: 전세권자

⑤ **지역권설정**: 지역권자(요역지 소유자)

⑥ **말소등기**: 그 등기의 설정자

Point 23 등록면허세 과세표준 및 세율 ★★★★★

기본서 p.157~164

(1) 과세표준

① 부동산가액에 따른 과세표준(소유권, 가등기, 지상권)

㉠ 원칙: 등록 당시의 신고가액

㉡ 예외: 등록 당시의 시가표준액(무신고 또는 신고가액이 시가표준액보다 적은 경우)

㉢ 취득을 원인으로 하는 등록의 경우: 취득원인에 따른 취득세 과세표준 규정에서 정하는 취득당시가액을 과세표준으로 하지만, 취득세 부과제척기간이 경과한 물건의 등기 또는 등록의 경우는 등록당시가액과 「지방세법」 제10조의2부터 제10조의6까지에서 정하는 취득당시가액 중 높은 가액을 과세표준으로 한다.

취득원인에 따른 취득세 과세표준 규정: 「지방세법」 제10조의2 무상취득부터 동법 제10조의6 간주취득까지의 규정에서 정하는 취득당시가액을 말한다.

㉣ 다만, 등기 · 등록 당시에 자산재평가 또는 감가상각 등의 사유로 그 가액이 달라진 경우에는 변경된 가액(등기일 또는 등록일 현재 법인장부 또는 결산서 등으로 증명되는 가액)을 과세표준으로 한다.

부동산가액을 과세표준으로 하는 등록: 소유권, 가등기, 지상권

② 채권금액에 따른 과세표준: 저당권, 경매신청, 가압류, 가처분, 저당권의 가등기

③ 건당(건수): 말소등기, 지목변경등기, 건물의 구조변경등기, 토지합병(합필)등기, 같은 채권을 위하여 담보물을 추가하는 등기 등

(2) 세율

① 표준세율

구분		과세표준	세율
소유권의 보존등기		부동산가액	1,000분의 8
소유권의 이전등기	유상		1,000분의 20
	상속		1,000분의 8
	상속 외의 무상		1,000분의 15
소유권 외의 물권과 임차권의 설정 및 이전	가등기	부동산가액 또는 채권금액	1,000분의 2
	지상권	부동산가액	
	지역권	요역지가액	
	전세권	전세금액	
	임차권	월 임대차금액	
	저당권, 경매신청, 가압류, 가처분	채권금액	
그 밖의 등기(말소 · 변경등기)		매 1건당	6,000원

② 중과세율(대도시 내에서 법인설립 등의 등기시 표준세율의 3배)

㉠ 본점 · 주사무소의 설립등기

㉡ 지점 · 분사무소의 설치등기

㉢ 본점 또는 주사무소의 전입등기

대도시 중과세 제외업종에 대하여는 중과세를 적용하지 않는다(예 은행업, 유통업, 사회기반시설사업, 첨단업종, 의료업, 도시형 공장을 경영하는 사업, 할부금융업 등).

Point 24 등록면허세 납세절차 및 비과세 ★★★★

기본서 p.164~168

(1) 납세절차

① **원칙**: 신고납부

㉠ 등록하기 전까지(상속 · 증여 포함)

㉡ **추가신고납부**: 사유발생일로부터 60일 이내, 가산세 제외한 금액 공제, 신고납부

㉢ **신고의제**: 등록면허세를 신고하여야 할 납세의무자가 법정신고기한 내에 신고를 하지 아니한 경우에도 등록면허세 산출세액을 등록하기 전까지(추가납부사유에 해당하는 경우에는 해당 신고기한까지) 납부하였을 때에는 법정기한 내에 신고를 하고 납부한 것으로 본다. 이 경우 무신고 및 과소신고가산세를 징수하지 아니한다.

채권자대위자의 등록면허세 신고납부

1. 채권자대위자는 납세의무자를 대위하여 부동산의 등기에 대한 등록면허세를 신고납부할 수 있다. 이 경우 채권자대위자는 행정안전부령으로 정하는 바에 따라 납부확인서를 발급받을 수 있다.
2. 지방자치단체의 장은 1.에 따른 채권자대위자의 신고납부가 있는 경우 납세의무자에게 그 사실을 즉시 통보하여야 한다.

② **예외**: 보통징수

③ **납세지**: 부동산등기의 경우 부동산 소재지

구분	취득세	등록면허세
납세지가 불분명한 경우	취득물건 소재지	등록관청 소재지
둘 이상의 지자체에 해당하는 경우	소재지별 안분 (시가표준액 비율)	등록관청 소재지

④ **부가세**: 지방교육세 ⇨ 납부세액의 20%

등록면허세 감면시 농어촌특별세 ⇨ 감면세액의 20%

⑤ **미납부의 통보**: 등기 · 등록관서의 장은 등록면허세가 납부되지 아니하였거나 납부부족액을 발견하였을 때에는 다음 달 10일까지 대통령령으로 정하는 바에 따라 납세지를 관할하는 지방자치단체의 장에게 통보하여야 한다.

(2) 비과세

① 국가 등의 등록(단, 국가간에는 상호주의 적용)

② 「채무자 회생 및 파산에 관한 법률」상 법원사무관 등의 촉탁이나 등기소의 직권에 의해 이루어지는 등기 · 등록

③ 행정구역의 변경, 주민등록번호 변경, 지적소관청의 지번 변경, 등기 · 등록 담당공무원의 착오 등 단순한 표시변경 · 회복 · 경정등기 또는 등록

④ 지적공부상 지목이 묘지인 토지

제2장 단원별 출제예상문제

☆중요 출제가능성이 높은 중요 문제 ↖고득점 고득점 목표를 위한 어려운 문제 ✎신유형 기존에 출제되지 않은 신유형 대비 문제

Point 22 등록면허세의 특징, 납세의무자 ★★★

정답 및 해설 p.22~23

Tip

- 등록의 의의에서는 취득을 원인으로 하는 등기임에도 등록에 포함되는 경우를 숙지하여야 한다.
- 납세의무자를 등기별로 구별하여야 한다.

01 「지방세법」상 등록면허세가 과세되는 등록 또는 등기가 아닌 것은? (단, 2025년 1월 1일 이후 등록 또는 등기한 것으로 가정함) 제29회 수정

① 광업권의 취득에 따른 등록
② 외국인 소유의 선박을 직접 사용하기 위하여 연부취득조건으로 수입하는 선박의 등록
③ 취득세 부과제척기간이 경과한 주택의 등기
④ 취득가액이 50만원 이하인 차량의 등록
⑤ 계약상의 잔금지급일을 2024년 12월 1일로 하는 부동산(취득가액 1억원)의 소유권 이전등기

02 「지방세법」상 등록에 대한 등록면허세 납세의무자로서 연결이 옳은 것은?

① 지상권설정등기시 납세의무자 – 토지소유자
② 지역권설정등기시 납세의무자 – 승역지소유자
③ 전세권설정등기시 납세의무자 – 전세권설정자
④ 저당권설정등기시 납세의무자 – 채권자
⑤ 임차권말소등기시 납세의무자 – 임차인

Point 23 등록면허세 과세표준 및 세율 ★★★★★

정답 및 해설 p.23

Tip

과세표준과 세율은 최근에 자주 출제되고 있으며, 암기가 필수적이다.

03 「지방세법」상 부동산 등기에 대한 등록면허세의 표준세율로서 틀린 것은? (단, 부동산 등기에 대한 표준세율을 적용하여 산출한 세액이 그 밖의 등기 또는 등록세율보다 크다고 가정하며, 중과세 및 비과세와 「지방세특례제한법」은 고려하지 않음) 제31회

① 소유권 보존: 부동산가액의 1,000분의 8
② 가처분: 부동산가액의 1,000분의 2
③ 지역권 설정: 요역지가액의 1,000분의 2
④ 전세권 이전: 전세금액의 1,000분의 2
⑤ 상속으로 인한 소유권 이전: 부동산가액의 1,000분의 8

중요

04 「지방세법」상 부동산에 대한 등록면허세의 과세표준에 관한 설명으로 틀린 것은?

① 부동산등록에 관한 등록면허세 과세표준의 신고가 없거나, 신고가액이 시가표준액보다 적은 경우에는 시가표준액을 과세표준으로 한다.
② 취득을 원인으로 하는 등록의 경우 취득원인에 따른 취득세 과세표준 규정에서 정하는 취득당시가액을 과세표준으로 하지만, 취득세 부과제척기간이 경과한 물건의 등기 또는 등록의 경우는 등록 당시의 가액과 「지방세법」 제10조의2부터 제10조의6까지에서 정하는 취득당시의 가액 중 낮은 가액을 과세표준으로 한다.
③ 채권금액에 의해 과세액을 정하는 경우 일정한 채권금액이 없을 때에는 채권의 목적이 된 것 또는 처분제한의 목적이 된 금액을 그 채권금액으로 본다.
④ 상속으로 소유권이전등기를 하는 경우 과세표준은 부동산가액으로 한다.
⑤ 법인이 국가로부터 취득한 부동산은 등기 당시에 자산재평가의 사유로 가액이 증가한 것이 그 법인장부로 입증되는 경우 재평가 후의 변경된 가액을 과세표준으로 한다.

05 **다음 중 부동산등기의 등록면허세 과세표준과 표준세율로 옳은 것은? (다만, 가압류, 가처분, 가등기의 경우 부동산에 관한 권리를 목적으로 등기하는 경우를 포함)**

> ㉠ 유상으로 인한 농지의 소유권이전등기: 부동산가액의 1,000분의 30
> ㉡ 임차권설정 및 이전등기: 임차보증금의 1,000분의 2
> ㉢ 가등기: 부동산가액 또는 채권금액의 1,000분의 2
> ㉣ 저당권의 설정 및 이전등기, 경매신청 · 가압류 · 가처분의 등기: 부동산가액의 1,000분의 2
> ㉤ 전세권의 말소등기: 건당 6천원

① ㉠, ㉢
② ㉡, ㉣
③ ㉢, ㉤
④ ㉠, ㉢, ㉤
⑤ ㉢, ㉣, ㉤

06 **「지방세법」상 부동산등기에 대한 등록면허세의 세율에 대한 설명 중 틀린 것은?**

① 등록면허세의 세율은 차등비례세율구조이다.
② 부동산등기에 대한 등록면허세의 세율은 표준세율로서 지방자치단체의 장이 조례로 정하는 바에 의하여 그 표준세율의 100분의 50 범위 안에서 가감조정할 수 있다.
③ 지상권설정등기에 대한 세율과 전세권설정등기에 대한 세율은 다르다.
④ 유상으로 인한 소유권이전등기의 경우 세율은 1,000분의 20이다. 다만, 「지방세법」 제11조 제1항 제8호에 따른 유상거래로 인한 주택 취득시 세율을 적용받는 주택의 경우에는 해당 주택의 취득세율에 100분의 50을 곱한 세율을 적용하여 산출한 금액을 그 세액으로 한다.
⑤ 무상(상속은 제외)으로 인한 소유권이전등기의 경우 세율은 1,000분의 15이다.

07 부동산등기에 대한 등록면허세 과세표준과 세율에 대한 설명 중 틀린 것은?

① 감가상각의 사유로 변경된 가액을 과세표준으로 할 경우에는 등기·등록일 현재 법인 장부 또는 결산서에 의하여 증명되는 가액을 과세표준으로 한다.
② 가압류등기의 경우 등록면허세는 채권금액의 1,000분의 2이다.
③ 소유권보존등기의 경우 등록면허세는 부동산가액의 1,000분의 8이다.
④ 임차권설정등기의 경우 등록면허세는 월 임대차금액의 1,000분의 2이다.
⑤ 토지의 지목변경등기에 대한 등록면허세는 증가한 가액에 6,000원의 세율을 적용한다.

중요

08 부동산등기를 하는 경우 등록에 대한 등록면허세에 관한 내용 중 틀린 것은?

① 법인이 국가로부터 취득한 부동산을 등록 당시에 자산재평가의 사유로 가액이 증가한 것이 그 법인장부로 입증되는 경우에는 변경된 가액(등기·등록일 현재 법인장부나 결산서 등으로 입증되는 금액)을 과세표준으로 한다.
② 등록면허세의 과세표준은 등록 당시의 가액으로 한다.
③ 채권자대위자는 납세의무자를 대위하여 부동산의 등기에 대한 등록면허세를 신고납부할 수 있다. 이 경우 채권자대위자는 행정안전부령으로 정하는 바에 따라 납부확인서를 발급받을 수 있다.
④ 지방자치단체의 장은 ③에 따른 채권자대위자의 신고납부가 있는 경우 납세의무자에게 그 사실을 즉시 통보하여야 한다.
⑤ 대도시(대도시 중과세 제외업종은 중과세하지 않음)에서 법인설립 및 지점설치시 등기에 대해서는 표준세율의 100분의 300에서 중과기준세율의 100분의 200을 뺀 세율을 적용한다.

09 「지방세법」상 등록면허세에 관한 설명으로 틀린 것은? 제28회

① 같은 등록에 관계되는 재산이 둘 이상의 지방자치단체에 걸쳐 있어 등록면허세를 지방자치단체별로 부과할 수 없을 때에는 등록관청 소재지를 납세지로 한다.

② 「여신전문금융업법」 제2조 제12호에 따른 할부금융업을 영위하기 위하여 대도시에서 법인을 설립함에 따른 등기를 할 때에는 그 세율을 해당 표준세율의 100분의 300으로 한다. 단, 그 등기일부터 2년 이내에 업종변경이나 업종추가는 없다.

③ 무덤과 이에 접속된 부속시설물의 부지로 사용되는 토지로서 지적공부상 지목이 묘지인 토지에 관한 등기에 대하여는 등록면허세를 부과하지 아니한다.

④ 재산권 기타 권리의 설정 · 변경 또는 소멸에 관한 사항을 공부에 등기 또는 등록을 받는 등기 · 등록부상에 기재된 명의자는 등록면허세를 납부할 의무를 진다.

⑤ 지방자치단체의 장은 조례로 정하는 바에 따라 등록면허세의 세율을 부동산등기에 대한 표준세율의 100분의 50의 범위에서 가감할 수 있다.

Point 24 등록면허세 납세절차 및 비과세 ★★★★

정답 및 해설 p.23~24

Tip

종합문제로 자주 출제되는 부분이며, 취득세와 비교 · 정리하여야 한다.

10 다음 중 등록면허세의 납세지에 관한 내용으로 틀린 것은 모두 몇 개인가?

- 부동산 등기에 대한 납세지는 부동산 소유자의 주소지이다.
- 같은 등록에 관계되는 재산이 둘 이상의 지방자치단체에 걸쳐 있어 등록면허세를 지방자치단체별로 부과할 수 없을 때에는 등록관청 소재지를 납세지로 한다.
- 같은 채권의 담보를 위하여 설정하는 둘 이상의 저당권을 등록하는 경우에는 이를 각각의 등록으로 보아 그 등록에 관계되는 재산을 나중에 등록하는 등록관청 소재지를 납세지로 한다.
- 그 밖에 납세지가 분명하지 아니한 경우에는 등록관청 소재지를 납세지로 한다.

① 0개 ② 1개
③ 2개 ④ 3개
⑤ 4개

11 「지방세법」상 등록면허세에 관한 설명으로 옳은 것은? 제26회

① 부동산등기에 대한 등록면허세 납세지는 부동산 소유자의 주소지이다.
② 등록을 하려는 자가 신고의무를 다하지 않은 경우 등록면허세 산출세액을 등록하기 전까지 납부하였을 때에는 신고·납부한 것으로 보지만 무신고가산세가 부과된다.
③ 상속으로 인한 소유권이전등기의 세율은 부동산가액의 1,000분의 15로 한다.
④ 부동산을 등기하려는 자는 과세표준에 세율을 적용하여 산출한 세액을 등기를 하기 전까지 납세지를 관할하는 지방자치단체의 장에게 신고·납부하여야 한다.
⑤ 대도시 밖에 있는 법인의 본점이나 주사무소를 대도시로 전입함에 따른 등기는 법인등기에 대한 세율의 100분의 200을 적용한다.

12 「지방세법」상 취득세 및 등록면허세에 관한 설명으로 옳은 것은? 제27회

① 취득세 과세물건을 취득한 후 중과세 세율의 적용대상이 되었을 경우 30일 이내에 산출세액에서 이미 납부한 세액(가산세 포함)을 공제하여 신고·납부하여야 한다.
② 취득세 과세물건을 취득한 자가 재산권의 취득에 관한 사항을 등기하는 경우 등기한 후 30일 내에 취득세를 신고·납부하여야 한다.
③ 유상취득의 경우 취득세의 과세표준을 시가표준액으로 한다.
④ 부동산가압류에 대한 등록면허세의 세율은 부동산가액의 1,000분의 2로 한다.
⑤ 등록하려는 자가 신고의무를 다하지 아니하고 등록면허세 산출세액을 등록하기 전까지(신고기한이 있는 경우 신고기한까지) 납부하였을 때에는 신고·납부한 것으로 본다.

중요

13 「지방세법」상 등록면허세에 관한 설명으로 <u>틀린</u> 것은? 제30회

① 부동산등기에 대한 등록면허세의 납세지는 부동산 소재지이다.

② 등록을 하려는 자가 법정신고기한까지 등록면허세 산출세액을 신고하지 않은 경우로서 등록 전까지 그 산출세액을 납부한 때에도 「지방세기본법」에 따른 무신고가산세가 부과된다.

③ 등기 담당공무원의 착오로 인한 지번의 오기에 대한 경정등기에 대해서는 등록면허세를 부과하지 아니한다.

④ 채권금액으로 과세액을 정하는 경우에 일정한 채권금액이 없을 때에는 채권의 목적이 된 것의 가액 또는 처분의 제한의 목적이 된 금액을 그 채권금액으로 본다.

⑤ 「한국은행법」 및 「한국수출입은행법」에 따른 은행업을 영위하기 위하여 대도시에서 법인을 설립함에 따른 등기를 한 법인이 그 등기일로부터 2년 이내에 업종변경이나 업종추가가 없는 때에는 등록면허세의 세율을 중과하지 아니한다.

14 「지방세법」상 취득세 및 등록에 대한 등록면허세를 비교한 내용으로 <u>틀린</u> 것은? (단, 감면세액은 없는 것으로 함)

	구분	취득세	등록에 대한 등록면허세
①	납세의무 성립시기	과세물건을 취득하는 때	재산권 기타 권리를 등기·등록하는 때
②	납세의무 확정방법	신고	신고
③	조세의 분류	종가세	종가세, 종량세
④	부가세(附加稅)	지방소득세	농어촌특별세
⑤	면세점	있음	없음

15 지방세법령상 등록에 대한 등록면허세가 비과세되는 경우로 틀린 것은? 제34회 수정

① 지방자치단체조합이 자기를 위하여 받는 등록
② 무덤과 이에 접속된 부속시설물의 부지로 사용되는 토지로서 지적공부상 지목이 묘지인 토지에 관한 등기
③ 「채무자 회생 및 파산에 관한 법률」상 법원사무관 등의 촉탁이나 등기소의 직권에 의해 이루어지는 등기 · 등록
④ 대한민국 정부기관의 등록에 대하여 과세하는 외국정부의 등록
⑤ 등기 담당 공무원의 착오로 인한 주소 등의 단순한 표시변경 등기

신유형

16 거주자인 개인 乙은 甲이 소유한 부동산(시가 6억원)에 전세기간 2년, 전세보증금 3억원으로 하는 전세계약을 체결하고, 전세권설정등기를 하였다. 「지방세법」상 등록면허세에 관한 설명으로 옳은 것은? 제32회

① 과세표준은 6억원이다.
② 표준세율은 전세보증금의 1,000분의 8이다.
③ 납부세액은 6,000원이다.
④ 납세의무자는 乙이다.
⑤ 납세지는 甲의 주소지이다.

고득점

17 개인이 토지의 지목을 변경하여 가액의 증가가 있는 경우 「지방세법」상 취득세 및 등록에 대한 등록면허세를 비교한 내용으로 틀린 것은? (단, 특별자치도 및 특별자치시에 소재하는 자산은 아님)

	구분	취득세	등록면허세
①	과세주체	특별시 · 광역시 · 도	도 · 구
②	납세의무 확정방식	신고납부	신고납부
③	중가산세	적용 없음	적용 없음
④	과세표준	증가한 가액	증가한 가액
⑤	면세점 규정	적용됨	적용 없음

중요

18 「지방세법」상 취득세 또는 등록면허세의 신고 · 납부에 관한 설명으로 옳은 것은? (단, 비과세 및 「지방세특례제한법」은 고려하지 않음) 제31회

① 상속으로 취득세 과세물건을 취득한 자는 상속개시일로부터 6개월 이내에 과세표준과 세액을 신고 · 납부하여야 한다.

② 취득세 과세물건을 취득한 후 중과세 대상이 되었을 때에는 표준세율을 적용하여 산출한 세액에서 이미 납부한 세액(가산세 포함)을 공제한 금액을 세액으로 하여 신고 · 납부하여야 한다.

③ 지목변경으로 인한 취득세 납세의무자가 신고를 하지 아니하고 매각하는 경우 산출세액에 100분의 80을 가산한 금액을 세액으로 하여 징수한다.

④ 등록을 하려는 자가 등록면허세 신고의무를 다하지 않고 산출세액을 등록 전까지 납부한 경우 「지방세기본법」에 따른 무신고가산세를 부과한다.

⑤ 등기 · 등록관서의 장은 등기 또는 등록 후에 등록면허세가 납부되지 아니하였거나 납부부족액을 발견한 경우에는 다음 달 10일까지 납세지를 관할하는 시장 · 군수 · 구청장에게 통보하여야 한다.

19 「지방세법」상 등록에 대한 등록면허세에 관한 설명으로 틀린 것은?

① 등록면허세의 '등록'에는 취득세에 따른 취득을 원인으로 이루어지는 등기 또는 등록(등록면허세를 부과할 필요가 있는 법령에 정하는 경우 제외)은 제외하되, 광업권 및 어업권의 취득에 따른 등록 등의 경우에는 포함한다.

② 부동산에 관한 등록면허세의 과세표준은 원칙적으로 등록 당시의 신고가액으로 한다.

③ 부동산등기에 대한 등록면허세로서 세액이 6,000원 미만인 경우에는 해당 등록면허세를 징수하지 아니한다.

④ 지방세 체납처분으로 그 소유권을 국가 또는 지방자치단체명의로 이전하는 경우 이미 그 물건에 전세권, 가등기, 압류등기 등으로 되어 있는 것을 말소하는 대위적 등기와 성명의 복구나 소유권의 보존 등 일체의 채권자 대위적 등기에 대하여는 그 소유자가 등록면허세를 납부하여야 한다.

⑤ 국가와 지방자치단체가 「공익사업을 위한 토지 등의 취득 및 보상에 관한 법률」에 따라 공공사업에 필요한 토지를 수용하여 공공용지에 편입하기 위해 행하는 분필등기, 공유물분할등기는 국가와 지방자치단체가 자기를 위하여 하는 등기에 해당하므로 등록면허세가 비과세된다.

20 甲이 乙 소유 부동산에 대하여 전세권설정등기를 하는 경우 「지방세법」상 등록에 관한 등록면허세의 설명으로 틀린 것은? 제29회

① 등록면허세의 납세의무자는 전세권자인 甲이다.

② 부동산 소재지와 乙의 주소지가 다른 경우 등록면허세의 납세지는 乙의 주소지로 한다.

③ 전세권설정등기에 대한 등록면허세의 표준세율은 전세금액의 1,000분의 2이다.

④ 전세권설정등기에 대한 등록면허세의 산출세액이 건당 6,000원보다 적을 때에는 등록면허세의 세액은 6,000원으로 한다.

⑤ 만약 丙이 甲으로부터 전세권을 이전받아 등기하는 경우라면 등록면허세의 납세의무자는 丙이다.

21 「지방세법」상 등록에 대한 등록면허세에 관한 설명으로 틀린 것은? 제33회

① 채권금액으로 과세액을 정하는 경우에 일정한 채권금액이 없을 때에는 채권의 목적이 된 것의 가액 또는 처분의 제한의 목적이 된 금액을 그 채권금액으로 본다.

② 같은 채권의 담보를 위하여 설정하는 둘 이상의 저당권을 등록하는 경우에는 이를 하나의 등록으로 보아 그 등록에 관계되는 재산을 처음 등록하는 등록관청 소재지를 납세지로 한다.

③ 부동산 등기에 대한 등록면허세의 납세지가 분명하지 아니한 경우에는 등록관청 소재지를 납세지로 한다.

④ 지상권 등기의 경우에는 특별징수의무자가 징수할 세액을 납부기한까지 부족하게 납부하면 특별징수의무자에게 과소납부분 세액의 100분의 1을 가산세로 부과한다.

⑤ 지방자치단체의 장은 채권자대위자의 부동산의 등기에 대한 등록면허세 신고납부가 있는 경우 납세의무자에게 그 사실을 즉시 통보하여야 한다.

제3장 재산세

Point 25 재산세의 특징과 과세대상 ★★

기본서 p.171~174

(1) 재산세의 특징

① **과세주체**: 시 · 군 · 구, 특별자치도, 특별자치시

② **보유과세**

③ **특정시점을 기준으로 과세**: 과세기준일(매년 6월 1일)

④ **물세(건축물, 주택)**: 개별과세 ○, 합산과세 ×

토지의 경우 인세 ○(동일한 시·군·구 관할 내의 별도 및 종합합산토지의 경우 합산과세 ○)

⑤ **징수방법**: 보통징수(미납부시 납세고지 후의 납부지연가산세 적용: 3%, 납부기한 경과 후 매 1개월 경과시마다 0.66%, 60개월에 한함)

체납조세가 45만원 미만인 경우 0.66%(0.022% × 30일) 가산세는 적용 ×

⑥ **소액징수면제**: 고지서 1장당 세액 2,000원 미만은 징수 ×

⑦ **분할납부 및 물납**: 적용 ○

⑧ **사실주의 과세**

⑨ **현황부과의 원칙**: 공부상 현황과 사실상 현황이 상이한 경우에는 사실상 현황에 따라 과세한다. 다만, 공부상 등재 현황과 달리 이용함으로써 재산세 부담이 낮아지는 경우 등 대통령령으로 정하는 경우는 공부상 등재 현황에 따라 부과한다.

(2) 과세대상

① **토지**: 모든 토지(사실상의 토지 포함, 주택의 부속토지 제외)

② **건축물**: 골프연습장 등 시설물과 무허가 건축물 포함, 주거용 건축물 제외

③ **주택**: 주거용 건축물과 부속토지, 토지와 건축물을 통합하여 과세, 별장 포함

겸용주택

1동의 건물	면적에 비례 ⇨ 주거부분만 주택
1구의 건물	• 주거용 사용면적이 50% 이상 ⇨ (전부) 주택 • 주거용 사용면적이 50% 미만 ⇨ 주거부분만 주택

무허가 주거용 건축물의 면적이 50% 이상인 건축물은 주택 ×, 그 부속토지는 종합합산대상 토지로 과세한다.

④ **선박**: 모든 선박

⑤ **항공기**: 유인항공기

Point 26 재산세 과세대상 토지의 구분 ★★★★

기본서 p.175~185

(1) 분리과세대상 토지

① 0.07% 저율분리과세대상(농지, 목장, 임야)

㉠ 농지(전 · 답 · 과수원)

ⓐ 개인 소유 자경농지

<table>
<tr><td colspan="3">군 · 읍 · 면지역</td><td rowspan="3">분리과세</td></tr>
<tr><td rowspan="3">특별시 · 광역시 · 시지역</td><td colspan="2">도시지역 밖</td></tr>
<tr><td rowspan="2">도시 지역 내</td><td>개발제한구역, 녹지지역</td></tr>
<tr><td>그 외 상업지역 등</td><td>종합합산과세</td></tr>
</table>

ⓑ 법인 및 단체 소유농지

- 원칙: 종합합산과세
- 예외(분리과세): 종중 소유농지, 농업법인 소유농지, 매립 · 간척한 법인이 직접 경작하는 농지, 사회복지사업자의 자가소비용 농지, 한국농어촌공사 소유농지

㉡ 목장용지(개인 또는 법인 소유의 축산용 토지)

<table>
<tr><td colspan="3">군 · 읍 · 면지역</td><td rowspan="3">ⓐ 기준면적 이내: 분리과세
ⓑ 기준면적 초과: 종합합산과세</td></tr>
<tr><td rowspan="3">특별시 · 광역시 · 시지역</td><td colspan="2">도시지역 밖</td></tr>
<tr><td rowspan="2">도시 지역 내</td><td>개발제한구역, 녹지지역</td></tr>
<tr><td>그 외 상업지역 등</td><td>종합합산과세</td></tr>
</table>

㉢ 임야

ⓐ 일반임야: 종합합산과세

ⓑ 종중 소유임야 및 산림보호 육성 등을 위한 공익목적 임야: 분리과세

② 0.2% 저율분리과세대상

㉠ 공장용지

<table>
<tr><td colspan="3">군 · 읍 · 면지역</td><td rowspan="3">ⓐ 기준면적 이내: 분리과세
ⓑ 기준면적 초과: 종합합산과세</td></tr>
<tr><td rowspan="3">특별시 · 광역시 · 시지역</td><td colspan="2">도시지역 밖</td></tr>
<tr><td rowspan="2">도시 지역 내</td><td>산업단지, 공업지역</td></tr>
<tr><td>그 외 주거지역 · 상업지역 등</td><td>ⓐ 기준면적 이내: 별도합산과세
ⓑ 기준면적 초과: 종합합산과세</td></tr>
</table>

㉡ 국가나 지방자치단체가 국방상의 목적 외에는 그 사용 및 처분 등을 제한하는 공장 구내의 토지, 염전, 여객자동차터미널 및 물류터미널용 토지, 부동산투자회사 소유 토지, 한국토지주택공사 소유 토지 등

③ 4% 고율분리과세대상
   ㉠ 고급오락장용 토지
   ㉡ 회원제 골프장용 토지

(2) 별도합산과세대상 토지

① 일반건축물의 부속토지
   ㉠ 기준면적(건축물 바닥면적 × 용도지역별 적용배율) 이내: 별도합산과세
   ㉡ 기준면적 초과: 종합합산과세
② 별도합산의제토지: 자동차운전학원용 토지, 차고지, 법인묘지용 토지 등
③ 별도합산대상 제외 토지
   ㉠ 무허가 건축물의 부속토지: 종합합산과세
   ㉡ 공장용 건축물과 주거용 건축물 이외의 건축물의 시가표준액이 부속토지 시가표준액의 2%에 미달하는 건축물의 부속토지 중 해당 건축물의 바닥면적을 제외한 부속토지: 종합합산과세

(3) 종합합산과세대상 토지

① 나대지
② 잡종지
③ 농지: 법인 소유농지, 경작에 사용하지 않는 농지, 주거 · 상업 · 공업지역 내 농지
④ 목장: 주거 · 상업 · 공업지역 내 목장, 기준면적 초과 목장
⑤ 임야: 분리과세 임야를 제외한 임야
⑥ 공장용 건축물의 부속토지: 기준면적 초과 공장용지
⑦ 일반 건축물의 부속토지: 기준면적 초과 토지
⑧ 무허가 건축물의 부속토지, 무허가 주거용 건축물의 면적이 50% 이상인 건축물의 부속토지
⑨ 가액 미달(2%)의 저가격 건축물의 부속토지(바닥면적 제외)

Point 27 재산세 납세의무자 ★★★★★

기본서 p.186~189

원칙	사실상 소유자	과세기준일 현재 재산을 사실상 소유하는 자
	지분권자	공유재산(지분의 표시가 없는 경우 균등한 것으로 봄)
	주택의 건물과 부속토지의 소유자	주택의 건물과 부속토지의 소유자가 다를 경우에는 그 주택에 대한 산출세액을 건축물과 그 부속토지의 시가표준액 비율로 안분계산한 부분에 대해서는 그 소유자를 납세의무자로 본다.
예외	공부상 소유자	① 권리의 변동 등 사실을 신고하지 아니하여 사실상 소유자를 알 수 없는 경우 ② 종중 소유임을 신고하지 않은 경우 ③ 파산선고 이후 종결까지의 파산재단인 경우
	사용자	소유권의 귀속이 불분명한 경우
	매수계약자	① 국가 · 지방자치단체(조합) + 연부로 매매계약 + 그 사용을 무상으로 하는 경우 ② 국가가 선수금을 받아 조성하는 매매용 토지로서 사실상 조성이 완료된 토지의 사용권을 무상으로 받은 경우 ⇨ 그 사용권을 무상으로 받은 자
	위탁자	「신탁법」에 의하여 수탁자 명의로 등기된 신탁재산의 경우 위탁자. 이 경우 위탁자가 신탁재산을 소유한 것으로 본다.
	주된 상속자	상속이 개시된 재산으로서 상속등기 ×, 사실상 소유자 신고 × **주된 상속자 결정순위** • 1순위: 상속지분이 가장 높은 자 • 2순위: 연장자
	사업시행자	체비지 또는 보류지
	양수인	과세기준일에 양도 · 양수가 있는 경우
	수입하는 자	외국인 소유의 항공기 또는 선박을 임차하여 수입하는 경우

신탁재산 수탁자의 물적납세의무: 신탁재산의 위탁자가 재산세 · 가산금 또는 체납처분비를 체납한 경우로서 그 위탁자의 다른 재산에 대하여 체납처분을 하여도 징수할 금액에 미치지 못할 때에는 해당 신탁재산의 수탁자는 그 신탁재산으로써 위탁자의 재산세 등을 납부할 의무가 있다.

Point 28 재산세 과세표준 및 세율 ★★★★★

기본서 p.190~197

(1) 과세표준

개인 · 법인 소유 구별 없이 과세기준일(6월 1일) 현재 시가표준액을 기준

토지	개별공시지가 × 공정시장가액비율(70%)
건축물	시가표준액 × 공정시장가액비율(70%)
주택	① 개별주택가격(공동주택가격) × 공정시장가액비율(60%) ② 단, 1세대 1주택(시가표준액 9억원 초과 주택 포함)의 공정시장가액비율 ㉠ 시가표준액 3억원 이하: 43% ㉡ 시가표준액 3억원 초과 6억원 이하: 44% ㉢ 시가표준액 6억원 초과: 45%
선박 · 항공기	시가표준액

과세표준상한액

주택의 과세표준이 다음 계산식에 따른 과세표준상한액보다 큰 경우에는 해당 주택의 과세표준은 과세표준상한액으로 한다.

- 과세표준상한액 = 직전 연도 해당 주택의 과세표준 상당액 + (과세기준일 당시 시가표준액으로 산정한 과세표준 × 과세표준상한율)
- 과세표준상한율 = 소비자물가지수, 주택가격변동율, 지방재정여건 등을 고려하여 0에서 100분의 5 범위 이내로 대통령령이 정하는 비율

주택의 과세표준은 직전 연도 과세표준에서 소비자물가지수 등을 고려한 과세표준상한율(5%)을 넘지 못하도록 한다.

(2) 세율

재산의 종류(과세대상)		세율
토지	분리과세대상	0.07%, 0.2%, 4%(차등비례세율)
	종합합산과세대상	(소유자별 합산) 0.2~0.5% 3단계 초과누진세율
	별도합산과세대상	(소유자별 합산) 0.2~0.4% 3단계 초과누진세율
건축물	일반 건축물	0.25%(비례세율)
	시지역의 주거지역 및 지방자치단체의 조례로 정하는 지역 내 공장용 건축물	0.5%(0.25%의 2배)
	과밀억제권역 내 공장 신 · 증설시 건축물	1.25%(0.25%의 5배)
	골프장 내 건축물 · 고급오락장용 건축물	4%

주택	별장 및 고급주택 포함	• 주택: 0.1~0.4% 4단계 초과누진세율 • 1세대 1주택자가 보유한 공시가격 9억원 이하 주택: 0.05~0.35% 4단계 초과누진세율 • 주택별(소유자별 합산 ×) • 주택가액에 따라 • 별장 · 고급주택도 일반주택과 동일하게 과세한다.
선박		0.3%(고급선박 5%) 비례세율
항공기		0.3% 비례세율

Point 29 재산세 비과세 ★★★

기본서 p.197~199

(1) 국가 등에 대한 비과세

① 국가 등의 소유재산

② 국가 등이 1년 이상 공용 또는 공공용으로 사용하는 재산

단, 유료사용하거나, 소유권의 유상이전을 약정한 경우로서 그 재산을 취득하기 전에 미리 사용하는 경우는 과세함

(2) 용도구분에 의한 비과세

다음의 경우에는 과세

- 사치성 재산
- 수익사업용에 사용
- 당해 목적에 사용하지 않을 때
- 유료로 사용되는 경우 그 사용부분[(3)과 (5)는 제외]

① 도로 · 하천 · 제방 · 구거 · 유지 및 묘지

- **도로**: 「도로법」에 따른 도로(도로의 부속물 중 도로관리시설, 휴게시설, 주유소, 충전소, 교통 · 관광안내소 및 도로에 연접하여 설치한 연구시설은 제외)와 그 밖에 일반인의 자유로운 통행을 위하여 제공할 목적으로 개설한 사설 도로. 다만, 「건축법 시행령」 제80조의2에 따른 대지 안의 공지는 제외
- **하천**: 「하천법」에 따른 하천과 「소하천정비법」에 따른 소하천
- **제방**: 「공간정보의 구축 및 관리 등에 관한 법률」에 따른 제방. 다만, 특정인이 전용하는 제방은 제외
- **구거(溝渠)**: 농업용 구거와 자연유수의 배수처리에 제공하는 구거
- **유지(溜池)**: 농업용 및 발전용에 제공하는 댐 · 저수지 · 소류지와 자연적으로 형성된 호수 · 늪
- **묘지**: 무덤과 이에 접속된 부속시설물의 부지로 사용되는 토지로서 지적공부상 지목이 묘지인 토지

② 「군사기지 및 군사시설 보호법」에 따른 군사기지 및 군사시설 보호구역 중 통제보호구역에 있는 토지(전 · 답 · 과수원 및 대지는 제외)

> ㉠ 통제보호구역 내 전 · 답 · 과수원 · 대지: 과세
> ㉡ 군사시설보호구역 중 제한보호구역 내 임야: 분리과세
> ㉢ 군사시설보호구역 중 통제보호구역 내 임야: 비과세

③ 산림보호구역 및 채종림 · 시험림

④ 「자연공원법」에 따른 공원자연보존지구의 임야

🔍 「자연공원법」에 따른 공원자연환경지구의 임야: 분리과세

⑤ 백두대간보호지역의 임야

(3) 임시로 사용하기 위하여 건축된 건축물로서 재산세 과세기준일 현재 1년 미만의 것

(4) 비상재해구조용, 무료도선용, 선교(船橋) 구성용 및 본선에 속하는 전마용(傳馬用) 등으로 사용하는 선박

(5) 행정기관으로부터 철거명령을 받은 건축물 등 재산세를 부과하는 것이 적절하지 아니한 건축물 또는 주택(건축물 부분에 한한다). 다만, 주택의 부속토지인 대지는 과세한다.

Point 30 재산세 부과 · 징수 ★★★★★

기본서 p.200~208

① **보통징수:** 납기 개시 5일 전까지 납세고지서 발부

② **과세기준일:** 매년 6월 1일

③ **정기분 납기**

건축물, 선박, 항공기	7월 16일~7월 31일
토지	9월 16일~9월 30일
주택	㉠ 해당 연도에 부과 · 징수할 세액의 2분의 1: 7월 16일~7월 31일 ㉡ 나머지 2분의 1: 9월 16일~9월 30일 🔍 다만, 20만원 이하인 경우 7월 16일~7월 31일에 한꺼번에 부과 · 징수

④ **납세지:** 해당 재산 소재지 관할 시 · 군 · 구 · 특별자치시 · 특별자치도

⑤ **권리변동 등의 경우에 납세의무자 신고:** 과세기준일부터 15일 이내(불이행시 가산세 ×)

⑥ **소액징수면제:** 고지서 1장당 재산세로 징수할 세액이 2,000원 미만

⑦ **세 부담 상한**

㉠ **개정 내용:** 해당 재산에 대한 재산세의 산출세액(도시지역분 포함)이 대통령령으로 정하는 방법에 따라 계산한 직전 연도의 해당 재산에 대한 재산세액 상당액의 100분의 150을 초과하는 경우에는 100분의 150에 해당하는 금액을 해당 연도에 징수할 세액으로 한다. 다만, 주택의 경우에는 적용하지 아니한다(2024.1.1. 시행).

㉡ 개정규정 시행 전 주택분 세 부담의 상한

구분		세 부담 상한
토지, 건축물, 법인 및 법인으로 보는 단체소유주택		직전 연도 세액의 150%
(개인 소유)주택의 공시가격 등	3억원 이하	직전 연도 세액의 105%
	3억원 초과~6억원 이하	직전 연도 세액의 110%
	6억원 초과	직전 연도 세액의 130%

「지방세법」 부칙 제15조(주택 세 부담 상한제 폐지에 관한 경과조치): 과세표준상한액의 개정규정 시행 전에 주택 재산세가 과세된 주택에 대해서는 과세표준상한액의 개정규정에도 불구하고 2028년 12월 31일까지는 종전의 규정에 따른다.

⑧ 물납: 납부세액 1천만원 초과시 과세 관할 구역 내 소재하는 부동산에 한하여 물납신청 및 허가

㉠ 신청 및 허가

ⓐ 신청: 납부기한 10일 전까지

ⓑ 허가: 신청받은 날부터 5일 이내 서면으로 통지

㉡ 물납허가 부동산의 평가: 과세기준일 현재의 시가

㉢ 관리 · 처분이 부적당한 부동산의 처리

ⓐ 시장 · 군수 · 구청장은 물납신청을 받은 부동산이 관리 · 처분하기가 부적당하다고 인정되는 경우 허가하지 아니할 수 있다.

ⓑ 물납허가를 받은 부동산을 물납한 때에는 납기 내에 납부한 것으로 본다.

⑨ 분할납부: 납부세액 250만원 초과시 납부할 세액의 일부를 납부기한이 경과한 날부터 3개월 이내 분할납부

분할납부 방법

구분	분할납부할 세액
납부할 세액이 500만원 이하인 경우	250만원을 초과하는 금액
납부할 세액이 500만원 초과하는 경우	그 세액의 50% 이하의 금액

⑩ 재산세의 고지서에 병기되는 세목: 지역자원시설세(소방분)

⑪ 부가세: 지방교육세(20%)

제3장 단원별 출제예상문제

☆중요 출제가능성이 높은 중요 문제 고득점 고득점 목표를 위한 어려운 문제 신유형 기존에 출제되지 않은 신유형 대비 문제

Point 25 재산세의 특징과 과세대상 ★★

정답 및 해설 p.24~25

Tip
종합문제로 가끔 출제되는 부분이며, 취득세와 비교·정리하여야 한다.

01 「지방세법」상 재산세의 과세대상에 대한 설명 중 틀린 것은?

① 재산세 과세대상인 토지는 「공간정보의 구축 및 관리에 관한 법률」에 의하여 지적공부의 등록대상이 되는 토지와 그 밖에 사용되고 있는 사실상의 토지를 말하며 주택에 부속된 토지는 제외한다.

② 「건축법」 등 관계 법령에 따라 허가 등을 받아야 할 건축물로서 허가 등을 받지 아니하거나 사용승인을 받아야 할 주택으로서 사용승인을 받지 아니하고 주거용으로 사용 중인 건축물의 면적이 전체 건축물 면적의 100분의 50 이상인 경우에는 그 건축물을 주택으로 보지 아니하고 그 부속토지는 종합합산대상에 해당하는 토지로 본다.

③ 공부상 등재 현황과 달리 이용함으로써 재산세 부담이 낮아지는 경우에도 사실상 현황에 따라 부과한다.

④ 건축물에 주거용 건축물은 제외한다.

⑤ 다가구주택은 1가구가 독립하여 구분사용할 수 있도록 분리된 부분을 1구의 주택으로 본다. 이 경우 그 부속토지는 건물면적의 비율에 따라 각각 나눈 면적을 1구의 부속토지로 본다.

02 「지방세법」상 재산세 과세대상에 속하는 것으로 옳게 묶인 것은?

> ㉠ 항공기
> ㉡ 시가표준액이 1억원인 비업무용 자가용 선박
> ㉢ 고급주택
> ㉣ 카지노업에 사용되는 건축물
> ㉤ 과수원
> ㉥ 차량
> ㉦ 골프회원권
> ㉧ 기계장비
> ㉨ 광업권
> ㉩ 법령에 의해 신고된 20타석 이상의 골프연습장

① ㉠, ㉢, ㉣, ㉤
② ㉠, ㉢, ㉥, ㉩
③ ㉡, ㉣, ㉨, ㉩
④ ㉡, ㉥, ㉦, ㉧
⑤ ㉤, ㉦, ㉧, ㉨

03 「지방세법」상 재산세 과세대상의 구분에 있어 주거용과 주거 외의 용도를 겸하는 건물 등에 관한 설명으로 옳은 것을 모두 고른 것은? 제33회

> ㉠ 1동(棟)의 건물에 주거와 주거 외의 용도로 사용되고 있는 경우에는 주거용으로 사용되는 부분만을 주택으로 본다.
> ㉡ 1구(構)의 건물이 주거와 주거 외의 용도로 사용되고 있는 경우 주거용으로 사용되는 면적이 전체의 100분의 60인 경우에는 주택으로 본다.
> ㉢ 주택의 부속토지의 경계가 명백하지 아니한 경우에는 그 주택의 바닥면적의 10배에 해당하는 토지를 주택의 부속토지로 한다.

① ㉠
② ㉢
③ ㉠, ㉡
④ ㉡, ㉢
⑤ ㉠, ㉡, ㉢

Point 26 재산세 과세대상 토지의 구분 ★★★★

정답 및 해설 p.25~26

Tip

분리과세대상, 별도합산과세대상, 종합합산과세대상 토지를 각각 구분하여야 하며, 재산세뿐만 아니라 종합부동산세 과세대상과도 연계되어 있는 중요한 부분이므로 철저한 학습이 필요하다.

04 「지방세법」상 재산세의 분리과세대상 토지에 해당하는 것으로 틀린 것은?

① 경작에 사용하지 않고 있는 개인 소유의 전·답·과수원

② 1990년 5월 31일 이전부터 종중이 소유하는 농지

③ 개인이 축산용으로 사용하는 도시지역 밖의 소정 기준면적 내의 목장용지

④ 「부동산투자회사법」 제49조의3 제1항에 따른 공모부동산투자회사가 목적사업에 사용하기 위하여 소유하고 있는 토지

⑤ 회원제 골프장용 부동산으로서 구분등록 대상이 되는 토지

05 「지방세법」상 분리과세대상 토지 중 재산세 표준세율이 다른 하나는?

① 과세기준일 현재 특별시지역의 도시지역 안의 녹지지역에서 실제 영농에 사용되고 있는 개인이 소유하는 전(田)

② 1990년 5월 31일 이전부터 관계 법령에 의한 사회복지사업자가 복지시설의 소비목적으로 사용할 수 있도록 하기 위하여 소유하는 농지

③ 산림의 보호육성을 위하여 필요한 임야로서 「자연공원법」에 의하여 지정된 공원자연환경지구 안의 임야

④ 1990년 5월 31일 이전부터 종중이 소유하고 있는 임야

⑤ 과세기준일 현재 계속 염전으로 실제 사용하고 있는 토지

06 「지방세법」상 재산세 과세대상인 공장용지에 대한 내용 중 옳은 것은?

① 군지역의 공장으로서 입지기준면적 이내의 공장용지: 종합합산과세
② 시지역의 공업지역 내에 존재하는 공장의 경우 입지기준면적 이내의 공장용지: 분리과세
③ 특별시지역의 산업단지 내에 존재하는 공장의 경우 입지기준면적을 초과하는 공장용지: 별도합산과세
④ 광역시지역의 상업지역 내에 존재하는 입지기준면적 이내의 공장용지: 분리과세
⑤ 시지역의 주거지역 내에 존재하는 입지기준면적을 초과하는 공장용지: 별도합산과세

07 다음 중 「지방세법」상 재산세의 별도합산과세대상 토지로 옳은 것은?

① 회원제 골프장용 건축물의 부속토지
② 일반영업용 건축물로서 사용승인을 받지 않고 사용 중인 건축물의 부속토지
③ 도시지역 밖의 법정기준면적을 초과하는 목장용지
④ 철거 · 멸실된 건축물 또는 주택(빈집은 아님)의 부속토지로서 법령으로 정하는 부속토지(철거 · 멸실된 날부터 6개월이 지나지 아니함)
⑤ 고급오락장용 건축물의 부속토지

08 「지방세법」상 재산세 과세대상 토지(비과세 또는 면제대상이 아님) 중 과세표준이 증가함에 따라 재산세 부담이 누진적으로 증가할 수 있는 것은?

① 과세기준일 현재 군지역에서 실제 영농에 사용되고 있는 개인이 소유하고 있는 과수원
② 「건축법」 등 관계 법령의 규정에 따라 허가를 받아야 할 건축물로서 허가를 받지 아니한 건축물의 부속토지
③ 1980년 5월 1일부터 종중이 소유하고 있는 임야
④ 회원제 골프장용 토지로서 「체육시설의 설치 · 이용에 관한 법률」의 규정에 의한 등록대상이 되는 토지
⑤ 고급오락장으로 사용되는 건축물의 부속토지

09 다음 「지방세법」상 토지분 재산세 과세대상을 구분한 것 중 종합합산과세대상 토지에 해당하는 경우로 옳게 묶은 것은?

> ㉠ 일반영업용 건축물 부속토지로서 법정 기준면적 초과분
> ㉡ 무허가 주거용 건축물의 면적이 50% 이상인 건축물의 부속토지
> ㉢ 토지 시가표준액의 2%에 미달하는 건축물의 부속토지 중 그 건축물의 바닥면적에 해당하는 토지
> ㉣ 공장용지 중 주거지역 내 공장용 건축물 부속토지로서 기준면적 이내의 토지

① ㉠, ㉡
② ㉢, ㉣
③ ㉠, ㉡, ㉣
④ ㉡, ㉢, ㉣
⑤ ㉠, ㉡, ㉢, ㉣

고득점

10 다음 자료에 해당하는 일반건축물과 부속토지를 과세기준일 현재 소유하고 있는 경우 「지방세법」상 재산세의 과세구분으로 옳은 것은?

> ㉠ 건축물의 바닥면적: $200m^2$
> ㉡ 건축물의 연면적: $1,000m^2$
> ㉢ 부속토지의 면적: $3,000m^2$
> ㉣ 건축물의 시가표준액: 2억원
> ㉤ 부속토지의 시가표준액: 120억원
> ㉥ 도시지역 내 상업지역에 소재

① 건축물의 가액이 부속토지가액의 2% 미만에 해당하므로 $3,000m^2$ 전체 토지가 종합합산과세대상 토지에 해당한다.
② 건축물의 바닥면적에 용도지역별 적용배율을 적용하여 계산한 $600m^2$가 별도합산과세대상 토지이다.
③ 건축물의 바닥면적에 용도지역별 적용배율을 적용하여 계산한 $800m^2$가 별도합산과세대상 토지이다.
④ 위의 건축물이 「건축법」 등 관계 법령의 규정에 의하여 허가 등을 받지 아니한 건축물에 해당할 경우에는 그 부속토지는 전부 별도합산과세대상 토지로 한다.
⑤ 별도합산과세대상 토지는 $200m^2$이고, 종합합산과세대상 토지는 $2,800m^2$이다.

11 「지방세법」상 재산세 종합합산과세대상 토지는? 제29회 수정

① 「문화유산의 보존 및 활용에 관한 법률」에 따른 지정문화유산 안의 임야
② 국가가 국방상의 목적 외에는 그 사용 및 처분 등을 제한하는 공장 구 내의 토지
③ 「건축법」 등 관계 법령에 따라 허가 등을 받아야 할 건축물로서 허가 등을 받지 아니한 공장용 건축물의 부속토지
④ 「자연공원법」에 따라 지정된 공원자연환경지구의 임야
⑤ 「개발제한구역의 지정 및 관리에 관한 특별조치법」에 따른 개발제한구역의 임야. 단, 1989년 12월 31일 이전부터 소유(1990년 1월 1일 이후에 해당 목장용지 및 임야를 상속받아 소유하는 경우와 법인합병으로 인하여 취득하여 소유하는 경우를 포함)하는 것으로 한정한다.

12 「지방세법」상 토지에 대한 재산세를 부과함에 있어서 과세대상의 구분(종합합산과세대상, 별도합산과세대상, 분리과세대상)이 같은 것으로 묶인 것은? 제25회

㉠ 1990년 5월 31일 이전부터 종중이 소유하고 있는 임야 ㉡ 「체육시설의 설치 · 이용에 관한 법률 시행령」에 따른 회원제 골프장이 아닌 골프장용 토지 중 원형이 보전되는 임야 ㉢ 과세기준일 현재 계속 염전으로 실제 사용하고 있는 토지 ㉣ 「도로교통법」에 따라 등록된 자동차운전학원의 자동차운전학원용 토지로서 같은 법에서 정하는 시설을 갖춘 구역 안의 토지

① ㉠, ㉡
② ㉡, ㉢
③ ㉡, ㉣
④ ㉠, ㉡, ㉢
⑤ ㉠, ㉢, ㉣

Point 27 재산세 납세의무자 ★★★★★

정답 및 해설 p.26

Tip

재산세 납세의무자는 거의 매년 출제되는 부분이므로 보유형태에 따라 납세의무자를 명확히 숙지하여야 한다.

13 지방세법령상 재산세 과세기준일 현재 납세의무자로 틀린 것은? 제35회

① 공부상에 개인 등의 명의로 등재되어 있는 사실상의 종중재산으로서 종중소유임을 신고하지 아니하였을 경우: 종중

② 상속이 개시된 재산으로서 상속등기가 이행되지 아니하고 사실상의 소유자를 신고하지 아니하였을 경우: 행정안전부령으로 정하는 주된 상속자

③ 「도시 및 주거환경정비법」에 따른 정비사업(재개발사업만 해당한다)의 시행에 따른 환지계획에서 일정한 토지를 환지로 정하지 아니하고 체비지로 정한 경우: 사업시행자

④ 「채무자 회생 및 파산에 관한 법률」에 따른 파산선고 이후 파산종결의 결정까지 파산재단에 속하는 재산의 경우: 공부상 소유자

⑤ 지방자치단체와 재산세 과세대상 재산을 연부(年賦)로 매매계약을 체결하고 그 재산의 사용권을 무상으로 받은 경우: 그 매수계약자

14 「지방세법」상 2025년 재산세 과세기준일 현재 납세의무자가 아닌 것을 모두 고른 것은?

㉠ 5월 31일에 재산세 과세대상 재산의 매매잔금을 수령하고 소유권이전등기를 한 매도인 ㉡ 공유물 분할등기가 이루어지지 아니한 공유토지의 지분권자 ㉢ 「신탁법」에 의하여 수탁자 명의로 등기된 신탁재산의 수탁자 ㉣ 도시환경정비사업시행에 따른 환지계획에서 일정한 토지를 환지로 정하지 아니하고 체비지로 정한 경우 종전 토지소유자

① ㉠, ㉡
② ㉡, ㉣
③ ㉠, ㉡, ㉣
④ ㉠, ㉢, ㉣
⑤ ㉡, ㉢, ㉣

15 재산세의 납세의무자에 대한 내용으로 옳은 것은?

① 신탁재산의 위탁자가 재산세 체납처분비 등을 체납한 경우로서 그 위탁자의 다른 재산에 대하여 체납처분을 하여도 징수할 금액에 미치지 못할 때에는 해당 신탁재산의 수탁자는 그 신탁재산으로써 위탁자의 재산세 등을 납부할 의무가 있다.

② 과세기준일 이전에 건축물이 멸실되었다면 과세기준일 현재는 소유권이 없으나, 그 멸실일까지의 보유분에 대한 재산세 납세의무는 부담하게 된다.

③ 甲이 乙에게 토지를 매도한 후 乙이 소유권이전등기를 이행하지 않았더라도 사실상 소유자는 乙이므로 甲의 소유권 변동신고 여부에 관계없이 재산세 납세의무자는 乙이다.

④ 법인과 과세대상 토지를 연부로 매매계약을 체결하고 그 토지의 사용권을 무상으로 부여받은 경우 사실상 소유자인 매수계약자가 납세의무자가 된다.

⑤ 과세기준일 현재 재산세 과세대상 물건의 소유권이 양도 · 양수된 때에는 양도인을 해당 연도의 납세의무자로 본다.

중요

16 「지방세법」상 재산세의 납세의무자에 관한 설명으로 틀린 것은? 제25회 수정

① 상속이 개시된 재산으로서 상속등기가 이행되지 아니하고 사실상의 소유자를 신고하지 아니하였을 경우: 「민법」상 상속지분이 가장 높은 상속자(상속지분이 가장 높은 상속자가 두 명 이상인 경우에는 그 중 연장자)

② 「신탁법」에 따라 수탁자 명의로 등기 · 등록된 신탁재산의 경우로서 위탁자별로 구분된 재산: 그 수탁자(「주택법」 제2조 제11호 가목에 따른 지역주택조합 및 같은 호 나목에 따른 직장주택조합이 조합원이 납부한 금전으로 매수하여 소유하고 있는 신탁재산의 경우에는 해당 지역주택조합 및 직장주택조합을 말함)

③ 국가가 선수금을 받아 조성하는 매매용 토지로서 사실상 조성이 완료된 토지의 사용권을 무상으로 받은 경우: 그 사용권을 무상으로 받은 자

④ 「도시개발법」에 따라 시행하는 환지방식에 의한 도시개발사업 및 「도시 및 주거환경정비법」에 따른 주택재개발사업의 시행에 따른 환지계획에서 일정한 토지를 환지로 정하지 아니하고 체비지로 정한 경우: 사업시행자

⑤ 공부상의 소유자가 매매 등의 사유로 소유권이 변동되었는데도 신고하지 아니하여 사실상의 소유자를 알 수 없을 경우: 공부상 소유자

17 「지방세법」상 재산세의 과세대상 및 납세의무자에 관한 설명으로 옳은 것은? (단, 비과세는 고려하지 않음)

제31회 수정

① 「채무자 회생 및 파산에 관한 법률」에 따른 파산선고 이후 종결까지의 파산재단인 경우 공부상 소유자를 납세의무자로 본다.

② 토지와 주택에 대한 재산세 과세대상은 종합합산과세대상, 별도합산과세대상 및 분리과세대상으로 구분한다.

③ 국가가 선수금을 받아 조성하는 매매용 토지로서 사실상 조성이 완료된 토지의 사용권을 무상으로 받은 자는 재산세를 납부할 의무가 없다.

④ 주택 부속토지의 경계가 명백하지 아니한 경우 그 주택의 바닥면적의 20배에 해당하는 토지를 주택의 부속토지로 한다.

⑤ 재산세 과세대상인 건축물의 범위에는 주택을 포함한다.

Point 28 재산세 과세표준 및 세율 ★★★★★

정답 및 해설 p.27~29

Tip

출제에 항상 대비해야 하는 부분으로서 과세표준에서는 개인과 법인의 구별없이 과세표준이 결정되는 것과 공정시장가액비율을 알아야 하며, 세율에서는 특히 주택에 대한 세율을 암기하여야 한다.

중요

18 「지방세법」상 재산세 과세표준에 관한 설명으로 옳은 것은?

① 단독주택의 재산세 과세표준은 토지·건물을 일체로 한 개별주택가격으로 한다.

② 건축물의 재산세 과세표준은 거래가격 등을 고려하여 시장·군수·구청장이 결정한 가액으로 한다.

③ 토지의 재산세 과세표준은 개별공시지가로 한다.

④ 주택의 과세표준이 법령에 정한 계산식에 따른 과세표준상한액보다 큰 경우에는 해당 주택의 과세표준은 과세표준상한액으로 한다.

⑤ 건축물의 재산세 과세표준은 법인의 경우 법인장부에 의해 증명되는 가격으로 한다.

19 「지방세법」상 재산세 표준세율이 초과누진세율로 되어 있는 재산세 과세대상을 모두 고른 것은? 제30회

> ㉠ 별도합산과세대상 토지
> ㉡ 분리과세대상 토지
> ㉢ 광역시(군 지역은 제외) 지역에서 「국토의 계획 및 이용에 관한 법률」과 그 밖의 관계 법령에 따라 지정된 주거지역의 대통령령으로 정하는 공장용 건축물
> ㉣ 주택

① ㉠, ㉡
② ㉠, ㉢
③ ㉠, ㉣
④ ㉡, ㉢
⑤ ㉢, ㉣

고득점

20 「지방세법」상 다음에 적용되는 재산세의 표준세율이 가장 높은 것은? (단, 재산세 도시지역분은 제외하고, 지방세관계법에 의한 특례는 고려하지 않음) 제32회

① 과세표준이 5천만원인 종합합산과세대상 토지
② 과세표준이 2억원인 별도합산과세대상 토지
③ 과세표준이 1억원인 광역시의 군지역에서 「농지법」에 따른 농업법인이 소유하는 농지로서 과세기준일 현재 실제 영농에 사용되고 있는 토지
④ 과세표준이 5억원인 「수도권정비계획법」에 따른 과밀억제권역 외의 읍·면 지역의 공장용 건축물
⑤ 과세표준이 1억 5천만원인 주택(1세대 1주택에 해당되지 않음)

21 「지방세법」상 재산세 과세표준에 적용되는 표준세율 중 가장 낮은 것은? 제27회

① 과세표준 5천만원인 종합합산과세대상 토지
② 과세표준 2억원인 별도합산과세대상 토지
③ 과세표준 20억원인 분리과세대상 목장용지
④ 과세표준 6천만원인 1세대 2주택
⑤ 과세표준 10억원인 분리과세대상 공장용지

22 「지방세법」상 재산세 과세대상에 대한 표준세율 적용에 관한 설명으로 틀린 것은?

제27회

① 납세의무자가 해당 지방자치단체 관할 구역에 소유하고 있는 종합합산과세대상 토지의 가액을 모두 합한 금액을 과세표준으로 하여 종합합산과세대상의 세율을 적용한다.
② 납세의무자가 해당 지방자치단체 관할 구역에 소유하고 있는 별도합산과세대상 토지의 가액을 모두 합한 금액을 과세표준으로 하여 별도합산과세대상의 세율을 적용한다.
③ 분리과세대상이 되는 해당 토지의 가액을 과세표준으로 하여 분리과세대상의 세율을 적용한다.
④ 납세의무자가 해당 지방자치단체 관할 구역에 2개 이상의 주택을 소유하고 있는 경우 그 주택의 가액을 모두 합한 금액을 과세표준으로 하여 주택의 세율을 적용한다.
⑤ 주택에 대한 토지와 건물의 소유자가 다를 경우 해당 주택의 토지와 건물의 가액을 합산한 과세표준에 주택의 세율을 적용한다.

중요

23 「지방세법」상 재산세 과세표준 및 세율에 대한 설명 중 틀린 것은?

① 주택은 과세표준상한액 규정이 적용되지만, 토지 · 건축물은 과세표준상한액 규정이 적용되지 않는다.
② 납세의무자가 소유하고 있는 해당 시 · 군 · 구 관할 구역 안에 소재하는 주택에 대한 재산세는 주택별로 초과누진세율을 적용한다.
③ 토지 · 건축물의 재산세 세 부담 상한은 직전 연도 해당 세액의 150%로 하지만, 2024년도에 신축한 주택의 경우에는 세 부담 상한 규정을 적용하지 아니한다.
④ 토지 · 건축물 · 주택(2025년도 신축한 주택)의 세부담상한율은 직전연도 해당 세액의 150%이다.
⑤ 주택을 2인 이상이 공동으로 소유하거나 토지와 건물의 소유자가 다를 경우 해당 주택에 대한 세율을 적용할 때 해당 주택의 토지와 건물의 가액을 합산한 과세표준액에 주택의 세율을 적용한다.

고득점

24 「지방세법」 제111조의2 규정과 「지방세법 시행령」 제110조의2에 따른 1세대 1주택에 대한 주택 세율 특례와 재산세 세율 특례 대상 1세대 1주택의 범위에 대한 내용으로 틀린 것은?

① 대통령령으로 정하는 1세대 1주택(시가표준액이 9억원 이하인 주택에 한정)에 대해서는 1,000분의 0.5에서 1,000분의 3.5의 세율을 적용한다.

② 위 ①에 따른 1세대 1주택의 해당 여부를 판단할 때 「신탁법」에 따라 신탁된 주택은 수탁자의 주택 수에 가산한다.

③ 「지방세법」 제111조 제3항에 따라 지방자치단체의 장이 조례로 정하는 바에 따라 가감한 세율을 적용한 세액이 위 ①의 세율을 적용한 세액보다 적은 경우에는 ①을 적용하지 아니한다.

④ 「지방세특례제한법」에도 불구하고 동일한 주택이 위 ①과 「지방세특례제한법」에 따른 재산세 경감 규정(같은 법 제92조의2에 따른 자동이체 등 납부에 대한 세액공제는 제외한다)의 적용 대상이 되는 경우에는 중복하여 적용하지 아니하고 둘 중 경감 효과가 큰 것 하나만을 적용한다.

⑤ 「문화유산의 보존 및 활용에 관한 법률」에 따른 지정문화유산에 해당하는 주택은 1세대 1주택 주택 수 계산에서 제외한다.

중요

25 「지방세법」상 재산세의 과세표준과 세율에 관한 설명으로 옳은 것은?

① 지방자치단체의 장은 세율조정이 불가피하다고 인정되는 경우 조례로 정하는 바에 따라 표준세율의 100분의 50의 범위에서 가감할 수 있으며, 가감한 세율은 5년간 적용한다.

② 「건축법 시행령」에 따른 다가구주택은 1가구가 독립하여 구분 사용할 수 있도록 분리된 부분을 1구의 주택으로 보며, 이 경우 부속토지는 건물면적의 비율에 따라 각각 나눈 면적을 1구의 부속토지로 본다.

③ 법령에 따른 별장과 고급주택의 세율은 1,000분의 40, 그 밖의 주택은 누진세율을 적용한다.

④ 토지와 건물의 소유자가 다른 주택에 대해 세율을 적용할 때 해당 주택의 토지와 건물의 가액을 소유자별로 구분계산한 과세표준에 해당 세율을 적용한다.

⑤ 법령에 따른 고급주택의 재산세 과세표준은 시가표준액에 공정시장가액비율 100분의 70을 곱하여 산정한 가액이다.

☆중요

26 2025년 시행되는 법령에 따른 재산세에 대한 설명으로 옳은 것은?

① 골프장 · 고급오락장 · 고급주택 · 고급선박에 대하여 적용되는 재산세의 세율은 4%이다.

② 과밀억제권역 내에서 공장을 신설 또는 증설하는 경우 그 건축물에 대한 재산세의 세율은 최초의 공장 신 · 증설일로부터 5년간 1,000분의 2.5 세율의 100분의 500에 해당하는 세율을 적용한다.

③ 주택에 대한 재산세는 해당 시 · 군 · 구별로 구분하여 각 소유자별 합산가액에 4단계 초과누진세율을 적용한다.

④ 대통령령으로 정하는 시가표준액이 9억원 이하인 1세대 1주택에 대해서는 일반주택의 표준세율보다 경감한 세율을 적용한다.

⑤ 건축물에 대한 재산세 세율은 차등비례세율과 초과누진세율을 모두 적용할 수 있다.

27 「지방세법」상 재산세의 과세표준과 세율에 관한 설명으로 옳은 것을 모두 고른 것은? (단, 법령에 따른 재산세의 경감은 고려하지 않음) 제31회 수정

> ㉠ 지방자치단체의 장은 조례로 정하는 바에 따라 표준세율의 100분의 50의 범위에서 가감할 수 있으며, 가감한 세율은 해당 연도부터 3년간 적용한다.
> ㉡ 법령이 정한 고급오락장용 토지의 표준세율은 1,000분의 40이다.
> ㉢ 주택(1세대 1주택은 아님)의 과세표준은 법령에 따른 시가표준액에 공정시장가액비율(시가표준액의 100분의 60)을 곱하여 산정한 가액으로 한다.

① ㉠
② ㉢
③ ㉠, ㉡
④ ㉡, ㉢
⑤ ㉠, ㉡, ㉢

28 **지방세법령상 재산세의 표준세율에 관한 설명으로 <u>틀린</u> 것은? (단, 지방세관계법령상 감면 및 특례는 고려하지 않음)** 제34회

① 법령에서 정하는 고급선박 및 고급오락장용 건축물의 경우 고급선박의 표준세율이 고급오락장용 건축물의 표준세율보다 높다.

② 특별시 지역에서 「국토의 계획 및 이용에 관한 법률」과 그 밖의 관계 법령에 따라 지정된 주거지역 및 해당 지방자치단체의 조례로 정하는 지역의 대통령령으로 정하는 공장용 건축물의 표준세율은 과세표준의 1,000분의 5이다.

③ 주택(법령으로 정하는 1세대 1주택 아님)의 경우 표준세율은 최저 1,000분의 1에서 최고 1,000분의 4까지 4단계 초과누진세율로 적용한다.

④ 항공기의 표준세율은 1,000분의 3으로 법령에서 정하는 고급선박을 제외한 그 밖의 선박의 표준세율과 동일하다.

⑤ 지방자치단체의 장은 특별한 재정수요나 재해 등의 발생으로 재산세의 세율 조정이 불가피하다고 인정되는 경우 조례로 정하는 바에 따라 표준세율의 100분의 50의 범위에서 가감할 수 있다. 다만, 가감한 세율은 해당 연도를 포함하여 3년간 적용한다.

고득점

29 **다음은 2025년도 개인소유 주택(2023년도에 재산세가 부과된 주택)에 대한 재산세 세액 계산 흐름도를 나타낸 것이다. ㉠~㉢에 들어갈 내용으로 옳게 묶인 것은? (단, 주택에 대한 공시가액은 9억원을 초과하며, 소유자가 1세대 1주택자는 아님)**

구분	내용
과세표준	과세기준일 현재의 시가표준액 × 공정시장가액비율(㉠)
세율	4단계 초과누진세율(최고 ㉡)
재산세액	과세표준 × 세율
산출세액	재산세액 − 세 부담 상한 초과세액(해당 연도 재산세액 상당액 − 직전 연도 재산세액 상당액 × ㉢)(단, 세 부담 상한 초과세액 > 0)

	㉠	㉡	㉢
①	100분의 50	1,000분의 1	100분의 130
②	100분의 50	1,000분의 4	100분의 110
③	100분의 60	1,000분의 1	100분의 110
④	100분의 60	1,000분의 4	100분의 130
⑤	100분의 80	1,000분의 5	100분의 150

30 「지방세법」상 재산세 도시지역분에 관한 설명으로 틀린 것은?

① 지방자치단체의 장이 도시지역 중 해당 지방의회의 의결을 거쳐 고시한 지역인 재산세 도시지역분 적용대상 지역에 대하여 조례에 정하는 바에 따라 부과할 수 있다.

② 재산세 도시지역분 적용대상 지역의 토지, 건축물, 주택 및 선박이 과세대상이다.

③ 재산세 표준세율을 적용하여 산출한 세액에 재산세 토지 등의 과세표준에 1,000분의 1.4를 적용하여 산출한 세액을 합산하여 산출한 세액을 재산세액으로 부과할 수 있다.

④ 지방자치단체의 장은 해당 연도분의 ③의 1,000분의 1.4의 세율을 조례로 정하는 바에 따라 1,000분의 2.3을 초과하지 아니하는 범위에서 다르게 정할 수 있다.

⑤ 재산세 도시지역분 적용대상 지역 안에 있는 토지 중 「국토의 계획 및 이용에 관한 법률」에 따라 지형도면이 고시된 공공시설용지 또는 개발제한구역으로 지정된 토지 중 지상건축물, 골프장, 유원지, 그 밖의 이용시설이 없는 토지는 도시지역분을 적용하지 아니한다.

31 재산세에서 과밀억제권역 내 공장 신·증설시 공장용 건축물에 대한 중과세 내용으로 틀린 것은?

① 과밀억제권역이란 「수도권정비계획법」 제6조에 따른 과밀억제권역으로 산업단지 및 유치지역은 제외한다.

② 중과세대상에서 도시형 공장은 제외한다.

③ 중과세되는 재산은 공장용 건축물에 한하며 연면적 $500m^2$ 이상이다.

④ 최초의 공장 신·증설일부터 5년간 일반 건축물의 표준세율(0.25%)의 100분의 500에 해당하는 세율(1.25%)을 적용한다.

⑤ 재산세가 중과되는 '과밀억제권역 내에서 공장을 신설 또는 증설하는 경우'란 취득세가 중과세되는 과밀억제권역 안에서 공장을 신설 또는 증설하는 경우를 말한다.

Point 29 재산세 비과세 ★★★

정답 및 해설 p.29

Tip

단독문제로 출제되기도 하지만, 종합문제 형태로 자주 출제되고 있으며 국가 등에 대한 비과세와 용도구분에 따른 비과세를 구분하여 학습하여야 한다.

32 「지방세법」상 재산세 비과세에 관련된 설명 중 <u>틀린</u> 것은?

① 국가 · 지방자치단체 · 지방자치단체조합 · 외국정부 및 주한국제기구의 소유에 속하는 재산에 대하여는 재산세를 부과하지 아니한다. 다만, 대한민국 정부기관의 토지에 대하여 과세하는 외국정부의 토지에 대해서는 재산세를 부과한다.

② 국가, 지방자치단체, 지방자치단체조합이 1년 이상 공용 또는 공공용으로 사용하는 재산(1년 이상 사용할 것이 계약서 등에 의해 입증되는 경우를 포함)에 대하여는 재산세를 부과하지 아니한다. 다만, 유료로 사용하는 경우와 소유권의 유상이전을 약정한 경우로서 그 재산을 취득하기 전에 미리 사용하는 경우에는 재산세를 부과한다.

③ 국가 · 지방자치단체 및 지방자치단체조합과 재산세 과세대상 재산을 연부로 매매계약을 체결하고 그 재산의 사용권을 무상으로 부여받은 경우에는 토지분 재산세를 비과세한다.

④ 「자연공원법」에 따른 공원자연보존지구의 임야는 재산세를 부과하지 아니한다.

⑤ 임시로 사용하기 위하여 건축된 건축물로서 재산세 과세기준일 현재 1년 미만의 것은 재산세를 부과하지 아니한다.

중요

33 「지방세법」상 재산세의 비과세에 대한 설명으로 틀린 것은?

① 재산세를 부과하는 해당 연도에 철거하기로 계획이 확정되어 재산세 과세기준일 현재 행정관청으로부터 철거명령을 받은 주택의 건축물부분은 비과세하지만, 그 부속토지인 대지는 과세한다.

② 「군사기지 및 군사시설보호법」에 의한 군사시설보호구역(해군기지구역 포함) 중 통제보호구역 내의 토지로서 전 · 답 · 과수원 및 대지는 비과세한다.

③ 「도로법」에 따른 도로(도로관리시설, 휴게시설, 주차장, 주유소, 충전소, 교통 · 관광안내소 및 도로에 연접하여 설치한 연구시설은 제외)와 그 밖에 일반인의 자유로운 통행을 위하여 제공할 목적으로 개설한 사설 도로(「건축법 시행령」 제80조의2에 따른 대지 안의 공지는 제외)는 비과세한다.

④ 임시로 사용하기 위하여 건축된 건축물로서 재산세 과세기준일 현재 1년 미만의 것은 재산세를 부과하지 않는다.

⑤ 「백두대간 보호에 관한 법률」에 의하여 지정된 백두대간 보호지역 안의 임야에 대하여는 재산세를 비과세한다.

34 「지방세법」상 재산세 비과세 대상에 해당하는 것은? (단, 주어진 조건 외에는 고려하지 않음)

제30회

① 지방자치단체가 1년 이상 공용으로 사용하는 재산으로서 유료로 사용하는 재산

② 「한국농어촌공사 및 농지관리기금법」에 따라 설립된 한국농어촌공사가 같은 법에 따라 농가에 공급하기 위하여 소유하는 농지

③ 「공간정보의 구축 및 관리 등에 관한 법률」에 따른 제방으로서 특정인이 전용하는 제방

④ 「군사기지 및 군사시설 보호법」에 따른 군사기지 및 군사시설 보호구역 중 통제보호구역에 있는 전 · 답

⑤ 「산림자원의 조성 및 관리에 관한 법률」에 따라 지정된 채종림 · 시험림

Point 30 재산세 부과 · 징수 ★★★★★

정답 및 해설 p.29~31

Tip

매년 출제되는 부분이므로 과세대상에 따른 납부기간 · 소액징수면제 등을 암기하여야 하며, 물납과 분할 납부는 요건과 절차 등을 명확히 숙지하여야 한다.

35 지방세법령상 재산세에 관한 설명으로 옳은 것은? (단, 주어진 조건 외에는 고려하지 않음)

제35회

① 특별시 지역에서 「국토의 계획 및 이용에 관한 법률」에 따라 지정된 주거지역의 대통령령으로 정하는 공장용 건축물의 표준세율은 초과누진세율이다.

② 수탁자 명의로 등기 · 등록된 신탁재산의 수탁자는 과세기준일부터 15일 이내에 그 소재지를 관할하는 지방자치단체의 장에게 그 사실을 알 수 있는 증거자료를 갖추어 신고하여야 한다.

③ 주택의 토지와 건물 소유자가 다를 경우 해당 주택에 대한 세율을 적용할 때 해당 주택의 토지와 건물의 가액을 소유자별로 구분계산한 과세표준에 세율을 적용한다.

④ 주택의 재산세로서 해당 연도에 부과할 세액이 20만원 이하인 경우에는 납기를 9월 16일부터 9월 30일까지로 하여 한꺼번에 부과 · 징수할 수 있다.

⑤ 지방자치단체의 장은 과세대상의 누락으로 이미 부과한 재산세액을 변경하여야 할 사유가 발생하여도 수시로 부과 · 징수할 수 없다.

중요

36 「지방세법」상 재산세 납부에 관한 설명으로 틀린 것은?

① 건축물에 대한 재산세의 납기는 매년 7월 16일부터 7월 31일까지이다.

② 주택에 대한 재산세(해당 연도에 부과할 세액이 20만원을 초과)의 납기는 해당 연도에 부과 · 징수할 세액의 2분의 1은 매년 7월 16일부터 7월 31일까지, 나머지 2분의 1은 매년 9월 16일부터 9월 30일까지이다.

③ 지방자치단체의 장은 재산세 납부세액이 1천만원을 초과하는 경우 납세의무자의 신청을 받아 관할 구역에 관계없이 해당 납세자의 부동산에 대하여 법령으로 정하는 바에 따라 물납을 허가할 수 있다.

④ 주택의 납세지는 해당 주택의 소재지이다.

⑤ 재산세 납부세액이 250만원을 초과하여 재산세를 분할납부하려는 자는 재산세 납부기한까지 법령으로 정하는 신청서를 시장 · 군수 · 구청장에게 제출하여야 한다.

37 「지방세법」상 재산세의 부과 · 징수에 관한 설명으로 <u>틀린</u> 것을 모두 고른 것은?

> ㉠ 해당 연도에 부과할 토지분 재산세액이 20만원 이하인 경우 조례로 정하는 바에 따라 납기를 7월 16일부터 7월 31일까지로 하여 한꺼번에 부과 · 징수할 수 있다.
> ㉡ 지방자치단체의 장은 과세대상의 누락 등으로 이미 부과한 재산세액을 변경하여야 할 사유가 발생하더라도 수시로 부과 · 징수할 수 없다.
> ㉢ 재산세 물납을 허가하는 부동산의 가액은 매년 12월 31일 현재의 시가로 평가한다.

① ㉠
② ㉡
③ ㉠, ㉢
④ ㉡, ㉢
⑤ ㉠, ㉡, ㉢

고득점

38 「지방세법」상 재산세에 대한 설명으로 옳은 것은?

① 재산세는 원칙적으로 보통징수방법에 의하여 부과 · 징수되지만, 납세자가 신고를 선택하는 경우에는 신고납부를 할 수 있다.
② 과밀억제권역 내에서 공장을 신설 · 증설한 경우 해당 건축물에 대한 재산세의 세율은 신설 · 증설일로부터 5년간 0.25%의 5배를 중과세한다.
③ 공부상 등재현황과 사실상의 현황이 다르거나 사실상의 현황이 변경된 경우에는 해당 재산의 사실상 소유자는 그 사유발생일로부터 10일 이내에 그 소재지를 관할하는 시장 · 군수에게 그 사실을 알 수 있는 증빙자료를 갖추어 신고하여야 한다.
④ 지방자치단체의 장은 재산세의 납부세액이 250만원을 초과하는 경우에는 대통령령으로 정하는 바에 따라 납부할 세액의 일부를 납부기한이 지난 날부터 2개월 이내에만 분할납부하게 할 수 있다.
⑤ 건물분 재산세 납부할 세액이 400만원인 경우 10월 31일까지 최대 150만원을 분할납부할 수 있다.

☆중요

39 「지방세법」상 재산세의 물납에 관한 설명으로 틀린 것은? 제28회

① 「지방세법」상 물납의 신청 및 허가요건을 충족하고 재산세(재산세 도시지역분 포함)의 납부세액이 1천만원을 초과하는 경우 물납이 가능하다.

② 서울특별시 강남구와 경기도 성남시에 부동산을 소유하고 있는 자의 성남시 소재 부동산에 대하여 부과된 재산세의 물납은 성남시 내에 소재하는 부동산만 가능하다.

③ 물납허가를 받은 부동산을 행정안전부령으로 정하는 바에 따라 물납하였을 때에는 납부기한 내에 납부한 것으로 본다.

④ 물납하려는 자는 행정안전부령으로 정하는 서류를 갖추어 그 납부기한 10일 전까지 납세지를 관할하는 시장 · 군수 · 구청장에게 신청하여야 한다.

⑤ 물납신청 후 불허가 통지를 받은 경우에 해당 시 · 군 · 구의 다른 부동산으로의 변경신청은 허용되지 않으며 금전으로만 납부하여야 한다.

40 「지방세법」상 재산세의 부과 · 징수에 대한 설명 중 옳은 것은?

① 소방분에 대한 지역자원시설세의 납기와 재산세의 납기가 같을 때에는 재산세의 납세고지서에 나란히 병기하여 고지할 수 있다.

② 재산세가 과세되는 모든 토지, 건축물 또는 주택에 대해서는 재산세의 과세표준에 세율을 적용하여 산출한 세액에 재산세의 과세표준에 1,000분의 1.4를 적용하여 산출한 세액을 합산하여 산출한 세액을 재산세액으로 부과한다.

③ 재산세를 과세하는 경우 재산세액(재산세 도시지역분 세액이 포함된 경우에는 그 세액을 포함한 금액)의 20%에 해당하는 금액을 지방교육세로 부가한다.

④ 납세고지서를 발부하는 경우 토지와 주택에 대한 재산세는 1장의 고지서로 발부하되, 토지와 주택 이외의 재산에 대한 재산세는 건축물, 선박 및 항공기로 구분하여 각 1장 또는 물건별로 납세고지서를 발부할 수 있다.

⑤ 시장 · 군수 · 구청장은 납기개시 전까지 납세의무자에게 납세고지서를 발부하여 재산세를 징수하여야 한다.

41 「지방세법」상 재산세에 관한 내용 중 다음 보기의 (　　) 안에 들어갈 내용이 옳게 연결된 것은?

> ㉠ 건축물(공장용 및 주거용 건축물 제외)의 시가표준액이 해당 부속토지의 시가표준액의 (　　)에 미달하는 건축물의 부속토지 중 그 건축물의 바닥면적을 제외한 부속토지는 종합합산과세대상이다.
> ㉡ 해당 연도에 부과할 주택분 재산세액이 (　　)원 이하인 경우 조례로 정하는 바에 따라 납기를 7월 16일부터 7월 31일까지로 하여 한꺼번에 부과 · 징수할 수 있다.
> ㉢ 과세대상 주택의 부속토지의 경계가 명백하지 아니할 때에는 그 주택의 바닥면적의 (　　)배에 해당하는 토지를 주택의 부속토지로 한다.

	㉠	㉡	㉢
①	100분의 2	10만	5
②	100분의 2	20만	10
③	100분의 3	5만	7
④	100분의 3	20만	7
⑤	100분의 5	5만	10

42 지방세법령상 재산세의 부과 · 징수에 관한 설명으로 틀린 것은? 제34회

① 주택에 대한 재산세의 경우 해당 연도에 부과 · 징수할 세액의 2분의 1은 매년 7월 16일부터 7월 31일까지, 나머지 2분의 1은 9월 16일부터 9월 30일까지를 납기로 한다. 다만, 해당 연도에 부과할 세액이 20만원 이하인 경우에는 조례로 정하는 바에 따라 납기를 9월 16일부터 9월 30일까지로 하여 한꺼번에 부과 · 징수할 수 있다.

② 재산세는 관할 지방자치단체의 장이 세액을 산정하여 보통징수의 방법으로 부과 · 징수한다.

③ 재산세를 징수하려면 토지, 건축물, 주택, 선박 및 항공기로 구분한 납세고지서에 과세표준과 세액을 적어 늦어도 납기개시 5일 전까지 발급하여야 한다.

④ 재산세의 과세기준일은 매년 6월 1일로 한다.

⑤ 고지서 1장당 재산세로 징수할 세액이 2,000원 미만인 경우에는 해당 재산세를 징수하지 아니한다.

43 「지방세법」상 재산세의 부과 · 징수에 관한 설명으로 옳은 것은 모두 몇 개인가? (단, 비과세는 고려하지 않음) 제31회 수정

- 재산세의 과세기준일은 매년 6월 1일로 한다.
- 토지의 재산세 납기는 매년 7월 16일부터 7월 31일까지이다.
- 지방자치단체의 장은 재산세의 납부할 세액이 500만원 이하인 경우 250만원을 초과하는 금액은 납부기한이 지난 날부터 3개월 이내 분할납부하게 할 수 있다.
- 재산세는 관할 지방자치단체의 장이 세액을 산정하여 특별징수의 방법으로 부과 · 징수한다.

① 0개 ② 1개 ③ 2개 ④ 3개 ⑤ 4개

중요

44 다음 중 토지에 대한 재산세를 설명한 것으로 <u>틀린</u> 것은?

① 토지의 시가표준액이 6억원인 경우 세 부담 상한은 100분의 110이다.
② 과세표준은 과세기준일 현재 개별공시지가에 100분의 70을 곱한 금액으로 한다.
③ 종합합산과세대상 토지에 대한 재산세 세율은 3단계 초과누진세율이다.
④ 건축물(공장용 건축물 제외)의 시가표준액이 해당 부속토지 시가표준액의 100분의 2에 미달하는 건축물의 부속토지 중 건축물의 바닥면적을 제외한 부속토지는 종합합산과세대상 토지이다.
⑤ 취득세가 중과되는 골프장용 토지에 대한 재산세 세율은 1,000분의 40이다.

45 「지방세법」상 재산세의 과세대상, 납세의무자, 비과세에 관한 설명으로 옳은 것을 모두 고른 것은?

㉠ 국가가 선수금을 받아 조성하는 매매용 토지로서 사실상 조성이 완료된 토지의 사용권을 무상으로 받은 자는 재산세를 납부할 의무가 없다.
㉡ 「지방세법」 또는 관계 법령에 따라 재산세를 경감할 때에는 과세표준에서 경감대상 토지의 과세표준액에 경감비율(비과세 또는 면제의 경우에는 이를 100분의 100으로 봄)을 곱한 금액을 공제하여 세율을 적용한다.
㉢ 임시로 사용하기 위하여 건축된 건축물로서 재산세 과세기준일 현재 1년 미만의 법령에 따른 고급오락장은 재산세를 부과하지 않는다.

① ㉠ ② ㉡ ③ ㉠, ㉢ ④ ㉡, ㉢ ⑤ ㉠, ㉡, ㉢

46 「지방세법」상 재산세에 관한 설명으로 옳은 것을 묶은 것은?

> ㉠ 고지서 1장당 재산세로 징수할 세액이 2,000원인 경우에는 이를 징수하지 않는다.
> ㉡ 재산세액(도시지역분은 제외)의 100분의 20에 해당하는 금액을 지방교육세로 부과한다.
> ㉢ 납부할 세액이 500만원을 초과하는 경우 500만원 초과분을 납부기한으로부터 3개월 이내에 분할납부할 수 있다.
> ㉣ 상속재산으로서 상속등기하지 아니하고 사실상 소유자신고를 하지 아니한 때에는 주된 상속자를 납세의무자로 한다.

① ㉠
② ㉠, ㉡
③ ㉠, ㉢
④ ㉡, ㉣
⑤ ㉠, ㉡, ㉢, ㉣

47 「지방세법」상 재산세에 관한 설명으로 틀린 것은? (단, 주어진 조건 외에는 고려하지 않음)

제33회

① 재산세 과세기준일 현재 공부상에 개인 등의 명의로 등재되어 있는 사실상의 종중재산으로서 종중 소유임을 신고하지 아니하였을 때에는 공부상의 소유자는 재산세를 납부할 의무가 있다.
② 지방자치단체가 1년 이상 공용으로 사용하는 재산에 대하여는 소유권의 유상이전을 약정한 경우로서 그 재산을 취득하기 전에 미리 사용하는 경우 재산세를 부과하지 아니한다.
③ 재산세 과세기준일 현재 소유권의 귀속이 분명하지 아니하여 사실상의 소유자를 확인할 수 없는 경우에는 그 사용자가 재산세를 납부할 의무가 있다.
④ 재산세의 납기는 토지의 경우 매년 9월 16일부터 9월 30일까지이며, 건축물의 경우 매년 7월 16일부터 7월 31일까지이다.
⑤ 재산세의 납기에도 불구하고 지방자치단체의 장은 과세대상 누락, 위법 또는 착오 등으로 인하여 이미 부과한 세액을 변경하거나 수시부과하여야 할 사유가 발생하면 수시로 부과·징수할 수 있다.

48 **지방세법령상 재산세의 물납에 관한 설명으로 옳은 것을 모두 고른 것은?**

㉠ 지방자치단체의 장은 재산세의 납부세액이 1천만원을 초과하는 경우에는 납세의무자의 신청을 받아 해당 지방자치단체의 관할구역에 있는 부동산에 대하여만 대통령령으로 정하는 바에 따라 물납을 허가할 수 있다. ㉡ 시장 · 군수 · 구청장은 법령에 따라 불허가 통지를 받은 납세의무자가 그 통지를 받은 날부터 10일 이내에 해당 시 · 군 · 구의 관할 구역에 있는 부동산으로서 관리 · 처분이 가능한 다른 부동산으로 변경 신청하는 경우에는 변경하여 신청할 수 있다. ㉢ 물납을 허가하는 부동산의 가액은 물납 허가일 현재의 시가로 한다.

① ㉠
② ㉢
③ ㉠, ㉡
④ ㉡, ㉢
⑤ ㉠, ㉡, ㉢

중요

49 **「지방세법」상 재산세에 관한 설명으로 <u>틀린</u> 것은? (단, 주어진 조건 외에는 고려하지 않음)**

① 지방자치단체의 장은 납세의무자가 과세기준일 현재 납부유예를 그 납부기한 만료 3일 전까지 신청하는 경우 이를 허가할 수 있으며, 납부유예를 신청한 납세의무자는 그 유예할 주택 재산세에 상당하는 담보를 제공하여야 한다.

② 지방자치단체의 장은 주택분 재산세의 납부가 유예된 납세의무자가 해당 주택을 타인에게 양도하거나 증여하는 경우와 과세기준일 현재 1세대 1주택자가 아닌 경우 등의 경우에는 그 납부유예 허가를 취소하여야 한다.

③ ①의 납부유예는 납세의무자가 과세기준일 현재 만 60세 이상이거나 해당 주택을 5년 이상 보유하여야 하며, 해당 연도의 납부유예 대상 주택에 대한 재산세의 납부세액이 100만원을 초과하여야 한다.

④ 토지의 과세표준이 법령에 따라 계산한 과세표준상한액보다 적은 경우에는 해당 토지의 과세표준은 과세표준상한액으로 한다.

⑤ 주택의 과세표준은 직전 연도 과세표준에서 소비자물가지수 등을 고려한 과세표준상한율(5%)을 넘지 못하도록 한다.

제4장 기타 지방세

Point 31 지역자원시설세 ★

기본서 p.211~216

(1) 과세목적

지역의 부존자원 보호·보전, 환경보호·개선, 안전·생활편의시설 설치 등 주민생활환경 개선사업 및 지역개발사업에 필요한 재원을 확보하고 소방사무에 소요되는 제반비용에 충당하기 위하여 부과한다.

(2) 특징

① 지방세, 목적세

② 특별시·광역시세, 도세, 특별자치시·특별자치도

③ **세율**: 표준세율, 비례세율, 누진세율

④ 재산세 고지서에 병기되는 조세(소방분)

⑤ 소액징수면제(고지서 1장당 2,000원 미만)

⑥ 신고납부(특정자원분 및 특정시설분), 보통징수(소방분)

(3) 과세대상

① **특정자원에 대한 지역자원시설세**: 발전용수(양수발전용수 제외), 지하수(용천수 포함), 지하자원

② **특정시설에 대한 지역자원시설세**: 컨테이너를 취급하는 부두를 이용하는 컨테이너 및 원자력발전·화력발전으로서 대통령령으로 정하는 것

③ **건축물 및 선박(소방분)에 대한 지역자원시설세**: 소방시설로 인하여 이익을 받는 자의 건축물(주택의 건축물 부분을 포함) 및 선박(납세지를 관할하는 지방자치단체에 소방선이 없는 경우는 제외)

(4) 납세의무자

① **소방분**: 건축물 또는 선박에 대한 재산세 납세의무자

② **특정자원분 및 특정시설분**: 직접 수력발전(양수발전은 제외)을 하는 자 등

(5) (소방분) 과세표준과 세율

구분	과세표준	표준세율
소방시설	건축물 또는 선박의 가액 또는 시가표준액	0.04~0.12% 6단계 누진세율

① 저유장, 주유소, 정유소, 유흥장, 극장 및 4층 이상 10층 이하의 건축물(주거용 건축물 제외) 등 화재위험 건축물: 표준세율의 2배

② 대형마트, 복합상영관, 백화점, 호텔, 11층 이상의 건축물(주거용 건축물 제외) 등의 대형 화재위험 건축물: 표준세율의 3배

③ 표준세율의 100분의 50의 범위에서 가감할 수 있다. 다만, 원자력발전 · 화력발전에 대한 세율은 가감 ×

(6) (소방분) 부과 · 징수

① 과세기준일: 6월 1일

② 납기: 재산세 규정을 준용한다.

③ 병기고지: 소방분에 대한 지역자원시설세의 납기와 재산세의 납기가 같을 때에는 재산세의 납세고지서에 나란히 적어 고지할 수 있다.

④ 재산세 납세고지서에 병기고지되는 경우에는 분할납부를 허용한다.

Point 32 지방교육세 ★

기본서 p.216~218

(1) 과세목적

지방교육의 질적 향상에 필요한 지방교육재정의 확충에 드는 재원을 확보하기 위하여 부과한다.

(2) 특징

① 지방세, 목적세, 부가세

② 특별시 · 광역시세, 도세, 특별자치시 · 특별자치도

③ 세율: 표준세율

④ 신고납부 및 보통징수

(3) 납세의무자

취득세 · 등록면허세 · 재산세 등의 납세의무자

(4) 과세표준과 세율

① **취득세**: 표준세율에서 1,000분의 20(2%)을 뺀 세율을 적용하여 산출한 세액의 100분의 20(20%)

② **등록면허세**: 등록면허세액의 100분의 20(20%)

③ **재산세**: 재산세액의 100분의 20(20%)

지방자치단체의 장은 조례로 정하는 바에 따라 지방교육세의 세율을 표준세율의 100분의 50의 범위에서 가감할 수 있다.

(5) 가산세

① **신고불성실가산세**: 무신고 및 과소신고가산세를 부과하지 않는다.

② **(납세고지 전)납부지연가산세**: 1일 0.022%

Point 33 지방소득세 ★

기본서 p.218~220

(1) 특징

① 지방세, 독립세

② 특별시 · 광역시세, 시 · 군세, 특별자치시 · 특별자치도

③ 소액징수면제(고지서 1장당 2,000원 미만)

④ 개인지방소득세와 법인지방소득세가 있음

⑤ 신고납부

⑥ 분할납부 허용(종합소득에 대한 지방소득세)

(2) 납세의무자

「소득세법」에 따른 소득세 또는 「법인세법」에 따른 법인세의 납세의무가 있는 자는 지방소득세를 납부할 의무가 있다.

(3) 비과세

소득세 또는 법인세가 비과세되는 소득에 대하여는 지방소득세를 과세하지 아니한다.

(4) 과세표준과 산출세액

① 개인지방소득세 또는 법인지방소득세의 과세표준에 소득세 또는 법인세 세율의 100분의 10이 적용된다.

② 이 경우 하나의 자산이 둘 이상에 해당할 때에는 해당 세율을 적용하여 계산한 양도소득에 대한 개인지방소득세 산출세액 중 큰 것을 그 세액으로 한다.

(5) 신고 및 납부

① 거주자가 「소득세법」 제105조 및 제110조에 따라 양도소득과세표준 예정신고 및 확정신고를 하는 경우에는 해당 신고기한에 2개월을 더한 날까지 양도소득에 대한 개인지방소득세 과세표준과 세액을 대통령령으로 정하는 바에 따라 납세지 관할 지방자치단체의 장에게 신고하여야 한다.

② ①의 경우 거주자가 양도소득에 대한 개인지방소득세 과세표준과 세액을 납세지 관할 지방자치단체의 장 외의 지방자치단체의 장에게 신고한 경우에도 그 신고의 효력에는 영향이 없다.

(6) 종합소득에 대한 지방소득세 분할납부

① **분할납부 요건 및 기한:** 납부할 세액이 100만원을 초과하는 거주자는 대통령령으로 정하는 바에 따라 그 납부할 세액의 일부를 납부기한이 지난 후 2개월 이내에 분할납부할 수 있다.

② **분할납부 가능금액**

㉠ **납부할 세액이 100만원 초과 200만원 이하인 경우:** 100만원을 초과하는 금액

㉡ **납부할 세액이 200만원을 초과하는 경우:** 해당 세액의 100분의 50 이하의 금액

제4장 단원별 출제예상문제

☆중요 출제가능성이 높은 중요 문제 ↖고득점 고득점 목표를 위한 어려운 문제 신유형 기존에 출제되지 않은 신유형 대비 문제

Point 31 지역자원시설세 ★

정답 및 해설 p.31

Tip

제31회 시험에 출제된 바 있으나 대략적인 내용만 살펴보면 된다.

01 「지방세법」상 지역자원시설세에 대한 설명 중 <u>틀린</u> 것은?

① 지역자원시설세는 주민생활환경 개선사업 및 지역개발사업에 필요한 재원을 확보하기 위하여 부과하는 특정자원분 지역자원시설세 및 특정시설분 지역자원시설세와 소방사무에 소요되는 제반비용에 충당하기 위하여 부과하는 소방분 지역자원시설세로 구분한다.

② 특정자원분 지역자원시설세 및 특정시설분 지역자원시설세는 원칙적으로 신고납부방법에 의해 징수된다. 다만, 지하수에 대한 지역자원시설세의 경우 조례로 정하는 바에 따라 보통징수방법으로 징수할 수 있다.

③ 소방분 지역자원시설세는 보통징수방법에 의해 징수된다.

④ 소방분 지역자원시설세의 납세의무 성립시기는 과세기준일인 매년 6월 1일이다.

⑤ 지역자원시설세로 징수할 세액이 고지서 1장당 2,000원 미만인 경우에는 그 지역자원시설세의 세액을 2,000원으로 하여 부과한다.

02 「지방세법」상 2025년 납세의무가 성립하는 지역자원시설세에 관한 설명으로 <u>틀린</u> 것은?

제31회 수정

① 소방분에 충당하는 지역자원시설세의 건축물 및 선박은 재산세 과세대상인 건축물 및 선박으로 하며, 그 과세표준은 재산세 과세표준 또는 시가표준액으로 한다.

② 소방분 지역자원시설세의 과세대상은 소방시설로 인하여 이익을 받는 자의 건축물 및 선박이다.

③ 주거용이 아닌 4층 이상 10층 이하의 건축물 등 법령으로 정하는 화재위험 건축물에 대해서는 법령에 따른 표준세율에 따라 산출한 금액의 100분의 200을 세액으로 한다.

④ 「지방세법」에 따라 재산세가 비과세되는 건축물에 대하여도 지역자원시설세는 부과된다.

⑤ 지하자원이 과세대상인 경우 납세지는 광업권이 등록된 토지의 소재지이다. 다만 광업권이 등록된 토지가 둘 이상의 지방자치단체에 걸쳐 있는 경우에는 광업권이 등록된 토지의 면적에 따라 안분한다.

03 「지방세법」상 소방분 지역자원시설세에 대한 설명으로 <u>틀린</u> 것은?

① 소방시설로 인하여 이익을 받는 자의 건축물(주택의 건축물 부분을 포함) 및 선박(납세지를 관할하는 지방자치단체에 소방선이 없는 경우는 제외)이 과세대상물이다.

② 과세표준은 재산세의 가액 또는 시가표준액으로 한다. 다만, 주택의 건축물 부분에 대한 과세표준은 시가표준액에 공정시장가액비율을 곱하여 산정한 가액으로 한다.

③ 저유장, 주유소, 정유소, 유흥장, 극장 및 4층 이상 10층 이하의 건축물(주택 제외) 등 화재위험 건축물에 대해서는 산출된 금액의 100분의 200을 세액으로 하며, 대형마트, 복합상영관, 백화점, 호텔, 11층 이상의 건축물(주택 제외) 등 법령으로 정하는 대형 화재위험 건축물에 대해서는 산출한 금액의 100분의 300을 세액으로 한다.

④ 소방분 지역자원시설세를 징수하려면 건축물 또는 선박으로 구분한 납세고지서에 과세표준과 세액을 적어 늦어도 납기개시 10일 전까지 발급하여야 한다.

⑤ 건축물에 대한 납세지는 건축물의 소재지이다.

Point 32 지방교육세 ★

정답 및 해설 p.31

Tip
독립한 문제로 출제될 가능성이 낮으므로 본세와 관련하여 대략적인 내용만 살펴보면 된다.

04 「지방세법」상 지방교육세에 대한 설명 중 틀린 것은?

① 지방교육세는 지방교육의 질적 향상에 필요한 지방교육재정의 확충에 소요되는 재원을 확보하기 위하여 부과한다.
② 지방교육세는 지방세이며, 목적세이고 부가세이다.
③ 지방교육세에 대한 무신고가산세는 납부세액의 100분의 20에 해당하는 금액으로 한다.
④ 지방교육세 납세의무자가 취득세, 등록에 대한 등록면허세, 레저세를 신고하고 납부하는 때에는 그에 대한 지방교육세를 함께 신고하고 납부하여야 한다.
⑤ 지방교육세의 과세주체는 특별시장, 광역시장, 도지사, 특별자치시장, 특별자치도지사이다.

05 「지방세법」상 지방교육세의 과세표준 및 세율에 대한 설명 중 틀린 것은?

① 취득물건(중과기준세율이 적용되는 경우에는 제외)에 대하여 취득세의 과세표준에 취득세 표준세율에서 1,000분의 20을 뺀 세율을 적용하여 산출한 금액의 100분의 20
② 「지방세법」에 따라 납부하여야 할 등록에 대한 등록면허세액의 100분의 20
③ 「지방세법」에 따라 납부하여야 할 재산세액(재산세 도시지역분 세액은 제외)의 100분의 20
④ 「종합부동산세법」에 따라 납부하여야 할 종합부동산세액의 100분의 20
⑤ 취득세의 지방교육세는 유상거래를 원인으로 주택을 취득하는 경우 해당 세율에 100분의 50을 곱한 세율을 적용하여 산출한 금액의 100분의 20을 부가하여 과세한다.

Point 33 지방소득세 ★

정답 및 해설 p.31

Tip

제27회 시험에 한 번 출제된 바가 있지만, 소득세와 연관하여 대략적인 내용만 살펴보면 된다.

06 「지방세법」상 거주자의 국내자산 양도소득에 대한 지방소득세에 관한 설명으로 <u>틀린</u> 것은? 제27회 수정

① 양도소득에 대한 개인지방소득세 과세표준은 종합소득 및 퇴직소득에 대한 개인지방소득세 과세표준과 구분하여 계산한다.

② 양도소득에 대한 개인지방소득세의 세액이 2,000원인 경우에는 이를 징수하지 아니한다.

③ 양도소득에 대한 개인지방소득세의 공제세액이 산출세액을 초과하는 경우 그 초과금액은 없는 것으로 한다.

④ 양도소득에 대한 개인지방소득세 과세표준은 「소득세법」상 양도소득과세표준으로 하는 것이 원칙이다.

⑤ 「소득세법」상 보유기간이 1년 6개월인 상가건물의 세율은 양도소득에 대한 개인지방소득세 과세표준의 1,000분의 40을 적용한다.

7개년 출제비중분석

제3편 출제비중

47.5%

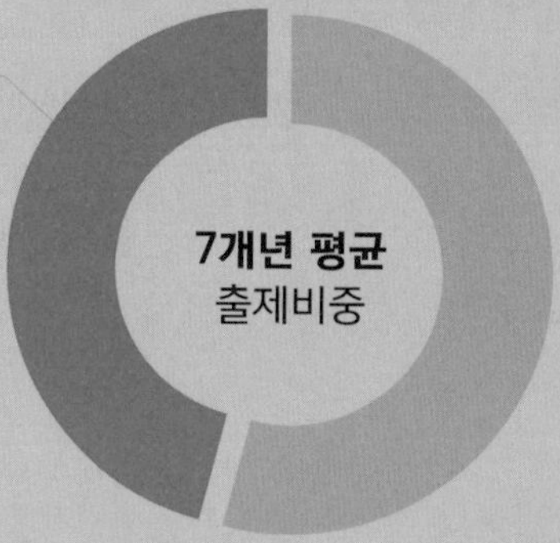

장별 출제비중

장 제목	평균	제35회	제34회	제33회	제32회	제31회	제30회	제29회
제1장 종합부동산세	1.7	2	2	2	3	1	1	1
제2장 소득세 총설	0.7	1	1	2	0	1	0	0
제3장 양도소득세	5.2	5	5	5	6	5	5	5

*평균: 최근 7개년 동안 출제된 각 장별 평균 문제 수입니다.

제3편
국세

제1장 종합부동산세

Point 34 종합부동산세의 특징 ★

기본서 p.225

① 국세, 보통세, 직접세, 종가세(정률세)
② 보유과세, 과세기준일(매년 6월 1일)
③ 인세, 인별 합산과세
   개인은 개인별 합산(세대별 합산 ×), 법인 및 단체는 법인별 합산
④ 사실주의과세, 현황부과 원칙
⑤ 정부부과과세(12월 1일~12월 15일), 선택적 신고납세
⑥ 물납 ×, 분할납부 ○(납부할 세액 250만원 초과, 6개월 이내)
⑦ 세 부담 상한 적용

Point 35 종합부동산세 과세대상 및 납세의무자 ★★★★★

기본서 p.228~230

(1) 과세대상

① **주택:** 고급주택 및 별장 포함

과세표준 합산배제대상 주택

- 「민간임대주택에 관한 특별법」에 따른 민간임대주택, 「공공주택 특별법」에 따른 공공임대주택 및 다가구임대주택
- 종업원의 주거에 제공하기 위한 기숙사 및 사원용 주택
- 주택건설사업자가 건축하여 소유하고 있는 미분양주택
- 어린이집용 주택(국공립 · 직장 · 협동)
- 등록문화유산에 해당하는 주택

위 주택의 납세의무자는 9월 16일부터 9월 30일까지 주택 보유현황을 신고하여야 한다.

② **토지:** 종합합산과세대상 토지, 별도합산과세대상 토지

(2) 납세의무자

① 주택에 대한 납세의무자

㉠ **일반적인 경우:** 과세기준일 현재 주택분 재산세의 납세의무자는 종합부동산세 납부할 의무가 있다.

ⓐ **개인의 경우:** 납세의무자별로 공시가격 합계액이 9억원을 초과하는 자. 단, 1세대 1주택자는 12억원을 초과하는 자

1세대

- 혼인함으로써 1세대를 구성하는 경우: 혼인한 날부터 10년 동안 각각 1세대로 본다.
- 60세 이상 직계존속 동거봉양의 경우: 최초로 합가한 날부터 10년 동안 각각 1세대로 본다.
- 위의 규정은 신청을 하지 않아도 적용됨

ⓑ **법인의 경우:** 공시가격에 관계없이 납세의무자

㉡ **신탁주택의 경우**

ⓐ 「신탁법」 제2조에 따른 수탁자의 명의로 등기 또는 등록된 신탁재산으로서 신탁주택의 경우에는 ㉠에도 불구하고 위탁자가 종합부동산세를 납부할 의무가 있다.

ⓑ 위탁자가 신탁주택을 소유한 것으로 본다.

> **신탁주택 관련 수탁자의 물적 납세의무**
> 신탁주택의 위탁자가 종합부동산세 또는 강제징수비를 체납한 경우로서 그 위탁자의 다른 재산에 대하여 강제징수를 하여도 징수할 금액에 미치지 못할 때에는 해당 신탁주택의 수탁자는 그 신탁주택으로써 위탁자의 종합부동산세 등을 납부할 의무가 있다.

② 토지에 대한 납세의무자

㉠ **일반적인 경우:** 과세기준일 현재 토지분 재산세의 납세의무자는 종합부동산세 납부할 의무가 있다.

ⓐ **별도합산:** 국내 소재 별도합산과세대상 토지의 공시가격을 합한 금액이 80억원을 초과하는 자

ⓑ **종합합산:** 국내 소재 종합합산과세대상 토지의 공시가격을 합한 금액이 5억원을 초과하는 자

㉡ **신탁토지의 경우**

ⓐ 「신탁법」 제2조에 따른 수탁자의 명의로 등기 또는 등록된 신탁재산으로서 신탁토지의 경우에는 ㉠에도 불구하고 위탁자가 종합부동산세를 납부할 의무가 있다.

ⓑ 위탁자가 신탁토지를 소유한 것으로 본다.

> **신탁토지 관련 수탁자의 물적 납세의무**
> 신탁토지의 위탁자가 종합부동산세 또는 강제징수비를 체납한 경우로서 그 위탁자의 다른 재산에 대하여 강제징수를 하여도 징수할 금액에 미치지 못할 때에는 해당 신탁토지의 수탁자는 그 신탁토지로써 위탁자의 종합부동산세 등을 납부할 의무가 있다.

Point 36 종합부동산세 과세표준 및 세율 ★★★★★

기본서 p.230~241

(1) 과세표준

① 주택

㉠ 주택의 과세표준 = (주택의 공시가격 합산액 − 공제금액) × 공정시장가액비율(60%)

㉡ 공제금액

ⓐ (단독소유 또는 1주택 신고한 부부공동소유) 1세대 1주택자: 12억원

ⓑ 법인: 0원

ⓒ ⓐ와 ⓑ 이외의 자: 9억원

② 토지

㉠ 종합합산과세대상 = (토지의 공시가격을 합한 금액 − 5억원) × 공정시장가액비율(100%)

㉡ 별도합산과세대상 = (토지의 공시가격을 합한 금액 − 80억원) × 공정시장가액비율(100%)

(2) 세율

① 주택

구분	2주택 이하	3주택 이상
개인소유 주택	0.5~2.7% 7단계 초과누진세율	0.5~5% 7단계 초과누진세율
법인소유 주택	2.7% 비례세율	5% 비례세율

사회적 기업·종중 등은 초과누진세율 적용

주택분 종합부동산세 세율이 적용되는 주택 수 계산

주택분 종합부동산세액 계산시 적용하여야 하는 주택 수는 다음에 따라 계산한다.

1. 주택을 여러 사람이 공동으로 소유한 경우 공동소유자 각자가 그 주택을 소유한 것으로 본다.
2. 다가구주택은 1주택으로 본다.
3. 다음의 주택은 주택 수에 포함하지 않는다.

① 합산배제 임대주택 및 합산배제 사원용 주택 등에 해당하는 주택

② 상속을 원인으로 취득한 주택으로서 다음의 어느 하나에 해당하는 주택

- 과세기준일 현재 상속개시일부터 5년이 경과하지 않은 주택
- 지분율이 100분의 40 이하인 주택
- 지분율에 상당하는 공시가격이 6억원(수도권 밖의 지역에 소재한 주택의 경우에는 3억원) 이하인 주택

③ 토지의 소유권 또는 지상권 등 토지를 사용할 수 있는 권원이 없는 자가 「건축법」 등 관계 법령에 따른 허가 등을 받지 않거나 신고를 하지 않고 건축하여 사용 중인 주택(주택을 건축한 자와 사용 중인 자가 다른 주택을 포함)의 부속토지

④ 1세대 1주택자로 보는 자가 소유한 일시적 2주택에 따른 신규주택(3년)

⑤ 1세대 1주택자로 보는 자가 소유한 지방 저가주택(공시가격 4억원 이하)

⑥ 법령에 정하는 소형 신축주택(아파트 제외)과 준공 후 미분양주택

② 토지

㉠ 종합합산: 1~3% 3단계 초과누진세율

㉡ 별도합산: 0.5~0.7% 3단계 초과누진세율

(3) (단독소유 또는 1주택 신고한 부부공동소유) 1세대 1주택자 세액공제

① 연령별 세액공제: 만 60세 이상

연령	공제율
만 60세 이상 만 65세 미만	20%
만 65세 이상 만 70세 미만	30%
만 70세 이상	40%

② 보유기간별 세액공제: 5년 이상 보유

보유기간	공제율
5년 이상 10년 미만	20%
10년 이상 15년 미만	40%
15년 이상	50%

연령별 공제와 보유기간별 공제는 80% 범위 내에서 중복공제 ○

공동명의 1주택자에 대한 납세의무 등의 특례

1. 「종합부동산세법」 제7조 제1항에도 불구하고 과세기준일 현재 세대원 중 1인이 그 배우자와 공동으로 1주택을 소유하고 해당 세대원 및 다른 세대원이 다른 주택을 소유하지 아니한 경우에는 배우자와 공동으로 1주택을 소유한 자 또는 그 배우자 중 대통령령으로 정하는 자(공동명의 1주택자)를 해당 1주택에 대한 납세의무자로 할 수 있다.
2. 위 1.을 적용받으려는 납세의무자는 당해 연도 9월 16일부터 9월 30일까지 대통령령이 정하는 바에 따라 관할 세무서장에게 신청하여야 한다.
3. 위 1.을 적용하는 경우에는 공동명의 1주택자를 1세대 1주택자로 보아 동법 제8조에 따른 과세표준과 동법 제9조에 따른 세율 및 세액을 계산한다.

③ 세 부담 상한

구분		세 부담 상한
주택	개인	100분의 150
	법인	적용 없음
토지 (개인 · 법인 구별 없음)	별도합산과세대상	100분의 150
	종합합산과세대상	100분의 150

Point 37 종합부동산세 부과 · 징수 ★★★★★

기본서 p.242~245

(1) 과세기준일 및 납기

① 과세기준일: 매년 6월 1일

② 납기: 당해 연도 12월 1일부터 12월 15일까지

종합부동산세는 재산세와 달리 과세대상 종류에 따라 납기가 달라지지 않는다.

(2) 납부고지서 발부

납부고지서에 주택 및 토지로 구분한 과세표준과 세액을 기재하여 납부기간 개시 5일 전까지 발부

(3) 징수방법

정부부과과세, 선택적 신고납세(당해 연도 12월 1일부터 12월 15일까지)

원칙적으로 납부지연가산세(3% + 1일 0.022%)에 관한 규정이 적용되지만, 신고납부를 선택하는 경우에 예외적으로 과소신고가산세가 적용될 수 있다.

(4) 납세지

① 거주자인 개인: 「소득세법」상 납세지인 주소지(거소지)

② 비거주자인 개인: 국내 사업장 소재지 ⇨ 국내 원천소득이 발생하는 장소 ⇨ 해당 주택 또는 토지 소재지

③ 법인 또는 법인으로 보는 단체: 「법인세법」상 납세지인 본점 및 주사무소 소재지

(5) 부가세

농어촌특별세(20%)

(6) 분할납부

① 납부할 세액 250만원 초과

② 분납기간: 납부기한이 경과한 날부터 6개월 이내

③ 분납처리기준

구분	분할납부할 세액
납부할 세액이 250만원 초과 500만원 이하인 경우	해당 세액에서 250만원을 차감한 금액
납부할 세액이 500만원 초과하는 경우	그 세액의 50% 이하의 금액

제1장 단원별 출제예상문제

☆중요 출제가능성이 높은 중요 문제 ↖고득점 고득점 목표를 위한 어려운 문제 ✎신유형 기존에 출제되지 않은 신유형 대비 문제

Point 34 종합부동산세의 특징 ★

정답 및 해설 p.32

Tip
부동산 보유세로서 재산세의 특징과 비교하면서 학습하여야 한다.

01 다음 중 종합부동산세에 대한 특징으로 옳은 것은 모두 몇 개인가?

㉠ 정부부과과세	㉡ 물납
㉢ 세대별 합산과세	㉣ 차등비례세율, 초과누진세율
㉤ 세 부담 상한	㉥ 분할납부

① 2개
② 3개
③ 4개
④ 5개
⑤ 6개

02 종합부동산세에 대한 내용으로 <u>틀린</u> 것은?

① 종합부동산세는 주택에 대한 종합부동산세액과 토지 및 건축물에 대한 종합부동산세액을 합산한 금액을 그 세액으로 한다.
② 종합부동산세는 납세의무자별로 합산하여 과세하는 인세이다.
③ 종합부동산세는 과세기준일 현재 기준금액을 초과하여 과세대상물을 보유한 자가 납세의무를 진다.
④ 토지분 종합부동산세는 종합합산과세대상과 별도합산과세대상으로 구분하여 과세한다.
⑤ 부과과세방식을 원칙으로 하나, 납세의무자가 신고납부를 선택할 수 있다.

Point 35 종합부동산세 과세대상 및 납세의무자 ★★★★★

정답 및 해설 p.32

Tip

종합부동산세 과세대상 및 납세의무자는 자주 출제되므로 과세대상에 해당하는 것과 해당하지 않는 것을 명확하게 구분하여야 한다. 또한 과세대상 중 토지의 경우에는 재산세 토지유형 구분을 염두에 두고 문제를 풀어야 한다.

중요

03 주택에 대한 종합부동산세의 과세대상 및 납세의무자에 대한 설명으로 틀린 것은?

① 주택은 「지방세법」 제104조 제3호에 의한 주택을 말한다. 다만, 별장과 고급주택은 포함한다.

② 과세기준일 현재 주택분 재산세의 납세의무자는 종합부동산세를 납부할 의무가 있다.

③ 다주택을 소유하는 개인의 경우 납세의무자별로 공시가격 합계액이 9억원을 초과하는 자가 납세의무가 있으며, 법인의 경우에는 공시가격에 관계없이 납세의무자가 된다.

④ 「신탁법」 제2조에 따른 수탁자의 명의로 등기 또는 등록된 신탁재산으로서 신탁주택의 경우에는 수탁자가 종합부동산세를 납부할 의무가 있다. 이 경우 수탁자가 신탁주택을 소유한 것으로 본다.

⑤ 신탁주택의 위탁자가 종합부동산세 또는 강제징수비를 체납한 경우로서 그 위탁자의 다른 재산에 대하여 강제징수를 하여도 징수할 금액에 미치지 못할 때에는 해당 신탁주택의 수탁자는 그 신탁주택으로써 위탁자의 종합부동산세 등을 납부할 의무가 있다.

04 다음 중 종합부동산세의 과세대상에 해당하는 것은 모두 몇 개인가? (단, 각각은 종합부동산세 기준금액을 초과하는 것이며, 「지방세법」상 사치성 재산의 경우 요건을 갖춘 것으로 가정함)

㉠ 「지방세법」상의 고급주택	㉡ 공장용 건축물
㉢ 별장	㉣ 회원제 골프장용 부속토지
㉤ 고급오락장용 부속토지	㉥ 일반사업용 건축물
㉦ 고급오락장용 건축물	㉧ 건축물이 없는 나대지
㉨ 사업용 건축물의 부속토지	

① 1개　② 2개　③ 3개
④ 4개　⑤ 5개

05 「종합부동산세법」상 종합부동산세의 과세대상이 아닌 것을 모두 고른 것은? 제24회

> ㉠ 종중이 1990년 1월부터 소유하는 농지
> ㉡ 1990년 1월부터 소유하는 「수도법」에 따른 상수원보호구역의 임야
> ㉢ 「지방세법」에 따라 재산세가 비과세되는 토지
> ㉣ 취득세 중과세대상인 고급오락장용 건축물

① ㉠, ㉡
② ㉡, ㉢
③ ㉢, ㉣
④ ㉠, ㉡, ㉣
⑤ ㉠, ㉡, ㉢, ㉣

06 다음 중 종합부동산세 납세의무자로서 옳은 것은? (단, 모두 6월 1일 현재 재산세 납세의무자임)

① 공시가격이 각각 8억원과 5억원인 주택을 각자가 소유하고 있는 거주자와 그 배우자
② 공시가격이 6억원인 재산세에서 분리과세 되는 농지를 소유하고 있는 개인
③ 공시가격이 90억원인 상가건물을 소유하고 있는 단체
④ 공시가격이 6억원인 나대지를 소유하고 있는 개인
⑤ 공시가격이 70억원인 상가부속토지(법령에 정하는 기준면적 이내)를 소유하고 있는 법인

☆중요

07 종합부동산세의 과세기준일 현재 과세대상 자산이 아닌 것을 모두 고른 것은? (단, 주어진 조건 외에는 고려하지 않음) 제26회 수정

> ㉠ 여객자동차운송사업 면허를 받은 자가 그 면허에 따라 사용하는 차고용 토지(자동차운송사업의 최저보유차고면적기준의 1.5배에 해당하는 면적 이내의 토지)의 공시가격이 100억원인 경우
> ㉡ 국내에 있는 부부공동명의(지분비율이 동일하며, 1주택자 신고는 하지 아니함)로 된 1세대 1주택의 공시가격이 18억원인 경우
> ㉢ 공장용 건축물
> ㉣ 회원제 골프장용 토지(회원제 골프장업의 등록시 구분등록의 대상이 되는 토지)의 공시가격이 100억원인 경우

① ㉠, ㉡
② ㉢, ㉣
③ ㉠, ㉡, ㉢
④ ㉠, ㉢, ㉣
⑤ ㉡, ㉢, ㉣

Point 36 종합부동산세 과세표준 및 세율 ★★★★★

정답 및 해설 p.33~34

Tip

- 과세표준 계산식을 숙지하여야 한다.
- 세액공제와 세 부담 상한을 명확히 암기하여야 한다.

08 2025년 과세기준일 현재 1세대가 국내에 단독소유 1주택(주택공시가액 13억원)만을 소유하고 있는 경우 2025년 귀속 종합부동산세 과세표준으로 옳은 것은? (단, 공정시장가액 비율은 60%임)

① 1,000만원 ② 6,000만원 ③ 8,000만원
④ 1억원 ⑤ 3억 2천만원

09 종합부동산세법령상 주택의 과세표준 계산과 관련한 내용으로 <u>틀린</u> 것은? (단, 2025년 납세의무 성립분임) 제34회 수정

① 대통령령으로 정하는 1세대 1주택자(공동명의 1주택자 제외)의 경우 주택에 대한 종합부동산세의 과세표준은 납세의무자별로 주택의 공시가격을 합산한 금액에서 12억원을 공제한 금액에 100분의 60을 곱한 금액으로 한다. 다만, 그 금액이 영보다 작은 경우에는 영으로 본다.

② 대통령령으로 정하는 다가구 임대주택으로서 임대기간, 주택의 수, 가격, 규모 등을 고려하여 대통령령으로 정하는 주택은 과세표준 합산의 대상이 되는 주택의 범위에 포함되지 아니하는 것으로 본다.

③ 1주택(주택의 부속토지만을 소유한 경우는 제외)과 다른 주택의 부속토지(주택의 건물과 부속토지의 소유자가 다른 경우의 그 부속토지)를 함께 소유하고 있는 경우는 1세대 1주택자로 본다.

④ 혼인으로 인한 1세대 2주택의 경우 납세의무자가 해당 연도 9월 16일부터 9월 30일까지 관할 세무서장에게 합산배제를 신청하면 1세대 1주택자로 본다.

⑤ 2주택을 소유하여 1,000분의 27의 세율이 적용되는 법인의 경우 주택에 대한 종합부동산세의 과세표준은 납세의무자별로 주택의 공시가격을 합산한 금액에서 0원을 공제한 금액에 100분의 60을 곱한 금액으로 한다. 다만, 그 금액이 영보다 작은 경우에는 영으로 본다.

신유형

10 1세대의 세대주인 甲이 2025년 과세기준일 현재 다음과 같이 주택을 소유하고 있는 경우 종합부동산세의 과세표준과 납세지로 옳게 연결된 것은? (단, 공정시장가액비율은 60%임)

- 甲은 과세기준일 현재 65세이며, 서울특별시 서초구에 거주하고 있는 거주자이다.
- 관할 세무서는 서초세무서이다.
- A주택: 주택공시가액 900,000,000원(경기도 성남시 소재)
- B주택: 주택공시가액 1,000,000,000원(서울특별시 서초구 소재)

	과세표준	납세지
①	60,000,000원	서울특별시청
②	80,000,000원	경기도청
③	600,000,000원	서초세무서
④	800,000,000원	성남세무서
⑤	1,900,000,000원	서초세무서

고득점

11 「종합부동산세법」상 종합부동산세 세율에 관한 설명으로 틀린 것은?

① 주택에 대한 종합부동산세는 납세의무자가 소유한 주택 수에 따라 과세표준에 해당 세율을 적용하여 계산한 금액을 그 주택분 종합부동산세액으로 한다.

② 개인이 2주택 이하를 소유한 경우에는 0.5~2.7% 7단계 초과누진세율을 적용한다.

③ 개인이 3주택 이상을 소유한 경우에는 0.5~5% 7단계 초과누진세율을 적용한다.

④ 법인(사회적 기업 등이 아님) 또는 법인으로 보는 단체가 3주택 이상을 소유한 경우에는 0.5~5% 7단계 초과누진세율을 적용한다.

⑤ 주택분 과세표준 금액에 대하여 해당 과세대상 주택의 주택분 재산세로 부과된 세액(「지방세법」 제111조 제3항에 따라 가감조정된 세율이 적용된 경우에는 그 세율이 적용된 세액, 같은 법 제122조에 따라 세 부담 상한을 적용받은 경우에는 그 상한을 적용받은 세액을 말함)은 주택분 종합부동산세액에서 이를 공제한다.

고득점

12 「종합부동산세법」상 종합부동산세를 부과하는 경우 1세대 1주택에 대한 내용 중 <u>틀린</u> 것은?

① 1세대 1주택자란 과세기준일 현재 세대원 중 1인이 해당 주택을 단독으로 소유하는 경우로서 법령으로 정하는 자를 말한다. 이 경우 다가구주택은 1주택으로 보되, 합산배제 임대주택으로 신고한 경우에는 1세대가 독립하여 구분 사용할 수 있도록 구획된 부분을 각각 1주택으로 본다.

② 1세대 1주택자를 판단할 때 합산배제임대주택으로서 합산배제신고를 한 주택(과세기준일 현재 그 주택에 주민등록이 되어 있고 실제로 거주하고 있는 경우에 한정하여 적용함)과 등록문화유산에 해당하는 주택은 1세대가 소유한 주택 수에서 제외한다.

③ 주택분 종합부동산세 납세의무자가 1세대 1주택자에 해당하는 경우 주택분 종합부동산세액은 산출된 세액에 연령별 세액공제율을 곱한 금액과 보유기간별 세액공제율을 곱한 금액을 중복하여 적용할 수 있다.

④ 혼인함으로써 1세대를 구성하는 경우에는 혼인한 날부터 10년 동안은 주택 또는 토지를 소유하는 자와 그 혼인한 자별로 각각 1세대로 본다.

⑤ 60세 이상의 직계존속을 동거봉양하기 위하여 합가함으로써 1세대를 구성하는 경우에는 최초로 합가한 날부터 5년 동안에 한하여 주택 또는 토지를 소유하는 자와 그 합가한 자별로 각각 1세대로 본다.

중요

13 「종합부동산세법」상 1세대 1주택자에 관한 설명으로 옳은 것은? 제32회 수정

① 과세기준일 현재 세대원 중 1인과 그 배우자만이 공동으로 1주택을 소유하고 해당 세대원 및 다른 세대원이 다른 주택을 소유하지 아니한 경우 신청하지 않더라도 공동명의 1주택자를 해당 1주택에 대한 납세의무자로 한다.

② 합산배제 신고한 「근현대문화유산의 보존 및 활용에 관한 법률」에 따른 등록문화유산에 해당하는 주택은 1세대가 소유한 주택 수에서 제외한다.

③ 1세대가 일반 주택과 합산배제 신고한 임대주택을 각각 1채씩 소유한 경우 해당 일반 주택에 그 주택소유자가 실제 거주하지 않더라도 1세대 1주택자에 해당한다.

④ 1세대 1주택자는 주택의 공시가격을 합산한 금액에서 11억원을 공제한 금액에 공정시장가액비율을 곱한 금액을 과세표준으로 한다.

⑤ 1세대 1주택자에 대하여는 주택분 종합부동산세 산출세액에서 소유자의 연령과 주택 보유기간에 따른 공제액을 공제율 합계 100분의 70 범위에서 중복하여 공제한다.

14 **주택분 종합부동산세율을 적용하는 경우에 주택 수에 대한 설명으로 <u>틀린</u> 것은?**

① 1주택을 여러 사람이 공동으로 소유한 경우 공동소유자 각자가 그 주택을 소유한 것으로 본다.

② 상속을 원인으로 취득한 주택은 5년간 주택 수에서 제외한다.

③ 「종합부동산세법」 제8조 제4항 제4호에 따라 1세대 1주택자로 보는 자가 소유한 「종합부동산세법 시행령」 제4조의2 제3항에 따른 지방 저가주택은 주택 수에서 제외한다.

④ 「건축법 시행령」 별표에 따른 다가구주택은 매 1가구마다 각각 1주택으로 본다.

⑤ 합산배제 임대주택 및 합산배제 사원용 주택 등에 해당하는 주택은 주택 수에 포함하지 않는다.

중요

15 **「종합부동산세법」상 종합부동산세에 관한 설명으로 <u>틀린</u> 것은?**

① 납세의무자가 법인인 경우 주택분은 세 부담 상한 규정을 적용하지 않으나, 토지분에 대해서는 세 부담 상한액 비율은 100분의 150이다.

② 개인이 조정대상지역 내 2주택을 소유한 경우 종합부동산세의 세 부담 상한액 비율은 100분의 300이다.

③ 「지방세특례제한법」 또는 「조세특례제한법」에 의한 재산세의 감면 규정은 종합부동산세를 부과함에 있어서 이를 준용한다.

④ 납세의무자가 법인 또는 법인으로 보는 단체로서 법인소유 주택의 비례세율이 적용되는 경우는 세 부담 상한에 관한 규정을 적용하지 아니한다.

⑤ 주택분 종합부동산세의 납세의무자가 과세기준일 현재 1세대 1주택자로서 만 70세이고 당해 주택을 3년간 보유한 경우, 법령에 따라 산출된 세액에서 그 산출된 세액에 법령이 정하는 연령별 공제율을 곱한 금액을 공제한다.

16 **2025년도에 시행되는 토지에 대한 종합부동산세를 설명한 것으로 틀린 것은?**

① 별도합산대상 및 종합합산대상은 3단계 초과누진세율이 적용된다.

② 토지분 과세표준 금액에 대하여 해당 과세대상 토지의 토지분 재산세로 부과된 세액은 토지분 별도합산세액 및 종합합산세액에서 이를 공제하며, 이 경우 가감조정된 세율이 적용된 세액, 세 부담 상한이 적용된 세액을 적용한다.

③ 종합합산대상토지는 국내 소재 종합합산과세대상 토지의 공시가격을 합한 금액이 5억원을 초과하는 자가 납세의무자가 된다.

④ 「신탁법」 제2조에 따른 수탁자의 명의로 등기 또는 등록된 신탁재산으로서 신탁토지의 경우에는 위탁자가 종합부동산세를 납부할 의무가 있다.

⑤ 토지에 대한 종합부동산세의 세액은 토지분 종합합산세액과 토지분 별도합산세액 및 분리과세액을 합한 금액으로 한다.

고득점

17 **다음의 자료를 이용하여 계산한 2025년 주택분 종합부동산세 부과세액은 얼마인가? (단, 재산세 이중과세 공제세액은 없으며, 다른 조건은 고려하지 않음)**

- 세대원 중 1인이 단독으로 소유하는 1세대 1주택
- 소유자의 연령: 과세기준일 현재 만 70세
- 보유기간: 15년
- 종합부동산세 산출세액: 100만원

① 10만원
② 20만원
③ 30만원
④ 60만원
⑤ 70만원

고득점

18 「종합부동산세법」상 공동명의 1주택자의 납세의무 등에 관한 특례의 설명 중 틀린 것은?

① 과세기준일 현재 세대원 중 1인이 그 배우자와 공동으로 1주택을 소유하고 해당 세대원 및 다른 세대원이 다른 주택을 소유하지 아니한 경우에는 배우자와 공동으로 1주택을 소유한 자 또는 그 배우자 중 대통령령으로 정하는 자(공동명의 1주택자)를 해당 1주택에 대한 납세의무자로 할 수 있다.

② 위 ①을 적용받으려는 납세의무자는 당해 연도 9월 16일부터 9월 30일까지 대통령령이 정하는 바에 따라 관할 세무서장에게 신청하여야 한다.

③ 위 ①을 적용하는 경우에는 공동명의 1주택자를 1세대 1주택자로 보아 과세표준 계산 시에 12억원을 공제받을 수 있다.

④ 부부공동명의 1세대 1주택자는 1주택자로 신고한 경우에도 연령별 세액공제와 보유기간별 공제는 받을 수 없다.

⑤ 법 제10조의2 제1항에서 '대통령령으로 정하는 자'란 해당 1주택을 소유한 세대원 1명과 그 배우자 중 주택에 대한 지분율이 높은 사람(지분율이 같은 경우에는 공동소유자 간 합의에 따른 사람을 말한다)을 말한다.

Point 37 종합부동산세 부과 · 징수 ★★★★★

정답 및 해설 p.34~35

Tip

출제가능성이 높은 부분으로 납부방법과 납부기간, 분할납부의 요건과 방법을 명확히 숙지하여야 한다.

19 재산세와 종합부동산세의 비교 설명으로 틀린 것은?

① 과세기준일 현재 개인이 주택을 여러 채 보유한 경우 재산세는 주택별로 개별과세하지만, 종합부동산세는 개인별로 합산과세한다.

② 재산세와 종합부동산세는 과세기준일과 납부기간이 서로 동일하다.

③ 재산세는 물건소재지 관할 지방자치단체의 장이 과세권자이지만, 종합부동산세는 거주자의 경우 주소지 관할 세무서장이 과세권자이다.

④ 재산세와 종합부동산세는 원칙적으로 과세권자가 결정하여 부과 · 징수하지만, 종합부동산세의 경우에는 납세자의 선택에 의하여 신고납부할 수 있다.

⑤ 과세기준일 현재 개인이 주택(2023년도에 주택분 재산세가 부과된 주택임)을 소유하는 경우 해당 주택의 공시가액이 10억원일 때 재산세의 세 부담 상한은 100분의 130이고, 종합부동산세의 세 부담 상한은 100분의 150이다.

20 2025년도 주택에 대한 「지방세법」상 재산세와 「종합부동산세법」상 종합부동산세에 대한 내용을 비교한 것 중 <u>틀린</u> 것은? (단, 거주자인 개인이 2주택을 소유하는 경우이며, 주택 공시가격 합계액은 10억원이고, 세 부담 상한 개정규정 시행 전인 2023년도에 모두 주택분 재산세가 부과됨)

	구분	재산세	종합부동산세
①	납세지(거주자)	주택 소재지	주택 소유자 주소지
②	과세방법	주택별 과세	소유자별 합산과세
③	공정시장가액비율	60%	60%
④	세율	3단계 초과누진세율	4단계 초과누진세율
⑤	세 부담 상한	130%	150%

고득점

21 2025년도 거주자인 개인소유 2주택자의 주택분 종합부동산세 세액계산의 흐름도를 나타낸 것이다. ㉠~㉤에 들어갈 내용으로 옳게 묶인 것은? (단, 2025년 6월 1일 현재 시행중인 법령에 따름)

구분	내용
과세표준	[주택의 공시가격의 합(合) − 공제액(㉠)] × 공정시장가액비율(㉡)
세율	7단계 초과누진세율(최고 ㉢)
종합부동산세액	과세표준 × 세율
산출세액	종합부동산세액 − 공제할 (㉣)액 − 세 부담 상한 초과세액[당해 연도 총 세액 상당액 − 전년도 총 세액 상당액 × (㉤)] (단, 세 부담 상한 초과세액 > 0)

	㉠	㉡	㉢	㉣	㉤
①	6억원	100분의 60	1,000분의 5	취득세	200%
②	6억원	100분의 90	1,000분의 27	재산세	200%
③	9억원	100분의 80	1,000분의 30	재산세	150%
④	9억원	100분의 60	1,000분의 27	재산세	150%
⑤	12억원	100분의 100	1,000분의 50	재산세	300%

신유형

22 종합부동산세에 대한 내용 중 ㉠~㉤에 들어갈 내용으로 옳게 묶인 것은? (단, 2025년 6월 1일 현재 시행중인 법령에 따름)

- 1세대 1주택자에 대한 연령별 공제와 보유기간별 공제는 (㉠)% 범위 내에서 중복공제가 허용된다.
- 개인이 3주택을 소유하는 경우에 종합부동산세 세율은 0.5~(㉡)% 7단계 초과누진세율을 적용한다.
- 1세대 1주택자가 (㉢) 이상 장기보유하는 경우에는 산출된 주택분 종합부동산세의 세액에서 100분의 50을 곱한 금액을 공제한다.
- 관할 세무서장은 종합부동산세로 납부하여야 할 세액이 (㉣)만원을 초과하는 경우에는 그 세액의 일부를 납부기한이 경과한 날부터 6개월 이내에 분할납부하게 할 수 있다.
- 종합부동산세는 납부세액의 100분의 20에 해당하는 (㉤)가 부가된다.

	㉠	㉡	㉢	㉣	㉤
①	70	2.7	10년	250	농어촌특별세
②	80	5	15년	250	농어촌특별세
③	80	5	10년	500	지방교육세
④	90	5	15년	500	지방교육세
⑤	90	2.7	10년	1천	지방소득세

23 「종합부동산세법」상 주택에 대한 과세 및 납세지에 관한 설명으로 옳은 것은? 제33회 수정

① 납세의무자가 법인이며 3주택 이상을 소유한 경우 소유한 주택 수에 따라 과세표준에 2.7~5%의 초과누진세율을 적용하여 계산한 금액을 주택분 종합부동산세액으로 한다.
② 납세의무자가 법인으로 보지 않는 단체인 경우 주택에 대한 종합부동산세 납세지는 해당 주택의 소재지로 한다.
③ 과세표준 합산의 대상에 포함되지 않는 주택을 보유한 납세의무자는 해당 연도 10월 16일부터 10월 31일까지 관할 세무서장에게 해당 주택의 보유현황을 신고하여야 한다.
④ 종합부동산세 과세대상 1세대 1주택자로서 과세기준일 현재 해당 주택을 12년 보유한 자의 보유기간별 세액공제에 적용되는 공제율은 100분의 50이다.
⑤ 과세기준일 현재 주택분 재산세의 납세의무자는 종합부동산세를 납부할 의무가 있다.

24 종합부동산세에 관한 설명으로 <u>틀린</u> 것은? 제28회

① 종합부동산세는 부과 · 징수가 원칙이며 납세의무자의 선택에 의하여 신고납부도 가능하다.
② 관할 세무서장이 종합부동산세를 징수하고자 하는 때에는 납세고지서에 주택 및 토지로 구분한 과세표준과 세액을 기재하여 납부기간 개시 5일 전까지 발부하여야 한다.
③ 주택에 대한 세 부담 상한의 기준이 되는 직전 연도에 해당 주택에 부과된 주택에 대한 총 세액 상당액은 납세의무자가 해당 연도의 과세표준합산주택을 직전 연도 과세기준일에 실제로 소유하였는지의 여부를 불문하고 직전 연도 과세기준일 현재 소유한 것으로 보아 계산한다.
④ 주택분 종합부동산세액에서 공제되는 재산세액은 재산세 표준세율의 100분의 50의 범위에서 가감된 세율이 적용된 경우에는 그 세율이 적용되기 전의 세액으로 하고, 재산세 세 부담 상한을 적용받은 경우에는 그 상한을 적용받기 전의 세액으로 한다.
⑤ 과세기준일 현재 토지분 재산세의 납세의무자로서 국내에 소재하는 별도합산과세대상 토지의 공시가격을 합한 금액이 80억원을 초과하는 자는 토지에 대한 종합부동산세의 납세의무자이다.

25 2025년 귀속 종합부동산세에 관한 설명으로 <u>틀린</u> 것은?

① 과세대상 토지가 매매로 유상이전되는 경우로서 매매계약서 작성일이 2025년 6월 1일이고 잔금지급 및 소유권이전등기일이 2025년 6월 29일인 경우, 종합부동산세의 납세의무자는 매도인이다.
② 납세의무자가 국내에 주소를 두고 있는 개인의 경우 납세지는 주소지이다.
③ 종합부동산세를 납부기한 내에 납부하지 않은 경우에 납부하지 아니한 세액의 100분의 3과 1일 10만분의 22의 납부지연가산세가 적용될 수 있다.
④ 납세의무자는 선택에 따라 신고납부할 수 있으나, 신고를 함에 있어 납부세액을 과소하게 신고한 경우라도 과소신고가산세가 적용되지 않는다.
⑤ 종합부동산세는 물납이 허용되지 않는다.

중요

26 2025년 귀속 종합부동산세에 관한 설명으로 틀린 것은? 제30회 수정

① 과세기준일 현재 토지분 재산세의 납세의무자로서 「자연공원법」에 따라 지정된 공원자연환경지구의 임야를 소유하는 자는 토지에 대한 종합부동산세를 납부할 의무가 있다.

② 주택분 종합부동산세 납세의무자가 1세대 1주택자에 해당하는 경우의 주택분 종합부동산세액 계산시 연령에 따른 세액공제와 보유기간에 따른 세액공제는 공제율 합계 100분의 80의 범위에서 중복하여 적용할 수 있다.

③ 법령에 따른 등록문화유산에 해당하는 주택은 과세표준 합산의 대상이 되는 주택의 범위에 포함되지 않는 것으로 본다.

④ 관할 세무서장은 종합부동산세로 납부하여야 할 세액이 400만원인 경우 최대 150만원의 세액을 납부기한이 경과한 날부터 6개월 이내에 분납하게 할 수 있다.

⑤ 주택분 종합부동산세액을 계산할 때 1주택을 여러 사람이 공동으로 매수하여 소유한 경우 공동소유자 각자가 그 주택을 소유한 것으로 본다.

27 「종합부동산세법」상 토지 및 주택에 대한 과세와 부과 · 징수에 관한 설명으로 옳은 것은? 제33회

① 종합합산과세대상인 토지에 대한 종합부동산세의 세액은 과세표준에 1~5%의 세율을 적용하여 계산한 금액으로 한다.

② 종합부동산세로 납부해야 할 세액이 200만원인 경우 관할 세무서장은 그 세액의 일부를 납부기한이 지난 날부터 6개월 이내에 분납하게 할 수 있다.

③ 관할 세무서장이 종합부동산세를 징수하려면 납부기간 개시 5일 전까지 주택분과 토지분을 합산한 과세표준과 세액을 납부고지서에 기재하여 발급하여야 한다.

④ 종합부동산세를 신고납부방식으로 납부하고자 하는 납세의무자는 종합부동산세의 과세표준과 세액을 해당 연도 12월 1일부터 12월 15일까지 관할 세무서장에게 신고하여야 한다.

⑤ 별도합산과세대상인 토지에 대한 종합부동산세의 세액은 과세표준에 0.5~0.8%의 세율을 적용하여 계산한 금액으로 한다.

신유형

28 거주자인 개인 甲은 국내에 주택 2채(다가구주택 아님) 및 상가건물 1채를 각각 보유하고 있다. 甲의 2025년 귀속 재산세 및 종합부동산세에 관한 설명으로 틀린 것은? (단, 甲의 주택은 「종합부동산세법」상 합산배제주택에 해당하지 아니하며, 지방세관계법상 재산세 특례 및 감면은 없음)
제32회 수정

① 甲의 주택에 대한 재산세는 주택별로 표준세율을 적용한다.
② 甲의 상가건물에 대한 재산세는 시가표준액에 법령이 정하는 공정시장가액비율을 곱하여 산정한 가액을 과세표준으로 하여 비례세율로 과세한다.
③ 甲의 주택분 종합부동산세액의 결정세액은 주택분 종합부동산세액에서 '(주택의 공시가격 합산액 − 9억원) × 종합부동산세 공정시장가액비율 × 재산세 표준세율'의 산식에 따라 산정한 재산세액을 공제하여 계산한다.
④ 甲의 상가건물에 대해서는 종합부동산세를 과세하지 아니한다.
⑤ 종합부동산세의 납세의무자가 비거주자인 개인으로서 국내사업장이 없고 국내원천소득이 발생하지 아니하는 1주택을 소유한 경우 그 주택 소재지를 납세지로 정한다.

29 2025년 귀속 토지분 종합부동산세에 관한 설명으로 옳은 것은? (단, 감면 및 비과세와 「지방세특례제한법」 또는 「조세특례제한법」은 고려하지 않음)

① 재산세 과세대상 중 분리과세대상 토지는 종합부동산세 과세대상이다.
② 종합부동산세의 분납은 허용되지 않는다.
③ 종합부동산세의 물납은 허용되지 않는다.
④ 납세자에게 부정행위가 없으며 특례제척기간에 해당하지 않는 경우 원칙적으로 납세의무 성립일부터 3년이 지나면 종합부동산세를 부과할 수 없다.
⑤ 별도합산과세대상인 토지의 재산세로 부과된 세액이 세 부담 상한을 적용받는 경우 그 상한을 적용받기 전의 세액을 별도합산과세대상 토지분 종합부동산세액에서 공제한다.

30 종합부동산세법령상 종합부동산세의 부과·징수에 관한 내용으로 틀린 것은? 제34회

① 관할 세무서장은 납부하여야 할 종합부동산세의 세액을 결정하여 해당 연도 12월 1일부터 12월 15일까지 부과·징수한다.
② 종합부동산세를 신고납부방식으로 납부하고자 하는 납세의무자는 종합부동산세의 과세표준과 세액을 관할 세무서장이 결정하기 전인 해당 연도 11월 16일부터 11월 30일까지 관할 세무서장에게 신고하여야 한다.
③ 관할 세무서장은 종합부동산세로 납부하여야 할 세액이 250만원을 초과하는 경우에는 대통령령으로 정하는 바에 따라 그 세액의 일부를 납부기한이 지난 날부터 6개월 이내에 분납하게 할 수 있다.
④ 관할 세무서장은 납세의무자가 과세기준일 현재 1세대 1주택자가 아닌 경우 주택분 종합부동산세액의 납부유예를 허가할 수 없다.
⑤ 관할 세무서장은 주택분 종합부동산세액의 납부가 유예된 납세의무자가 해당 주택을 타인에게 양도하거나 증여하는 경우에는 그 납부유예 허가를 취소하여야 한다.

31 종합부동산세법령상 주택에 대한 과세에 관한 설명으로 옳은 것은? 제35회

① 「신탁법」 제2조에 따른 수탁자의 명의로 등기된 신탁주택의 경우에는 수탁자가 종합부동산세를 납부할 의무가 있으며, 이 경우 수탁자가 신탁주택을 소유한 것으로 본다.
② 법인이 2주택을 소유한 경우 종합부동산세의 세율은 1,000분의 50을 적용한다.
③ 거주자 甲이 2024년부터 보유하는 3주택(주택 수 계산에서 제외되는 주택은 없음) 중 2주택을 2025.6.17.에 양도하고 동시에 소유권이전등기를 한 경우, 甲의 2025년도 주택분 종합부동산세액은 3주택 이상을 소유한 경우의 세율을 적용하여 계산한다.
④ 신탁주택의 수탁자가 종합부동산세를 체납한 경우 그 수탁자의 다른 재산에 대하여 강제징수하여도 징수할 금액에 미치지 못할 때에는 해당 주택의 위탁자가 종합부동산세를 납부할 의무가 있다.
⑤ 공동명의 1주택자인 경우 주택에 대한 종합부동산세의 과세표준은 주택의 시가를 합산한 금액에서 11억원을 공제한 금액에 100분의 50을 한도로 공정시장가액비율을 곱한 금액으로 한다.

32 **종합부동산세법령상 토지에 대한 과세에 관한 설명으로 옳은 것은?** 제35회

① 토지분 재산세의 납세의무자로서 종합합산과세대상 토지의 공시가격을 합한 금액이 5억원인 자는 종합부동산세를 납부할 의무가 있다.

② 토지분 재산세의 납세의무자로서 별도합산과세대상 토지의 공시가격을 합한 금액이 80억원인 자는 종합부동산세를 납부할 의무가 있다.

③ 토지에 대한 종합부동산세는 종합합산과세대상, 별도합산과세대상 그리고 분리과세대상으로 구분하여 과세한다.

④ 종합합산과세대상인 토지에 대한 종합부동산세의 과세표준은 해당 토지의 공시가격을 합산한 금액에서 5억원을 공제한 금액에 100분의 50을 한도로 공정시장가액비율을 곱한 금액으로 한다.

⑤ 별도합산과세대상인 토지의 과세표준 금액에 대하여 해당 과세대상 토지의 토지분 재산세로 부과된 세액(「지방세법」)에 따라 가감조정된 세율이 적용된 경우에는 그 세율이 적용된 세액, 같은 법에 따라 세부담상한을 적용받은 경우에는 그 상한을 적용받은 세액을 말한다)은 토지분 별도합산세액에서 이를 공제한다.

제2장 소득세 총설

Point 38 소득세 특징 ★★

기본서 p.247~251

(1) 소득세 의의 및 과세방법

① 자연인 개인의 소득에 대하여 부과되는 조세

② 개인단위로 과세(부부소득 합산과세 ×)

③ 소득세 과세방법

㉠ **종합과세**: 종합소득에 해당하는 소득을 그 종류에 관계없이 일정한 기간(1월 1일~12월 31일)을 단위로 합산하여 과세한다.

㉡ **분리과세**: 종합과세되는 일정금액 이하의 금융소득 · 일용근로소득 · 소액연금소득 · 2천만원 이하 주택임대소득 및 기타소득은 과세기간별로 합산하지 않고 그 소득이 지급될 때 소득세를 원천징수함으로써 과세를 종결한다.

㉢ **분류과세**: 다른 소득과 합산하지 않고 각각 별도로 구분하여 과세하는 방식으로 퇴직소득 · 양도소득이 이에 해당한다.

④ 신고납세

(2) 납세의무자 및 납세지

구분	거주자(무제한 납세의무)	비거주자(제한 납세의무)
의의	(국적이나 외국 영주권의 취득 여부와는 관계없이) 국내에 주소나 183일 이상 거소를 둔 자	거주자가 아닌 자
과세대상 소득의 범위	국내소득 및 국외소득 모두 과세 🔍 국외 소재 자산에 대한 양도소득세 납세의무자의 경우 양도일 현재 계속 5년 이상 주소 · 거소 있는 자에 한함	국내소득만 과세
납세지	거주자의 주소지(거소지) 관할 세무서 (부동산 소재지 ×)	국내사업장 소재지(국내사업장이 둘 이상인 경우에는 주된 국내사업장) 🔍 국내사업장이 없는 경우에는 국내원천소득이 발생하는 장소

(3) 소득세 과세기간

① **원칙**: 1월 1일~12월 31일

② **예외**

㉠ 거주자가 사망한 경우: 1월 1일부터 사망일까지

㉡ 거주자가 주소 및 거소를 국외로 이전하여 비거주자가 되는 경우: 1월 1일부터 출국일까지

Point 39 사업소득 ★★★

기본서 p.251~264

(1) 부동산임대업

① 범위

㉠ 부동산(미등기 부동산 포함) 또는 부동산상의 권리(전세권 · 임차권 · 지역권 · 지상권 · 담보제공에 대한 사용대가) 대여로 인하여 발생하는 소득

🔍 공익사업과 관련된 지역권 · 지상권의 설정 · 대여소득은 기타소득

㉡ 공장재단 또는 광업재단의 대여로 인하여 발생하는 소득

㉢ 광업권자 · 조광권자 · 덕대가 채굴에 관한 권리를 대여함으로 인하여 발생하는 소득

㉣ 자기 소유의 부동산을 타인의 담보물로 사용하게 하고 그 사용대가를 받는 것

㉤ 부동산매매업 또는 건설업자가 판매를 목적으로 취득한 토지 등의 부동산을 일시적으로 대여하고 얻는 소득

㉥ 광고용으로 토지 · 가옥의 옥상 또는 측면 등을 사용하게 하고 받는 대가

② 비과세 부동산임대사업소득

㉠ 논 · 밭을 작물생산에 이용하게 하여 발생하는 임대소득

㉡ 1개의 주택을 소유하는 자의 주택임대소득(고가주택과 국외소재 주택의 임대소득 제외)

🔍 고가주택: 과세기간 종료일 또는 해당 주택 양도일 현재 기준시가 12억원 초과 주택

비과세 주택 수 계산

구분	주택 수의 산정방법
다가구주택	1개의 주택으로 보되, 구분등기된 경우에는 각각을 1개의 주택으로 계산
공동소유주택	공동소유의 주택은 지분이 가장 큰 자의 소유로 계산하되, 지분이 가장 큰 자가 2인 이상인 경우에는 각각의 소유로 계산 🔍 지분이 가장 큰 자가 2인 이상인 경우로서 그들이 합의하여 그들 중 1인을 해당 주택의 임대수입의 귀속자로 정한 경우에는 그의 소유로 계산한다.
본인과 배우자가 각각 주택을 소유하는 경우	이를 합산하여 계산
임차 또는 전세받은 주택을 전대하거나 전전세하는 경우	해당 임차 또는 전세받은 주택을 임차인 또는 전세받은 자의 주택으로 계산

공동소유주택의 주택 수 계산방법
1. 다음 중 하나에 해당하면 소수지분자도 주택 수에 가산한다. ① 해당 주택에서 발생하는 임대소득이 연간 600만원 이상 ② 기준시가가 12억원을 초과하는 주택의 30%를 초과하는 공유지분을 소유 2. 동일 주택을 부부가 일정 지분 이상 소유한 경우 다음 순서(① ⇨ ②)로 부부 중 1인의 소유주택으로 계산 ① 부부 중 지분이 더 큰 자 ② 부부의 지분이 동일한 경우, 부부사이의 합의에 따라 소유주택에 가산하기로 한 자

③ 총 수입금액의 계산

부동산임대 사업소득 총 수입금액
= 임대료 + 간주임대료 + 보험차익 + 관리비수입(전기료 · 수도료 등의 공공요금을 제외)

㉠ 간주임대료

ⓐ 부동산 또는 부동산상의 권리 등을 대여하고 보증금 · 전세금 등을 받은 경우 그 보증금 · 전세금 등에 국세청장이 고시하는 이자율을 곱하여 계산한 일정한 금액으로 상가 등을 대여하고 보증금을 받은 경우에 적용한다.

ⓑ 주택을 임대하면서 받은 보증금의 간주임대료는 원칙적으로 과세되지 아니한다. 다만, 3주택 이상을 소유하고 주택과 주택부수토지를 임대하고 받은 보증금 등의 합계액이 3억원을 초과하는 경우에는 간주임대료로 계산한 금액을 사업소득 총 수입금액에 산입한다.

소형주택(주거의 용도로만 쓰이는 면적이 1호 또는 1세대당 40m² 이하인 주택으로서 기준시가 2억원 이하)은 주택 수 산정시 제외한다.

㉡ 관리비 수입: 임대료 외에 전기료 · 수도료 등의 공공요금의 명목으로 지급받은 금액이 공공요금의 납부액을 초과할 때 그 초과하는 금액은 부동산임대소득의 총 수입금액에 산입한다.

④ 주택임대소득에 대한 세액 계산의 특례

분리과세시 주택임대소득의 산출세액 = [수입금액 × (1 − 필요경비율) − 공제금액] × 14%

- **필요경비율**: 임대주택 등록자 60%, 임대주택 미등록자 50%
- **공제금액**: 임대주택 등록자 400만원, 임대주택 미등록자 200만원

단, 분리과세 주택임대소득을 제외한 종합소득금액이 2천만원 이하인 경우에만 적용받을 수 있다.

주택임대수입금액이 2천만원 이하인 경우 분리과세와 종합과세 중 선택 가능

⑤ 주택임대사업자 미등록 가산세: 사업개시일부터 등록을 신청한 날의 직전일까지의 주택임대수입금액의 1,000분의 2(0.2%)

⑥ 결손금의 공제: 주거용 건물 임대업에서 발생한 결손금은 다른 종합소득과 공제한다.

(2) 부동산매매업

① 의의: 한국표준산업분류에 따른 비주거용 건물건설업(건물을 자영건설하여 판매하는 경우만 해당)과 부동산 개발 및 공급업을 말한다. 다만, 한국표준산업분류에 따른 주거용 건물 개발 및 공급업(구입한 주거용 건물을 재판매하는 경우는 제외)은 제외한다.

② 부동산매매업의 업종 구분

㉠ 자기의 토지 위에 상가 등을 신축하여 판매할 목적으로 건축 중인 「건축법」에 의한 건물과 토지를 제3자에게 양도한 경우

㉡ 토지를 개발하여 주택지 · 공업단지 · 상가 · 묘지 등으로 분할판매하는 경우(「공유수면 관리 및 매립에 관한 법률」에 의하여 소유권을 취득한 자가 그 취득한 매립지를 분할하여 양도한 경우 포함)

㉢ 구입한 주거용 건물을 재판매하는 경우

(3) 건설업(주택신축판매업)

① 1동의 주택을 신축하여 판매하는 경우에는 건설업으로 본다.

② 신축한 주택이 판매되지 아니하여 판매할 때까지 일시적으로 일부 또는 전부를 임대한 후 판매하는 경우에는 건설업으로 본다.

③ 건설업자에게 도급을 주어서 주택을 신축하여 판매하는 경우에는 건설업으로 본다.

④ 시공 중인 주택을 양도하는 경우에는 그 주택의 시공 정도가 「건축법」에 의한 건축물에 해당되는 때에는 건설업으로 본다.

⑤ 종전부터 소유하던 자기의 토지 위에 주택을 신축하여 주택과 함께 토지를 판매하는 경우에는 그 토지의 양도로 인한 소득은 건설업의 소득으로 본다.

사업 구분	예정신고의무	확정신고의무
양도소득세	○	○
부동산매매업	○	○
주택신축판매업 · 건설업	×	○

제2장 단원별 출제예상문제

☆중요 출제가능성이 높은 중요 문제 ↖고득점 고득점 목표를 위한 어려운 문제 신유형 기존에 출제되지 않은 신유형 대비 문제

Point 38 소득세 특징 ★★

정답 및 해설 p.36

Tip

거주자와 비거주자에 따른 납세의무의 범위와 납세지, 소득세 과세방식 등을 중심으로 학습하여야 한다.

01 소득세에 관한 설명 중 옳은 것으로만 묶인 것은?

> ㉠ 비거주자는 국내원천소득에 한하여 소득세 납세의무를 진다.
> ㉡ 공동으로 소유한 자산에 대한 양도소득금액을 계산하는 경우에는 해당 자산을 공동으로 소유하는 거주자는 연대납세의무를 진다.
> ㉢ 법인으로 보지 않는 법인격이 없는 사단 · 재단 · 기타 단체는 개인으로 보아 소득세 납세의무가 있다.
> ㉣ 피상속인의 소득금액에 대한 소득세를 상속인에게 과세할 경우에는 상속인의 소득금액과 통산하여 계산한다.
> ㉤ 일반적으로 매년 1월 1일부터 12월 31일까지의 1년을 과세기간으로 한다.

① ㉠, ㉡, ㉢
② ㉠, ㉢, ㉤
③ ㉠, ㉣, ㉤
④ ㉡, ㉢, ㉣
⑤ ㉢, ㉣, ㉤

02 「소득세법」에 관한 설명 중 <u>틀린</u> 것은?

① 「소득세법」상 거주자의 소득은 원칙적으로 종합과세한다. 다만, 양도소득 및 퇴직소득은 분류과세한다.
② 소득세는 원칙적으로 납세의무자가 신고함으로써 확정되는 조세이다.
③ 소득세는 종합소득세 · 퇴직소득세 · 양도소득세로 구분된다.
④ 소득세의 과세기간은 원칙적으로 1월 1일부터 12월 31일까지로 한다.
⑤ 국내에 해당 자산의 양도일까지 계속하여 3년간 주소 또는 거소를 둔 자의 국외에 있는 자산의 양도에 대한 양도소득은 거주자의 국외원천소득으로 보아 과세한다.

Point 39 사업소득 ★★★

정답 및 해설 p.36~37

Tip

부동산임대사업소득을 중심으로 범위, 비과세, 전세주택, 주택임대소득에 대한 세액 계산의 특례 등을 명확하게 학습하여야 한다.

중요

03 「소득세법」상 거주자의 부동산임대업에서 발생하는 소득에 관한 설명으로 옳은 것은?

① 공익사업과 무관한 지역권을 대여함으로써 발생하는 소득은 기타소득이다.
② 공익사업과 관련된 지상권을 대여함으로써 발생하는 소득은 사업소득이다.
③ 미등기 부동산을 임대하고 그 대가로 받는 것은 사업소득이 아니다.
④ 자기 소유의 부동산을 타인의 담보로 사용하게 하고 그 사용대가로 받는 것은 사업소득이다.
⑤ 국외 소재 주택을 임대하고 그 대가로 받는 것은 사업소득이 아니다.

04 「소득세법」상 거주자가 국내 소재 1주택만을 소유하는 경우에 관한 설명으로 틀린 것은?

① 과세기간 종료일 현재 기준시가가 13억원인 1주택(주택부수토지 포함)을 임대하고 지급받은 소득은 사업소득으로 과세된다.

② 주택임대소득이 있는 사업자가 법령에 따라 「부가가치세법」 제8조 제1항 본문에 따른 기한(사업개시일부터 20일 이내)까지 등록을 신청하지 아니한 경우에는 사업개시일부터 등록을 신청한 날의 직전일까지의 주택임대수입금액의 1,000분의 2를 가산세로 해당 과세기간의 종합소득 결정세액에 더하여 납부하여야 한다.

③ 甲과 乙이 고가주택이 아닌 공동소유 1주택(甲 지분율 30%, 乙 지분율 70%)을 임대(연간 임대소득은 500만원임)하는 경우 주택임대소득의 비과세 여부를 판정할 때 甲과 乙이 각각 1주택을 소유한 것으로 보아 주택 수를 계산한다.

④ 1채의 주택을 소유하는 자의 임대소득을 비과세하는 경우에 법령에 정하는 경우에는 소수지분자도 주택 수 계산에 포함하는 경우가 있다.

⑤ 주택임대소득이 2천만원 이하인 경우에는 분리과세와 종합과세 중 선택할 수 있다.

제3편 국세

제2장

05 소득세법령상 거주자의 부동산과 관련된 사업소득에 관한 설명으로 옳은 것은? 제35회

① 해당 과세기간의 종합소득금액이 있는 거주자(종합소득 과세표준이 없거나 결손금이 있는 거주자를 포함한다)는 그 종합소득 과세표준을 그 과세기간의 다음 연도 5월 1일부터 5월 31일까지 대통령령으로 정하는 바에 따라 납세지 관할 세무서장에게 신고하여야 하며, 해당 과세기간에 분리과세 주택임대소득이 있는 경우에도 이를 적용한다.

② 공장재단을 대여하는 사업은 부동산임대업에 해당되지 않는다.

③ 해당 과세기간의 주거용 건물 임대업을 제외한 부동산임대업에서 발생한 결손금은 그 과세기간의 종합소득과세표준을 계산할 때 공제한다.

④ 「공익사업을 위한 토지 등의 취득 및 보상에 관한 법률」 제4조에 따른 공익사업과 관련하여 지역권을 설정함으로써 발생하는 소득은 부동산업에서 발생하는 소득에 해당한다.

⑤ 사업소득에 부동산임대업에서 발생한 소득이 포함되어 있는 사업자는 그 소득별로 구분하지 않고 회계처리하여야 한다.

06 「소득세법」상 부동산임대업에서 발생한 소득에 관한 설명으로 틀린 것은? 제33회

① 해당 과세기간의 주거용 건물 임대업을 제외한 부동산임대업에서 발생한 결손금은 그 과세기간의 종합소득 과세표준을 계산할 때 공제하지 않는다.

② 사업소득에 부동산임대업에서 발생한 소득이 포함되어 있는 사업자는 그 소득별로 구분하여 회계처리하여야 한다.

③ 3주택(주택 수에 포함되지 않는 주택 제외) 이상을 소유한 거주자가 주택과 주택부수토지를 임대(주택부수토지만 임대하는 경우 제외)한 경우에는 법령으로 정하는 바에 따라 계산한 금액(간주임대료)을 총 수입금액에 산입한다.

④ 간주임대료 계산시 3주택 이상 여부 판정에 있어 주택 수에 포함되지 않는 주택이란 주거의 용도로만 쓰이는 면적이 1호 또는 1세대당 $40m^2$ 이하인 주택으로서 해당 과세기간의 기준시가가 2억원 이하인 주택을 말한다.

⑤ 해당 과세기간에 분리과세 주택임대소득이 있는 거주자(종합소득 과세표준이 없거나 결손금이 있는 거주자 포함)는 그 종합소득 과세표준을 그 과세기간의 다음 연도 5월 1일부터 5월 31일까지 신고하여야 한다.

☆중요

07 「소득세법」상 거주자의 부동산임대와 관련하여 발생한 소득에 관한 설명으로 틀린 것은?

① 국외에 소재하는 주택임대소득은 주택 수에 관계없이 과세된다.

② 임차 또는 전세 받은 주택을 전대하거나 전전세하는 경우에는 당해 임차 또는 전세 받은 주택을 임대인 또는 전세 준 자의 주택으로 계산한다.

③ 2주택(법령에 따른 소형주택 아님)과 2개의 상업용 건물을 소유하는 자가 보증금을 받은 경우 2개의 상업용 건물에 대하여만 법령으로 정하는 바에 따라 계산한 간주임대료를 사업소득 총 수입금액에 산입한다.

④ 주택임대소득이 과세되는 고가주택은 과세기간 종료일 현재 기준시가 12억원을 초과하는 주택을 말한다.

⑤ 사업자가 부동산을 임대하고 임대료 외에 전기료, 수도료 등 공공요금의 명목으로 지급받은 금액이 공공요금의 납부액을 초과할 때 그 초과하는 금액은 사업소득 총 수입금액에 산입한다.

08 「소득세법」상 국내에 소재한 주택을 임대한 경우 발생하는 소득에 관한 설명으로 틀린 것은? (단, 아래의 주택은 상시 주거용으로 사용하고 있음) 제25회

① 주택 1채만을 소유한 거주자가 과세기간 종료일 현재 기준시가 13억원인 해당 주택을 전세금을 받고 임대하여 얻은 소득에 대해서는 소득세가 과세되지 아니한다.

② 주택 2채를 소유한 거주자가 1채는 월세계약으로 나머지 1채는 전세계약의 형태로 임대한 경우, 월세계약에 의하여 받은 임대료에 대해서만 소득세가 과세된다.

③ 거주자의 보유주택 수를 계산함에 있어서 다가구주택은 1개의 주택으로 보되, 구분등기된 경우에는 각각을 1개의 주택으로 계산한다.

④ 주택의 임대로 인하여 얻은 과세대상 소득은 사업소득으로서 해당 거주자의 종합소득금액에 합산된다.

⑤ 주택을 임대하여 얻은 소득은 거주자가 사업자등록을 한 경우에 한하여 소득세 납세의무가 있다.

고득점

09 다음 자료를 이용하여 부동산임대사업자인 거주자 甲의 2025년 사업소득 총 수입금액을 계산한 것으로 옳은 것은? (단, 주어진 조건으로만 판단함)

- 甲은 국내에 주택 3채(각각의 기준시가는 모두 300,000,000원을 초과함)를 소유하고, 그 중 하나의 주택을 임대하고 있다.
- 2025년 1월 1일에 임대주택의 임대보증금 500,000,000원과 1년분 임대료 24,000,000원을 수령하였다.
- 임대기간은 2025년 1월 1일부터 12월 31일까지이다.
- 기획재정부령이 정하는 정기예금이자율은 연 10%로 가정한다.
- 甲은 적법하게 장부를 비치 · 기록하고 있으며, 장부에 의하여 사업소득금액을 신고한 것으로 한다.

① 12,000,000원
② 18,000,000원
③ 22,000,000원
④ 24,000,000원
⑤ 36,000,000원

10 「소득세법」상 거주자가 2025년도에 국내 소재 부동산 등을 임대하여 발생하는 소득에 관한 설명으로 <u>틀린</u> 것은?

① 분리과세시 소득세율은 14%이다.
② 비과세 주택 수 계산시에 본인과 배우자가 각각 주택을 소유하는 경우에는 이를 합산한다.
③ 주거용 건물 임대업에서 발생한 결손금은 종합소득과세표준을 계산할 때 공제한다.
④ 부부가 각각 주택을 1채씩 보유한 상태에서 그 중 1주택을 임대하고 연간 1,800만원의 임대료를 받았을 경우 주택임대에 따른 과세소득은 분리과세와 종합과세 중에서 선택할 수 있다.
⑤ 임대보증금의 간주임대료를 계산하는 과정에서 금융수익을 차감할 때 그 금융수익은 수입이자와 할인료, 수입배당금, 유가증권처분이익으로 한다.

11 「소득세법」상 부동산 관련 사업에 대한 설명으로 <u>틀린</u> 것은?

① 1동의 주택을 신축하여 판매하는 경우 건설업으로 본다.
② 신축한 주택이 판매되지 아니하여 판매할 때까지 일시적으로 일부 또는 전부를 임대한 후 판매하는 경우 부동산매매업으로 본다.
③ 자기의 토지 위에 상가를 신축하여 판매할 목적으로 건축 중인 「건축법」에 의한 건물과 토지를 제3자에 양도한 경우 부동산매매업에 해당한다.
④ 건설업자에게 도급을 주어서 주택을 신축하여 판매하는 경우 건설업으로 본다.
⑤ 기존 주택을 매입하여 판매하는 것은 부동산매매업으로 본다.

중요

12 「소득세법」상 거주자의 부동산과 관련된 사업소득에 관한 설명으로 옳은 것은? 제31회

① 국외에 소재하는 주택의 임대소득은 주택 수에 관계없이 과세하지 아니한다.
② 「공익사업을 위한 토지 등의 취득 및 보상에 관한 법률」에 따른 공익사업과 관련하여 지역권을 대여함으로써 발생하는 소득은 부동산업에서 발생하는 소득으로 한다.
③ 부동산임대업에서 발생하는 사업소득의 납세지는 부동산 소재지로 한다.
④ 국내에 소재하는 논·밭을 작물 생산에 이용하게 함으로써 발생하는 사업소득은 소득세를 과세하지 아니한다.
⑤ 주거용 건물 임대업에서 발생한 결손금은 종합소득 과세표준을 계산할 때 공제하지 아니한다.

제3장 양도소득세

Point 40 양도소득세 특징 ★

기본서 p.267~268

① 국세, 보통세, 직접세, 종가세, 정률세
② 유통과세, 인세(양도자별 합산과세), 분류과세
③ 사업성 없이 비경상적 · 비반복적 양도에 과세, 열거주의 과세
④ 사실주의 과세
⑤ 차등비례세율, 초과누진세율
⑥ **신고납부제도:** 예정신고납부, 확정신고납부
⑦ **부가세:** 납부세액의 부가세는 없음, 감면시 농어촌특별세(20%)
⑧ 분할납부(1천만원 초과, 2개월 이내) 적용 ○(단, 물납은 폐지)

Point 41 양도소득세 과세대상 ★★★

기본서 p.268~273

구분	내용
토지	관련 법률에 따른 지적공부에 등록하여야 할 지목에 해당하는 것
건물	건물에 부속된 시설물과 구축물 포함
부동산에 관한 권리	① 지상권, 전세권, 등기된 부동산임차권 • 지상권 · 전세권은 등기와 무관하게 과세대상 ○ • 미등기 부동산임차권은 과세대상 × • 지역권은 과세대상 × ② 부동산을 취득할 수 있는 권리(아파트 당첨권, 분양권 등, 주택상환사채, 토지상환채권, 부동산매매계약을 체결한 자가 계약금만 지급한 상태에서 양도하는 권리) 점포임차권 · 저작권 등 무체재산권은 과세대상 ×
기타 자산	① 특정시설물 이용 · 회원권(예 골프회원권 등) 법인의 주식 등을 소유하는 것만으로 시설물을 배타적으로 이용하거나 일반이용자보다 유리한 조건으로 시설물이용권을 부여받게 되는 경우 그 주식 등을 포함 ② 사업에 사용하는 자산(토지, 건물, 부동산에 관한 권리)과 함께 양도하는 영업권 사업에 사용하는 자산과 분리되어 양도하는 영업권은 과세대상 × ③ 과점주주가 소유한 특정법인 주식 50%(법인 부동산 보유비율), 50%(주주 주식 보유비율), 3년 내 50%(주주 주식 양도비율) ④ 특수업종(골프장, 스키장, 콘도 등)을 영위하는 부동산 과다보유법인주식 80%(법인 부동산 보유비율), 단 1주(주주 양도주식 수)

	⑤ 이축권 ㉠ 부동산과 함께 양도하는 「개발제한구역의 지정 및 관리에 관한 특별조치법」 제12조 제1항 제2호 및 제3호의2에 따른 이축을 할 수 있는 권리(이축권)는 과세대상 ㉡ 다만, 해당 이축권 가액을 별도로 평가하여 구분신고하는 경우에는 기타소득으로 과세
주식 또는 출자지분	① 주권상장법인의 주식: 대주주의 양도 또는 장외거래 ② 주권비상장법인의 주식 ③ 외국법인이 발행하였거나 외국에 있는 시장에 상장된 주식 등으로서 대통령령으로 정하는 주식
파생상품	파생상품 등의 거래 또는 행위로 발생하는 소득(이자소득 및 배당소득에 따른 파생상품의 거래 또는 행위로부터의 이익 제외)
신탁 수익권	① 신탁의 이익을 받을 권리(「자본시장과 금융투자업에 관한 법률」 제110조에 따른 수익증권 및 같은 법 제189조에 따른 투자신탁의 수익권 등 대통령령으로 정하는 수익권은 제외)의 양도로 발생하는 소득은 양도소득세 과세대상이 된다. ② 다만, 신탁수익권의 양도를 통하여 신탁재산에 대한 지배 · 통제권이 사실상 이전되는 경우는 신탁재산 자체의 양도로 본다.

Point 42 양도의 개념 및 형태 ★★★★★

기본서 p.274~281

양도에 해당하는 경우(사실상 유상이전)	양도에 해당하지 않는 경우
① 매매 ② 교환(거래당사자 모두) ③ 법인에 현물출자 ④ 대물변제 ㉠ 금전적 채무에 갈음하여 부동산 등을 이전 ㉡ 이혼의 위자료지급에 갈음하여 부동산 등을 이전 ㉢ 손해배상의 위자료지급에 갈음하여 부동산등을 이전 ㉣ 조세 물납 🔍 1세대 1주택 비과세 요건을 갖춘 주택을 대물변제하는 경우에는 비과세 ⑤ 배우자 · 직계존비속 이외의 자간의 부담부증여(수증자가 인수하는 채무상당액) ⑥ 수용 ⑦ 경매 · 공매	① 무상이전 ② 양도담보 ③ 공유물의 단순분할 ④ 환지로 인한 지번 또는 지목변경 ⑤ 보류지(공공용지, 체비지)로 충당되는 토지 ⑥ 지적경계선 변경을 위한 토지의 교환(단, 분할된 토지의 전체 면적이 분할 전 토지의 전체 면적의 100분의 20을 초과하지 아니할 것) ⑦ 매매원인무효의 소에 의하여 그 매매사실이 원인무효로 판시되어 소유권이 환원 ⑧ 법원의 확정판결에 의하여 신탁해지를 원인으로 소유권이전등기를 하는 경우 ⑨ 배우자 · 직계존비속간의 양도(증여로 추정) 🔍 대가관계가 입증되는 경우에는 양도 ○ ⑩ 「민법」 규정에 의한 재산분할로 인한 경우 ⑪ 경매된 자산을 자기가 재취득하는 경우

⑧ 담보로 이전된 부동산을 채무불이행으로 매각(변제충당) ⑨ 매입한 체비지를 매각하는 경우 ⑩ 환지처분에 의하여 환지받은 토지로서 해당 권리면적이 감소된 경우 ⑪ 지분변동(지분감소)하는 공유물 분할	

Point 43 양도 또는 취득시기 ★★★

기본서 p.282~285

구분			양도 또는 취득시기
일반적인 거래	매매 등	원칙	사실상의 대금청산일(계약서상 잔금지급일 ×) 🔍 대금에는 양수인이 부담하는 양도소득세는 제외
		예외	① 선등기: 등기접수일 ② 대금청산일 불분명: 등기접수일
특수한 거래	장기할부매매		등기접수일 · 인도일 또는 사용수익일 중 빠른 날
	상속		상속개시일
	증여		증여받은 날
	자가 건설 건축물	허가	원칙: 사용승인서 교부일
			예외: 임시사용승인일, 사실상 사용일 중 빠른 날
		무허가	사실상 사용일
	환지처분	환지받은 토지: 환지 전 토지 취득일	
		환지처분으로 권리면적보다 증가 · 감소된 토지: 환지처분공고일의 다음 날	
	미완성 · 미확정자산	(완성 · 확정 전 대금청산된 경우) 완성 또는 확정된 날	
	경매	경매대금완납일	
	과점주주의 주식거래	부동산 과다보유 법인의 과점주주(50% 이상)가 3년 내 합산하여 50% 이상 양도하는 때	
	「민법」상 시효취득	점유개시일(등기접수일 ×, 시효만료일 ×)	
	법원의 무효판결로 환원된 자산의 취득	그 자산의 당초 취득일(확정판결일 ×)	
	수용	① 소유권이전등기접수일, 사실상 잔금청산일, 수용개시일(토지수용위원회가 수용을 개시하기로 결정한 날) 중 가장 빠른 날 ② 소유권에 관한 소송으로 보상금이 공탁된 경우에는 소유권 관련 소송판결확정일	

Point 44 양도소득세 비과세 ★★★★★

기본서 p.285~313

(1) 비과세 양도소득의 종류

① 파산선고에 의한 처분으로 인하여 발생하는 소득

② 법령에 의한 농지의 교환

③ 법령에 의한 농지의 분합

④ 「지적재조사에 관한 특별법」 제18조에 따른 경계의 확정으로 지적공부상의 면적이 감소되어 지급받은 조정금

⑤ 1세대 1주택(고가주택 제외)과 부수토지

(2) 농지의 교환 또는 분합으로 인한 비과세

① 교환 또는 분합의 요건: 교환 또는 분합하는 쌍방토지가액의 차액이 큰 편의 4분의 1 이하

② 교환 또는 분합의 사유

㉠ 국가 · 지방자치단체의 시행사업으로 인하여 교환 · 분합하는 농지

㉡ 국가 · 지방자치단체 소유의 토지와 교환 · 분합하는 농지

㉢ 「농어촌정비법」 등에 의하여 교환 · 분합하는 농지

㉣ 경작상 필요에 의하여 교환하는 농지(신농지에서 3년 이상 거주경작에 한함)

ⓐ 신농지 취득 후 3년 이내에 수용되는 경우에는 3년 이상 거주경작한 것으로 본다.

ⓑ 신농지 취득 후 3년 이내에 농지소유자가 사망한 경우로서 상속인이 계속 경작한 때에는 피상속인의 경작기간과 상속인의 경작기간을 통산한다.

(3) 1세대 1주택 및 부수토지 양도로 인한 비과세

1세대 1주택 및 부수토지 비과세 요약

1. 1세대
2. 양도일 현재 국내에 1주택 보유(예외 있음)
3. 양도일 현재 2년 이상 보유(예외 있음)
4. 미등기 아닐 것
5. 비과세되는 부수토지 범위

① 「국토의 계획 및 이용에 관한 법률」 제6조 제1호에 따른 도시지역 내의 토지: 다음에 따른 배율

- 「수도권정비계획법」 제2조 제1호에 따른 수도권 내의 토지 중 주거지역 · 상업지역 및 공업지역 내의 토지: 3배
- 수도권 내의 토지 중 녹지지역 내의 토지: 5배
- 수도권 밖의 토지: 5배

② 그 밖의 토지: 건물 정착면적의 10배

① 1세대

㉠ **원칙**: 거주자 및 그 배우자(법률상 이혼을 하였으나 생계를 같이 하는 등 사실상 이혼한 것으로 보기 어려운 관계에 있는 자 포함)가 그들과 동일한 주소 또는 거소에서 생계를 같이 하는 가족을 말함

㉡ **예외**: 배우자가 없는 경우에도 1세대로 보는 경우

ⓐ 연령이 30세 이상

ⓑ 배우자의 사망 또는 이혼

ⓒ 「소득세법」에서 정하는 일정한 소득이 있는 경우

② 양도일 현재 1주택(고가주택 제외) 보유

㉠ 양도일(주택의 매매계약을 체결한 후 해당 계약에 따라 주택을 주택 외의 용도로 용도변경하여 양도하는 경우에는 해당 주택의 매매계약일) 현재 국내에 1주택을 보유

🔍 국외 소재 주택은 주택 수에 포함 ×

㉡ 1주택의 보유 여부는 양도시점을 기준으로 판단

㉢ **주택의 판정**: 사실상 현황에 의하여 판정

🔍 주택이 아닌 것: 별장, 콘도미니엄, 기숙사, 합숙소 등

㉣ 2개 이상의 주택을 같은 날에 양도하는 경우에는 당해 거주자가 선택하는 순서에 따라 주택을 양도한 것으로 본다.

㉤ 1세대 2주택 중 비과세 특례

<table>
<tr><th>구분</th><th colspan="2">2주택 해소기간</th><th>비과세대상 주택</th><th>2년 보유요건</th></tr>
<tr><td>주거이전</td><td colspan="2">종전 주택 취득 후 1년 경과 및 다른 주택 취득일부터 3년 이내</td><td>종전의 주택</td><td rowspan="7">양도하는 해당 주택만 양도일 현재 2년 이상 보유</td></tr>
<tr><td>노부모 동거봉양</td><td>합가일부터</td><td>10년 이내</td><td rowspan="2">먼저 양도하는 주택</td></tr>
<tr><td>혼인</td><td>혼인한 날부터</td><td>10년 이내</td></tr>
<tr><td>수도권 밖의 주택</td><td>사유해소일부터</td><td>3년 이내</td><td rowspan="4">일반 주택</td></tr>
<tr><td>상속주택</td><td colspan="2" rowspan="5">해소기간 제한 없음
🔍 귀농주택은 그 귀농주택 취득일로부터 5년 이내 일반주택을 양도하여야 함</td></tr>
<tr><td>농어촌주택</td></tr>
<tr><td>등록문화유산주택</td></tr>
<tr><td>장기임대주택*</td><td rowspan="2">거주주택</td><td rowspan="2">그 보유기간 중 2년 이상 거주</td></tr>
<tr><td>장기어린이집주택</td></tr>
</table>

* 장기임대주택은 양도일 현재 사업자등록을 하고, 장기임대주택을 민간임대주택으로 등록하여 임대하고 있으며, 임대보증금 또는 임대료의 증가율이 100분의 5를 초과하지 않아야 한다.

③ 2년 이상 보유

㉠ 원칙

ⓐ **일반적인 경우:** 2년(비거주자가 거주자로 전환된 경우에는 3년) 이상 보유

ⓑ **조정대상지역 내 주택의 경우:** 취득 당시에 조정지역에 있는 주택을 조정대상지역 공고일 이후에 취득한 경우에는 해당 주택의 보유기간이 2년(비거주자가 해당 주택을 3년 이상 계속 보유하고 그 주택에서 거주한 상태로 거주자로 전환된 해당하는 거주자의 주택인 경우에는 3년) 이상이고 그 보유기간 중 거주기간이 2년 이상인 것이어야 한다.

보유기간 계산

1. 일반적인 경우: 취득일로부터 양도일까지
2. 소실 · 노후 등으로 재건축한 경우

보유기간 및 거주기간 포함 여부		
종전주택	공사기간	재건축주택
포함	포함 ×	포함

㉡ 보유기간 및 거주기간의 예외

보유기간 및 거주기간의 제한 ×	건설임대주택 특례: 민간건설임대주택 또는 공공건설임대주택을 취득하여 양도하는 경우로서 해당 건설임대주택의 임차일부터 해당 주택의 양도일까지의 기간 중 세대전원이 거주(취학, 근무상의 형편, 질병의 요양, 그 밖에 부득이한 사유로 세대의 구성원 중 일부가 거주하지 못하는 경우를 포함)한 기간이 5년 이상인 경우
	주택 및 그 부수토지(사업인정고시일 전에 취득한 주택 및 그 부수토지에 한함)의 전부 또는 일부가 협의매수 · 수용 및 그 밖의 법률에 의하여 수용되는 경우 주택 및 부수토지의 일부만 수용된 경우 잔존부분의 경우 수용일부터 5년 이내 양도하는 경우에는 비과세
	해외이주의 경우: 「해외이주법」에 따른 해외이주로 세대전원이 출국하는 경우 출국일 현재 1주택을 보유하고 있는 경우로서 출국일부터 2년 이내에 양도하는 경우에 한함
	장기 국외거주의 경우: 1년 이상 계속하여 국외거주를 필요로 하는 취학 또는 근무상의 형편으로 세대전원이 출국하는 경우 출국일 현재 1주택을 보유하고 있는 경우로서 출국일부터 2년 이내에 양도하는 경우에 한함

	취학 등 부득이한 사유로 양도: 1년 이상 거주한 주택을 취학, 근무상의 형편, 질병의 요양, 학교폭력으로 인한 전학 기타 부득이한 사유로 양도하고 다른 시 · 군으로 세대전원이 주거를 이전하는 경우
거주기간의 제한 ×	거주자가 조정대상지역의 공고가 있은 날 이전에 매매계약을 체결하고 계약금을 지급한 사실이 증빙서류에 의하여 확인되는 경우로서 해당 거주자가 속한 1세대가 계약금 지급일 현재 주택을 보유하지 아니하는 경우

(4) 겸용주택(1세대 1주택 비과세 요건을 갖춘 경우)

구분	건물분 비과세	토지분 비과세(①과 ② 중 적은 면적)
주택면적 > 주택 이외 면적	전부 주택 (비과세)	① 총 토지면적 ② 주택정착면적 × 3배 또는 5배(도시지역 밖은 10배)
주택면적 ≦ 주택 이외 면적	주택만 주택 (주거부분만 비과세)	주택부수토지 ① 토지면적 × (주택면적 ÷ 건물 연면적) ② 주택정착면적 × 3배 또는 5배(도시지역 밖은 10배)

고가주택의 겸용주택(1세대 1주택 비과세에 해당하는 주택)
- 고가주택의 겸용주택은 주택과 주택 이외 부분을 분리하여 과세한다.
- 주택면적이 크더라도 주거부분만 주택으로 본다. 즉, 주거부분은 안분계산하고 상가부분은 과세한다.

다가구주택: 단독주택으로 보는 다가구주택의 경우에는 그 전체를 하나의 주택으로 보아 고가주택 기준을 적용한다.

(5) 고가주택 및 고가의 조합원입주권(1세대 1주택 비과세 요건을 갖춘 경우)

① 정의: 실지거래가액 합계액이 12억원을 초과하는 주택 및 조합원입주권

② 양도 당시 실지거래가액 중 12억원 초과분을 과세

③ 양도차익 계산

$$\text{고가주택의 양도차익} = \text{일반적 양도차익} \times \frac{(\text{양도가액} - 12\text{억원})}{\text{양도가액}}$$

$$\text{고가주택의 장기보유특별공제액} = \text{일반적 장기보유특별공제액} \times \frac{(\text{양도가액} - 12\text{억원})}{\text{양도가액}}$$

실거래가가 12억원을 초과하는 고가의 조합원입주권도 고가주택과 동일한 방식으로 양도소득금액을 계산한다.

Point 45 양도소득세 계산구조(1) ★★★★★

기본서 p.313~325

- 양도차익 = 양도가액 − (취득가액 + 기타 필요경비)
- 양도소득금액 = 양도차익 − 장기보유특별공제액
- 과세표준 = 양도소득금액 − 양도소득기본공제액
- 양도소득 산출세액 = 양도소득과세표준 × 세율

항목	내용
양도가액	① 원칙: 실지거래가액 ② 예외: 추계결정가액(매매사례가액 − 감정가액 − 기준시가)
취득가액	① 원칙: 실지거래가액 ② 예외: 추계결정가액(매매사례가액 − 감정가액 − 환산취득가액 − 기준시가) **건물을 신축 또는 증축하여 취득한 후 5년 이내 양도:** 감정가액 또는 환산취득가액의 5% 가산세 적용
기타 필요경비	① 취득가액을 실지거래가액으로 하는 경우: 자본적 지출액 + 양도직접비용 ② 취득가액을 추계결정 하는 경우: 필요경비개산공제(3%, 7%, 1%)
장기보유특별공제	① 등기되고 3년 이상 보유한 토지(비사업용 토지 포함)와 건물(주택 포함), 조합원입주권(조합원으로부터 취득한 경우 제외) 양도시에 한하여 적용 ② 보유기간에 따라 양도차익의 6~30%, 1세대 1주택(고가주택 등): 20~80%
양도소득기본공제	① 소득별로 각각 연 250만원 공제(미등기 양도자산은 적용 배제) ② 양도자산의 종류와 보유기간에 관계없이 공제
양도소득과세표준 세율	① 토지, 건물, 부동산에 관한 권리: 70%, 50%, 40%, 6~45%(비사업용 토지는 16~55%) ② 주택 및 조합원입주권: 70%, 60%, 6~45% **조정대상지역 내 2주택(2년 보유) 및 3주택(2년 보유):** 2026.5.9.까지 양도하는 경우 기본세율 적용 ③ 주택분양권: 70%, 60%

(1) 양도차익의 계산

① 양도가액과 취득가액의 적용기준

원칙	실지거래가액
예외	추계결정(매매사례가액, 감정가액, 환산취득가액, 기준시가)

② **양도가액과 취득가액의 동일기준 적용:** 양도차익을 계산할 때 양도가액을 실지거래가액에 따를 때에는 취득가액도 실지거래가액에 따르고, 양도가액을 기준시가에 따를 때에는 취득가액도 기준시가에 따른다.

③ 추계결정에 의하는 경우

㉠ 매매사례가액: 양도일 또는 취득일 전후 각 3개월 이내

㉡ 감정가액: 양도일 또는 취득일 전후 각 3개월 이내 감정가액의 평균액. 다만, 기준시가가 10억원 이하인 자산의 경우에는 하나의 감정평가법인 등이 평가한 것

㉢ 환산취득가액

$$환산취득가액 = 양도\ 당시의\ 실지거래가액\ 등 \times \frac{취득\ 당시의\ 기준시가}{양도\ 당시의\ 기준시가}$$

㉣ 기준시가

구분		내용
토지	일반지역	개별공시지가 (공시되지 않은 경우) 인근유사토지 개별공시지가를 표준지로 보고 관할 세무서장이 평가한 금액
	지정지역	개별공시지가 × 배율(국세청장)
건물	일반건물	국세청장이 매년 1회 이상 산정 · 고시하는 가액
	지정건물	지정지역 내 오피스텔 · 상업용 건물은 별도의 평가기준 적용 (토지 · 건물 ⇨ 일괄평가)
주택		개별주택가격(단독주택), 공동주택가격
부동산을 취득할 수 있는 권리		부동산을 취득할 수 있는 권리: 양도자산의 종류 · 규모 · 거래상황 등을 감안하여 취득일 또는 양도일까지 불입한 금액과 취득일 또는 양도일 현재의 프리미엄에 상당하는 금액을 합한 금액

(2) 실지거래가액에 의하는 경우의 양도차익 계산

① 양도가액: 실지양도가액으로 양도소득의 총 수입금액

특수관계자간의 거래

실지양도가액을 적용할 때 거주자가 양도소득세 과세대상 자산을 양도하는 경우로서 다음의 어느 하나에 해당하는 경우에는 그 가액을 해당 자산의 양도 당시의 실지거래가액으로 본다.

- 「법인세법」 제2조 제12호에 따른 특수관계인에 해당하는 법인에 양도한 경우로서 같은 법 제67조에 따라 해당 거주자의 상여 · 배당 등으로 처분된 금액이 있는 경우에는 같은 법 제52조에 따른 시가
- 특수관계법인 외의 자에게 자산을 시가보다 높은 가격으로 양도한 경우로서 「상속세 및 증여세법」 제35조에 따라 해당 거주자의 증여재산가액으로 하는 금액이 있는 경우에는 그 양도가액에서 증여재산가액을 뺀 금액

② 취득가액: 매입가액(취득세 등 부대비용 포함) 또는 건설가액

「지적재조사에 관한 특별법」 제18조에 따른 경계의 확정으로 지적공부상의 면적이 증가되어 징수한 조정금은 취득가액에서 제외

㉠ 현재가치할인차금, 폐업시의 잔존재화에 부과된 부가가치세 포함

㉡ 부당행위계산에 의한 시가초과액 제외

㉢ 취득 관련 소송 · 화해비용(그 지출한 연도의 각 소득금액의 계산에 있어서 필요경비에 산입된 것을 제외한 금액) 포함

㉣ 당사자 약정에 의한 대금지급방법에 따라 취득원가에 이자상당액을 가산하여 거래가액을 확정하는 경우 당해 이자상당액은 포함(연체이자, 주택구입시 대출금이자 제외)

㉤ 다른 소득금액 계산시 필요경비로 산입된 소송화해비용 · 감가상각비 · 현재가치할인차금 상각액 등의 금액은 제외

③ 기타 필요경비

㉠ 자본적 지출

ⓐ 내용연수 연장비용, 개량비용, 이용의 편의에 소요된 비용

ⓑ 취득 후의 소유권 관련한 소송 · 화해비용 등의 금액

ⓒ 용도변경 및 개량을 위하여 지출한 비용

ⓓ 수익자부담금 · 개발부담금 · 재건축부담금

ⓔ 토지이용의 편의를 위하여 지출한 장애철거비용, 도로시설비용

도장비용 등 수익적 지출액은 제외

㉡ 양도직접비용(양도간접비용×)

ⓐ 양도소득세 신고서 작성비용, 계약서 작성비용, 공증비용, 인지대, 중개수수료, 매매계약상의 인도의무를 이행하기 위하여 양도자가 지출한 명도소송비 등의 명도비용 등

ⓑ 토지 · 건물을 취득함에 있어 법령 등에 따라 매입한 국민주택채권 및 토지개발채권을 만기 전에 금융기관 등에 양도함으로써 발생하는 매각차손(금융기관 외의 자에게 양도한 경우에는 동일한 날에 금융기관에 양도하였을 경우 발생하는 매각차손을 한도로 함)

부동산매매계약의 해약으로 인하여 지급하는 위약금 등은 양도차익 계산시 필요경비에 포함 ×

적격증빙 등

- 자본적 지출액 등이 필요경비로 인정받기 위해서는 세금계산서, 신용카드매출전표 등의 증빙서류를 수취 · 보관하거나 실제 지출사실이 금융거래 증명서류(예 계좌이체 등)에 의하여 확인되는 경우를 말한다.
- 취득세 및 등록면허세는 납부영수증이 없는 경우에도 필요경비로 공제 가능하다.

실지거래가액을 적용하여 양도차익을 계산하는 경우 필요경비

필요경비에 포함	필요경비에 포함되지 않음
• 현재가치할인차금, 잔존재화에 부과된 부가가치세, 과세사업자가 면세사업자로 전환됨에 따라 납부한 부가가치세 • 취득세, 등록면허세 등 취득 관련 조세, 등기비용, 컨설팅비용 • 거래당사자간에 대금지급방법에 따라 지급하기로 한 이자 • 취득시 발생한 소송비용, 화해비용 • 자본적 지출액(예 개량비, 수선비, 이용의 편의에 소요된 비용 등) • 양도직접비용(양도소득세신고서 작성비용, 공증비용, 계약서 작성비용, 소개비, 국민주택채권의 채권매각차손 등) • 개발부담금, 재건축부담금, 농지전용부담금 • 매매계약서상의 인도의무를 이행하기 위하여 양도자가 지출한 명도소송비 등 명도비용	• 「지적재조사에 관한 특별법」 제18조에 따른 경계의 확정으로 지적공부상의 면적이 증가되어 징수한 조정금 • 부당행위계산에 의한 시가초과액 • 재산세, 종합부동산세, 상속세, 증여세(이월과세특례가 적용되는 경우에는 예외적으로 필요경비에 포함) • 사업자가 납부한 부가가치세로서 매입세액공제를 받는 것 • 대금지급 지연이자, 주택구입시 대출금이자 • 다른 소득금액 계산시 필요경비로 산입된 소송화해비용 · 감가상각비 · 현재가치할인차금상각액 등의 금액 • 수익적 지출액(예 도장비용, 방수비용, 도배장판비용 등)

(3) 추계결정에 의하는 경우의 양도차익 계산

① 양도차익의 계산

- 양도차익 = 양도가액 − 필요경비
- 필요경비 = 취득가액(매 ⇨ 감 ⇨ 환 ⇨ 기) + 기타 필요경비(필요경비개산공제액)

② 필요경비개산공제율

㉠ **토지 · 건물:** 취득 당시 기준시가 × 3%(미등기는 0.3%)

㉡ **지상권 · 전세권 · 등기된 부동산임차권:** 취득 당시 기준시가 × 7%(미등기는 제외)

㉢ **나머지 과세대상:** 취득 당시 기준시가 × 1%

취득가액을 추계방법 중 환산취득가액에 의하는 경우의 필요경비

취득가액을 환산취득가액으로 하는 경우로서 아래의 1.의 금액이 2.의 금액보다 적은 경우에는 2.의 금액을 필요경비로 할 수 있다.

1. 환산취득가액과 필요경비개산공제액의 합계액
2. 자본적 지출액 및 양도직접비용의 합계액

Point 46 양도소득세 계산구조(2) ★★★★★

기본서 p.326~348

(1) 장기보유특별공제

① 적용대상

적용대상	적용 배제대상
국내에 소재하는 자산	국외에 소재하는 자산
등기된 양도자산	미등기 양도자산
3년 이상 보유	3년 미만 보유한 토지, 건물
토지, 건물, 조합원입주권 (조합원으로부터 취득한 것은 제외)	토지, 건물, 조합원입주권 이외 양도자산

비사업용 토지는 공제대상이다.

조정대상지역 내 다주택(3년 보유)을 2022년 5월 10일부터 2026년 5월 9일까지 양도하는 경우에는 장기보유특별공제를 적용받을 수 있다.

② 장기보유특별공제액

㉠ 일반적인 경우

장기보유특별공제금액 = 양도차익 × 보유기간별 공제율

보유기간	공제율
	일반적인 토지 · 건물(보유연수 × 2%)
3년 이상 4년 미만	양도차익 × 6%
4년 이상 5년 미만	양도차익 × 8%
5년 이상 6년 미만	양도차익 × 10%
6년 이상 7년 미만	양도차익 × 12%
7년 이상 8년 미만	양도차익 × 14%
8년 이상 9년 미만	양도차익 × 16%
9년 이상 10년 미만	양도차익 × 18%
10년 이상 11년 미만	양도차익 × 20%
11년 이상 12년 미만	양도차익 × 22%
12년 이상 13년 미만	양도차익 × 24%
13년 이상 14년 미만	양도차익 × 26%
14년 이상 15년 미만	양도차익 × 28%
15년 이상	양도차익 × 30%

㉡ 양도소득세가 과세되는 1세대 1주택(보유기간 연 4% + 거주기간 연 4%)

장기보유특별공제금액 = 양도차익 × (보유기간별 공제율 + 거주기간별 공제율)

보유기간	공제율	거주기간	공제율
3년 이상 4년 미만	100분의 12	2년 이상 3년 미만 (보유기간 3년 이상에 한정)	100분의 8
		3년 이상 4년 미만	100분의 12
4년 이상 5년 미만	100분의 16	4년 이상 5년 미만	100분의 16
5년 이상 6년 미만	100분의 20	5년 이상 6년 미만	100분의 20
6년 이상 7년 미만	100분의 24	6년 이상 7년 미만	100분의 24
7년 이상 8년 미만	100분의 28	7년 이상 8년 미만	100분의 28
8년 이상 9년 미만	100분의 32	8년 이상 9년 미만	100분의 32
9년 이상 10년 미만	100분의 36	9년 이상 10년 미만	100분의 36
10년 이상	100분의 40	10년 이상	100분의 40

조합원입주권을 양도하는 경우에는 관리처분계획인가 전 주택분의 양도차익으로 한정

1세대 1주택: 20~80%의 장기보유특별공제율을 적용받는 1세대 1주택이란 1세대가 양도일(주택의 매매계약을 체결한 후 해당 계약에 따라 주택을 주택 외의 용도로 용도변경하여 양도하는 경우에는 해당 주택의 매매계약일) 현재 국내에 1주택(「소득세법」 제155조, 제155조의2, 제156조의2, 제156조의3 및 그 밖의 규정에 따라 1세대 1주택으로 보는 주택을 포함)을 보유하고 보유기간 중 거주기간이 2년 이상인 것을 말한다.

③ 주택이 아닌 건물을 사실상 주거용으로 사용하는 등의 경우로서 1세대 1주택

장기보유특별공제금액 = 양도차익 × (보유기간별 공제율 + 거주기간별 공제율)

㉠ **보유기간별 공제율**: 다음 계산식에 따라 계산한 공제율. 다만, 다음 계산식에 따라 계산한 공제율이 100분의 40보다 큰 경우에는 100분의 40으로 한다.

주택이 아닌 건물로 보유한 기간에 해당하는 보유기간별 공제율(보유연수 × 2%)
+ 주택으로 보유한 기간에 해당하는 보유기간별 공제율(보유연수 × 4%)

㉡ **거주기간별 공제율**: 다음 계산식에 따라 계산한 공제율

주택으로 보유한 기간 중 거주한 기간에 해당하는 거주기간별 공제율(거주연수 × 4%)

④ 장기보유특별공제시 보유기간

㉠ **원칙**: 해당 자산의 취득일부터 양도일까지

㉡ **증여받은 자산을 양도하는 경우**: 증여받은 날부터 기산

㉢ **배우자 또는 직계존비속으로부터 증여받은 자산으로서 이월과세특례 규정을 적용받는 자산의 경우**: 증여한 배우자 또는 직계존비속이 해당 자산을 취득한 날부터 기산

㉣ **상속받은 자산을 양도하는 경우**: 상속개시일부터 기산

㉤ **가업상속공제가 적용된 비율에 해당하는 자산의 경우**: 피상속인이 해당 자산을 취득한 날부터 기산

ⓑ 조합원입주권을 양도하는 경우: 기존 건물과 그 부수토지의 취득일로부터 관리처분계획인가일까지의 기간

(2) 양도소득기본공제

① 등기(미등기 제외)

② 자산의 종류 불문

③ 보유기간 불문

④ 소득별 각각 연 250만원 공제

㉠ 부동산 등, 주식 또는 출자지분, 파생상품, 신탁수익권의 소득별로 공제

㉡ 국내 · 국외자산의 소득별로 공제

⑤ 공제방법

㉠ 양도소득금액에 감면소득금액이 있는 때에는 해당 감면소득금액 외의 양도소득금액에서 먼저 공제

㉡ 감면소득금액 외의 양도소득금액 중에서는 순차로 공제

㉢ 양도소득금액 범위 내에서 공제

(3) 세율

① **세율구조:** 차등비례세율, 초과누진세율

② **세율적용:** 하나의 자산이 다음에 따른 세율 중 둘 이상에 해당할 때에는 해당 세율을 적용하여 계산한 양도소득산출세액 중 큰 것을 그 세액으로 한다.

③ **토지 · 건물(주택 제외) 및 부동산에 관한 권리(조합원입주권 및 주택분양권 제외)**

구분		세율
미등기 양도자산		70%
등기 양도자산	2년 이상 보유(원칙)	6~45% 8단계 초과누진세율 [비사업용 토지: (6~45%) + 10%]
	1년 미만 보유	50%
	1년 이상 2년 미만 보유	40%

④ **주택 및 조합원입주권, 주택분양권**

과세대상에 따른 구분			세율
주택 및 조합원 입주권	미등기		70%
	등기	1년 미만 보유	70%
		1년 이상 2년 미만 보유	60%
		2년 이상 보유	6~45% 8단계 초과누진세율
주택 분양권		1년 미만 보유	70%
		1년 이상 보유	60%

⑤ **조정대상지역 내 1세대 2주택 및 3주택 세율:** 2022년 5월 10일부터 2026년 5월 9일까지 2년 보유한 후 양도하는 경우에는 6~45%의 기본세율을 적용한다.

⑥ **기타 자산:** 보유기간 관계없이 6~45% 초과누진세율

⑦ 주식 및 파생상품

구분		세율	
주식 등	원칙	20%	
	예외	비사업용 토지의 과다소유법인의 주식	기본세율 + 10%
		대법인의 대주주가 1년 미만 보유한 주식 등	30%
		중소기업의 주식 (대주주가 아닌 자가 양도하는 경우로 한정) 등	10%
파생상품		100분의 20(100분의 75의 범위에서 대통령령으로 인하할 수 있으므로 파생상품 등에 대한 양도소득세의 세율은 100분의 10으로 함)	

⑧ **신탁수익권:** 3억원 이하는 20%, 3억원 초과는 25%의 초과누진세율 적용

(4) 보유기간의 기산점

구분	양도 및 취득시기	장기보유특별공제 적용 보유기간	양도소득세율 적용 보유기간
상속	상속개시일	상속개시일	피상속인 취득일
증여	증여받은 날	증여받은 날	증여받은 날
증여특례	증여자의 취득일	증여자의 취득일	증여자의 취득일

(5) 미등기 양도자산

① 실지거래가액으로 양도차익 계산

② 장기보유특별공제 · 양도소득기본공제 적용 배제

③ 최고세율(70%) 적용

④ 비과세 배제 및 감면적용 배제

미등기 양도자산의 경우에도 필요경비개산공제(0.3%)는 적용

미등기 양도자산으로 보지 않는 경우

다음 중 어느 하나에 해당하는 경우에는 미등기임에도 불구하고 등기의제하여 불이익을 적용하지 아니한다.

- 장기할부조건으로 취득한 자산으로서 그 계약조건에 의하여 양도 당시 그 자산의 취득에 관한 등기가 불가능한 자산
- 법률의 규정이나 법원의 결정에 의하여 양도 당시 그 자산에 대한 등기가 불가능한 자산
- 비과세대상 농지(교환과 분합)
- 감면대상 농지(8년 이상 자경농지, 일정한 대토 농지)
- 1세대 1주택으로서 「건축법」에 의한 건축허가를 받지 아니하여 등기가 불가능한 자산
- 「도시개발법」에 따른 도시개발사업이 종료되지 아니하여 토지취득등기를 하지 아니하고 양도하는 토지
- 건설업자가 「도시개발법」에 따라 공사용역 대가로 취득한 체비지를 토지구획환지처분공고 전에 양도하는 토지

(6) 양도소득금액의 구분계산

① **구분계산**: 다음의 양도소득금액은 구분하여 계산하고, 각 소득금액을 계산함에 있어서 발생하는 결손금은 이를 다른 소득금액과 통산하지 않는다.

㉠ 토지 · 건물 · 부동산에 관한 권리 및 기타자산의 양도소득금액

㉡ 주권상장법인주식 · 코스닥상장법인주식 및 비상장주식의 양도소득금액

㉢ 파생상품의 양도소득금액

㉣ 신탁수익권 양도소득금액

② 결손금의 공제(통산)

㉠ **세율별 공제 우선**: 자산별 양도차손은 같은 세율이 적용되는 자산의 양도소득금액에서 먼저 통산한 후 미공제분은 다른 세율이 적용되는 자산의 양도소득금액에서 통산한다.

㉡ 미공제분의 처리

ⓐ 세율별 공제에 의하여 공제되지 못한 결손금(양도차손)은 소멸된다.

ⓑ 미공제된 결손금을 종합소득금액 · 퇴직소득금액에서 공제할 수 없다.

ⓒ 다음 과세기간으로 이월공제도 받을 수 없다.

⊕ 부동산임대소득의 결손금은 이월공제 가능

(7) 이월과세특례와 부당행위계산부인특례

구분	배우자 등 증여재산에 대한 이월과세	특수관계자간 증여재산에 대한 부당행위계산의 부인
증여자와 수증자와의 관계	배우자 및 직계존비속	특수관계자(이월과세 규정이 적용되는 배우자 및 직계존비속 제외)
적용대상 자산	토지, 건물, 특정시설물이용권, 부동산을 취득할 수 있는 권리, 양도일 전 1년 이내 증여받은 주식	양도소득세 과세대상 자산
수증일로부터 양도일까지의 기간	증여 후 10년 이내 (등기부상 소유기간)	증여 후 10년 이내 (등기부상 소유기간)
납세의무자	수증받은 배우자 및 직계존비속	당초 증여자(직접 양도한 것으로 간주)
기납부 증여세의 처리	양도차익 계산상 필요경비로 공제함	양도차익 계산상 필요경비로 공제하지 않음
연대납세의무 규정	없음	당초 증여자와 수증자가 연대납세의무 ○
조세 부담의 부당한 감소 여부	조세부담의 부당한 감소가 없어도 적용	조세 부담이 부당히 감소된 경우에만 적용 ① (특수관계자) 증여 후 우회양도: 수증자가 부담하는 증여세와 양도소득세를 합한 금액이 당초 증여자가 직접 양도하는 경우로 보아 계산한 양도소득세보다 적은 경우

		② (특수관계자) 저가양도 · 고가양수: 시가와 거래가액의 차액이 시가의 5%에 상당하는 금액 이상이거나 3억원 이상인 경우
취득가액의 계산	증여한 배우자 또는 직계존비속의 취득 당시를 기준	증여자의 취득 당시를 기준
장기보유특별공제 및 세율 적용시 보유기간 계산	증여한 배우자 또는 직계존비속의 취득일부터 양도일까지의 기간을 보유기간으로 함	증여자의 취득일부터 양도일까지의 기간을 보유기간으로 함

Point 47 양도소득세 납세절차 ★★★★★

기본서 p.348~356

(1) 예정신고납부 및 확정신고납부

예정신고	확정신고
① 신고기간 ㉠ 부동산 등: 양도일이 속하는 달의 말일부터 2개월 이내 ㉡ 주식 또는 출자지분: 양도일이 속하는 반기의 말일부터 2개월 이내 ㉢ 토지거래허가구역 내 토지 ⓐ 허가일 전에 대금청산한 경우: 허가일이 속하는 달의 말일부터 2개월 이내 ⓑ 허가 전에 허가구역지정이 해제된 경우: 해제일이 속하는 달의 말일부터 2개월 이내 ㉣ 부담부증여의 채무액에 해당하는 부분으로서 양도로 보는 경우: 그 양도일이 속하는 달의 말일부터 3개월 ② 양도차익이 없거나 양도차손이 발생한 경우에도 예정신고하여야 함 ③ 기한 내에 신고 + 납부: 세액공제 × ④ 가산세 ㉠ 신고불성실가산세 ⓐ 부정무신고 · 부정과소신고: 40% ⓑ 무신고: 20% ⓒ 과소신고: 10% ㉡ (납세고지 전)납부지연가산세: 1일 0.022%	① 신고기간: 양도일(허가일)이 속하는 과세기간의 다음 연도 5월 1일부터 5월 31일까지 ② 과세표준이 없거나 결손금이 발생한 경우에도 확정신고하여야 함 ③ 기한 내에 신고 + 납부: 세액공제 × ④ 가산세 ㉠ 신고불성실가산세: 40%, 20%, 10% ㉡ 납부지연가산세: 1일 0.022% ⑤ 확정신고 ㉠ 예정신고를 이행한 경우에는 확정신고를 생략할 수 있음 ㉡ 해당 과세기간에 누진세율 적용대상 자산에 대한 예정신고를 2회 이상 한 자가 이미 신고한 양도소득금액과 합산하여 예정신고를 하지 않는 등의 경우에는 예정신고를 이행한 경우라도 확정신고를 이행하여야 함

🔍 예정신고납부 하는 경우 「소득세법」 제82조 · 제118조에 따른 수시부과세액이 있을 때에는 공제하여 납부한다.

🔍 확정신고납부 하는 경우 「소득세법」 제107조에 따른 예정신고산출세액, 제114조에 따라 결정 · 경정한 세액, 제82조 · 제118조에 따른 수시부과세액이 있을 때에는 공제하여 납부한다.

감정가액 또는 환산취득가액 적용에 따른 가산세

1. 거주자가 건물을 신축 또는 증축(증축의 경우 바닥면적 합계가 $85m^2$를 초과하는 경우에 한정)하고 그 건물의 취득일 또는 증축일부터 5년 이내에 해당 건물을 양도하는 경우로서 감정가액 또는 환산취득가액을 그 취득가액으로 하는 경우에는 해당 건물 감정가액(증축의 경우 증축한 부분에 한정) 또는 환산취득가액(증축의 경우 증축한 부분에 한정)의 100분의 5에 해당하는 금액을 양도소득 결정세액에 더한다.
2. 위 1.은 양도소득 산출세액이 없는 경우에도 적용한다.

(2) 분할납부(물납 ×)

① 분할납부: 거주자로서 예정신고납부 또는 확정신고에 따라 납부할 세액이 각각 1천만원을 초과하는 자는 납부할 세액의 일부를 납부기한이 지난 후 2개월 이내에 분할납부 가능하다.

② 분할납부할 수 있는 세액

구분		분할납부 가능금액
납부할 세액이 2천만원	이하인 때	1천만원을 초과하는 금액
	초과인 때	그 세액의 50% 이하의 금액

(3) 부가세

① 납부세액의 부가세 ×

② 감면시 농어촌특별세 부과(감면세액의 20%)

Point 48 국외자산에 대한 양도소득세 ★★★★

기본서 p.356~360

(1) 국내자산 양도와 국외자산 양도의 비교

구분	국내자산 양도	국외자산 양도
거주자	국내에 주소 또는 183일 이상 거소를 둔 자	양도일 현재 계속해서 국내에 5년 이상 주소 또는 거소를 둔 자
과세대상	등기된 부동산임차권	등기 여부와 관계없이 과세대상
양도 · 취득가액	① 원칙: 실지거래가액 ② 예외: 추계결정	① 원칙: 실지거래가액 ② 예외 ㉠ 실지거래가액을 확인할 수 없는 경우: 양도 또는 취득 당시의 시가 ㉡ 시가를 산정하기 어려운 경우: 보충적 평가방법에 의한 평가액

세율	① 미등기: 70% ② 보유기간에 따라 차등세율 적용	등기 여부와 보유기간에 관계없이 6~45% 세율 적용
장기보유특별공제	적용함	적용 없음
양도소득기본공제	적용함	적용함
물납	적용 없음	적용 없음
분할납부	허용함	허용함

국외에서 외화를 차입하여 취득한 자산을 양도하여 발생하는 소득으로서 환율변동으로 인하여 외화차입금으로부터 발생하는 환차익을 포함하고 있는 경우에는 해당 환차익을 양도소득의 범위에서 제외한다.

(2) 국외자산 양도에 대한 양도차익 계산

양도가액에서 취득가액과 자본적 지출액 및 양도비를 차감하여 계산한다.

국외자산 양도에 대한 양도차익 계산시 필요경비개산공제액은 적용하지 아니한다.

(3) 양도차익의 외화환산

① 양도차익을 계산함에 있어서는 양도가액 및 필요경비를 수령하거나 지출한 날 현재의 「외국환거래법」에 따른 기준환율 또는 재정환율에 의하여 계산한다.

② 장기할부조건의 경우에는 소유권이전등기접수일 · 인도일 또는 사용수익일 중 빠른 날을 양도가액 또는 취득가액을 수령하거나 지출한 날로 본다.

(4) 외국납부세액의 공제

해당 외국에서 과세를 하는 경우 그 양도소득에 대하여 외국의 법령에 따라 외국에서 국외자산 양도소득세액을 납부하였거나 납부할 것이 있을 때에는 다음의 방법 중 하나를 선택하여 적용받을 수 있다.

① 필요경비산입 방법

② 세액공제 방법

(5) 준용 규정

준용사항	준용하지 않는 사항
• 비과세 양도소득, 양도소득세 감면 • 양도소득과세표준 예정신고 · 확정신고 • 양도소득의 부당행위계산 부인 • 양도소득의 분할납부 • 취득 및 양도시기 • 양도소득과세표준의 계산(단, 장기보유특별공제는 제외)	• 양도의 정의 • 미등기 양도자산에 대한 비과세의 배제 • 배우자 및 직계존비속간 수증자산의 이월과세 • 결손금 통산의 배제 • 필요경비개산공제액 • 단기보유자산에 대한 세율 적용 • 기준시가의 산정

제3장 단원별 출제예상문제

☆중요 출제가능성이 높은 중요 문제 ↖고득점 고득점 목표를 위한 어려운 문제 ✎신유형 기존에 출제되지 않은 신유형 대비 문제

Point 40 양도소득세 특징 ★

정답 및 해설 p.37

Tip
분류과세방법 등 양도소득세의 특징을 정리하여야 한다.

01 양도소득세에 관한 설명으로 틀린 것은?

① 국내에 주소를 두거나 183일 이상 거소를 둔 개인을 거주자라 한다.
② 소득세는 원칙적으로 개인단위로 과세한다.
③ 거주자에 대한 납세지는 그 주소지로 한다. 다만, 주소지가 없는 경우에는 그 거소지로 한다.
④ 거주자의 양도소득에 대한 과세표준은 종합소득 및 퇴직소득에 대한 과세표준과 합산하여 계산한다.
⑤ 소득세는 신고납세를 원칙으로 한다.

02 「소득세법」상 소득세에 관한 내용으로 틀린 것은?

① 비거주자가 국외에 소재하는 토지를 양도하는 경우에 양도소득세 납세의무는 없다.
② 허위계약서를 작성하거나 미등기로 양도하는 자산의 경우에는 「소득세법」상의 비과세는 받을 수 없지만 「조세특례제한법」상의 감면은 적용받을 수 있다.
③ 양도소득세는 실질과세의 원칙이 적용되므로 등기 · 등록 및 허가에 관계없이 과세한다.
④ 동일 연도에 부동산을 여러 번 양도하는 경우 양도소득을 양도자별로 합산하여 과세한다.
⑤ 거주자가 주소 및 거소를 국외로 이전하여 비거주자가 되는 경우에는 1월 1일부터 출국일까지를 과세기간으로 한다.

Point 41 양도소득세 과세대상 ★★★

정답 및 해설 p.38

Tip

열거된 과세대상의 종류를 숙지하여야 하며, 취득세 과세대상과 비교 · 정리하여야 한다.

03 소득세법령상 다음의 국내자산 중 양도소득세 과세대상에 해당하는 것을 모두 고른 것은? (단, 비과세와 감면은 고려하지 않음) 제35회

> ㉠ 토지 및 건물과 함께 양도하는 「개발제한구역의 지정 및 관리에 관한 특별조치법」에 따른 이축권(해당 이축권 가액을 대통령령으로 정하는 방법에 따라 별도로 평가하여 신고하지 않음)
> ㉡ 조합원입주권
> ㉢ 지역권
> ㉣ 부동산매매계약을 체결한 자가 계약금만 지급한 상태에서 양도하는 권리

① ㉠, ㉢
② ㉡, ㉣
③ ㉠, ㉡, ㉣
④ ㉡, ㉢, ㉣
⑤ ㉠, ㉡, ㉢, ㉣

중요

04 「소득세법」상 양도소득에 해당하지 않는 것은?

① 부동산을 취득할 수 있는 권리의 양도로 인하여 발생하는 소득
② 신탁의 이익을 받을 권리(「자본시장과 금융투자업에 관한 법률」 제110조에 따른 수익증권 및 같은 법 제189조에 따른 투자신탁의 수익권 등 대통령령으로 정하는 수익권은 제외)의 양도로 발생하는 소득
③ 부동산과 함께 양도하는 「개발제한구역의 지정 및 관리에 관한 특별조치법」 제12조 제1항 제2호 및 제3호의2에 따른 이축을 할 수 있는 권리의 양도로 발생하는 소득
④ 행정관청으로부터 인가 · 허가 · 면허 등을 받음으로써 발생한 영업권의 단독양도로 인하여 발생하는 소득
⑤ 시설물을 배타적으로 이용하거나 일반이용자에 비하여 유리한 조건으로 시설물을 이용할 수 있는 권리가 부여된 주식의 양도로 인하여 발생하는 소득

05 소득세법령상 거주자의 양도소득세 과세대상은 모두 몇 개인가? (단, 국내소재 자산을 양도한 경우임) 제34회

- 전세권
- 등기되지 않은 부동산임차권
- 사업에 사용하는 토지 및 건물과 함께 양도하는 영업권
- 토지 및 건물과 함께 양도하는 「개발제한구역의 지정 및 관리에 관한 특별조치법」에 따른 이축권(해당 이축권의 가액을 대통령령으로 정하는 방법에 따라 별도로 평가하여 신고함)

① 0개　② 1개　③ 2개　④ 3개　⑤ 4개

06 「소득세법」상 양도소득의 과세대상 자산을 모두 고른 것은? (단, 거주자가 국내자산을 양도한 것으로 한정함)

㉠ 지역권
㉡ 토지상환채권, 주택상환사채
㉢ 주택분양권 등 건물이 완성되는 때에 그 건물과 이에 딸린 토지를 취득할 수 있는 권리
㉣ 이축권의 가액만을 별도로 평가하여 구분신고하는 경우의 이축권
㉤ 전세권

① ㉠, ㉡, ㉣　② ㉡, ㉢, ㉤
③ ㉢, ㉣, ㉤　④ ㉠, ㉡, ㉢, ㉣
⑤ ㉠, ㉡, ㉢, ㉤

Point 42 양도의 개념 및 형태 ★★★★★

정답 및 해설 p.38

Tip
자주 출제되는 부분으로서 양도에 해당하는 경우와 해당하지 않는 경우를 명확히 구별하여야 한다.

07 「소득세법」상 양도에 해당하는 것으로 옳은 것은?

① 법원의 확정판결에 의하여 신탁해지를 원인으로 소유권이전등기를 하는 경우
② 법원의 확정판결에 의한 이혼 위자료로 배우자에게 토지의 소유권을 이전하는 경우
③ 공동소유의 토지를 공유자 지분 변경 없이 2개 이상의 공유토지로 분할하였다가 공동지분의 변경 없이 그 공유토지를 소유지분별로 단순히 재분할하는 경우
④ 본인 소유의 자산을 경매·공매로 인하여 자기가 재취득하는 경우
⑤ 주거용 건물건설업자가 당초부터 판매할 목적으로 신축한 다가구주택을 양도하는 경우

중요
08 「소득세법」상 양도에 해당하는 것은? (단, 거주자의 국내자산으로 가정함) 제28회

① 「도시개발법」이나 그 밖의 법률에 따른 환지처분으로 지목이 변경되는 경우
② 부담부증여시 그 증여가액 중 채무액에 해당하는 부분을 제외한 부분
③ 「소득세법 시행령」 제151조 제1항에 따른 양도담보계약을 체결한 후 채무불이행으로 인하여 당해 자산을 변제에 충당한 때
④ 매매원인무효의 소에 의하여 그 매매사실이 원인무효로 판시되어 소유권이 환원되는 경우
⑤ 본인 소유의 자산을 경매로 인하여 본인이 재취득한 경우

☆중요

09 **다음 중 「소득세법」상 양도소득세 과세대상이 아닌 것은? (단, 거주자가 국내에 소재하는 자산을 양도하는 경우이며, 배우자 또는 직계존비속간의 거래는 아님)**

> ㉠ 관련 법령에 따른 지적경계선 변경에 따른 토지의 교환(관련 요건은 모두 충족함)의 경우
> ㉡ 부담부증여의 경우에 수증자가 증여자의 채무를 인수하는 경우 채무인수액
> ㉢ 이혼으로 인하여 혼인 중에 형성된 부부공동재산을 「민법」 제839조의2에 따라 재산분할하는 경우
> ㉣ 토지가 공매되는 경우
> ㉤ 「도시개발법」이나 그 밖의 법률에 따른 환지처분으로 지목이 변경되는 경우와 보류지로 충당되는 경우

① ㉠, ㉡, ㉢
② ㉠, ㉢, ㉤
③ ㉡, ㉢, ㉣
④ ㉡, ㉣, ㉤
⑤ ㉢, ㉣, ㉤

10 **甲은 소유하고 있던 시가 5억원의 토지를 특수관계자(배우자 또는 직계존비속이 아님)인 乙에게 증여하였다. 乙에게 증여한 토지에는 금융기관 차입금 3억원의 저당권이 설정되어 있으며, 동 차입금은 수증자가 인수하기로 하였다. 이 경우 甲과 乙이 부담하여야 할 세금을 가장 바르게 설명한 것은?**

① 甲은 5억원 전부에 대하여 양도소득세 납세의무가 있다.
② 甲은 5억원에 대하여 양도소득세가 과세되고, 乙도 2억원에 대하여 양도소득세 납세의무가 발생한다.
③ 甲은 5억원 전부에 대하여 양도소득세 납세의무가 있으며, 乙은 2억원에 대하여 증여세 납세의무가 발생한다.
④ 甲은 3억원에 대하여 양도소득세 납세의무가 있고, 乙은 2억원에 대하여 증여세 납세의무가 있다.
⑤ 甲은 5억원에 대하여 양도소득세 납세의무가 있고, 乙은 3억원에 대하여 증여세 납세의무가 있다.

11 「소득세법」상 양도에 해당하는 것으로 옳은 것은?

① 손해배상에 있어서 당사자간의 합의에 의하거나 법원의 확정판결에 의하여 일정액의 위자료를 지급하기로 하고, 동 위자료 지급에 갈음하여 당사자 일방이 소유하고 있던 부동산으로 대물변제하는 경우
② 합자회사에 토지를 현물출자하였다가 퇴사와 함께 이를 회수해 간 경우
③ 조합에 토지를 현물출자한 경우로서 출자자의 조합지분비율에 해당하는 부분의 경우
④ 매매계약체결 후 잔금청산 전에 매매계약의 해제로 원소유자에게 소유권을 환원한 경우
⑤ 교환계약이 취소되었으나 선의의 제3자의 취득으로 인해 소유권이전등기를 환원하지 못하는 경우

중요

12 「소득세법」상 거주자의 양도소득세 과세대상에 대한 설명으로 틀린 것은? (단, 국내자산을 가정함)

① 양도라 함은 매도, 교환, 법인에 대한 현물출자 등으로 그 자산이 유상으로 이전되는 것으로서 소유권이전을 위한 등기·등록을 과세의 조건으로 하지 아니한다.
② 위탁자와 수탁자간 신임관계에 기하여 위탁자의 자산에 신탁이 설정되고 그 신탁재산의 소유권이 수탁자에게 이전된 경우로서 위탁자가 신탁 설정을 해지하거나 신탁의 수익자를 변경할 수 있는 등 신탁재산을 실질적으로 지배하고 소유하는 것으로 볼 수 있는 경우 양도로 보지 아니한다.
③ 토지의 이용상 불합리한 지상경계를 합리적으로 바꾸기 위하여 법률에 따라 토지를 분할하여 교환하는 경우로서 분할된 토지의 전체 면적이 분할 전 토지의 전체 면적의 100분의 20을 초과하는 경우 양도로 보지 아니한다.
④ 「도시개발법」이나 그 밖의 법률에 따른 환지처분으로 지목 또는 지번이 변경되는 경우로써 환지처분시 교부받은 토지의 면적이 감소되어 관련 법령에 따른 청산금을 수령하는 경우에는 양도로 본다.
⑤ 신탁수익권의 양도를 통하여 신탁재산에 대한 지배·통제권이 사실상 이전되는 경우는 신탁재산 자체의 양도로 본다.

Point 43 양도 또는 취득시기 ★★★

정답 및 해설 p.39

Tip
취득형태에 따라 원칙적인 취득시기와 예외적인 경우의 양도 또는 취득시기를 명확히 숙지하여야 하며, 취득세 취득시기와 비교하여 정리하여야 한다.

중요

13 「소득세법」상 양도소득세의 양도 또는 취득시기에 대한 설명 중 옳은 것은?

① 자산의 일반적인 양도 또는 취득시기는 사실상 대금청산일로 한다. 이 경우 자산의 대금에는 해당 자산의 양도에 대한 양도소득세 및 양도소득세의 부가세액을 양수자가 부담하기로 약정한 경우 해당 양도소득세 및 양도소득세의 부가세액을 포함한다.
② 사실상 대금청산일이 불분명한 경우 계약서상 잔금지급일을 양도 또는 취득시기로 한다.
③ 법률에 따라 공익사업을 위하여 수용되는 경우에는 대금을 청산한 날, 수용의 개시일 또는 소유권이전등기접수일 중 빠른 날이다. 다만, 소유권에 관한 소송으로 보상금이 공탁된 경우에는 소유권 관련 소송판결확정일로 한다.
④ 대금을 청산하기 전에 소유권이전등기를 한 경우에도 사실상 대금청산일을 양도 또는 취득시기로 한다.
⑤ 장기할부조건으로 매매하는 경우 매회 할부금이 지급된 날을 양도 또는 취득시기로 한다.

14 다음과 같은 경우 「소득세법」상 양도소득세의 양도 또는 취득시기로 옳은 것은?

> ㉠ 계약일: 2025년 3월 5일
> ㉡ 중도금지급일
> • 1차: 2025년 4월 5일
> • 2차: 2025년 5월 20일
> ㉢ 계약상 잔금지급일: 2025년 5월 30일
> ㉣ 사실상 대금청산일: 불분명
> ㉤ 등기부에 기재된 등기접수일: 2025년 6월 20일

① 2025년 3월 5일
② 2025년 4월 5일
③ 2025년 5월 20일
④ 2025년 6월 20일
⑤ 2025년 6월 30일

15 **소득세법령상 양도소득세의 양도 또는 취득시기에 관한 내용으로 틀린 것은?** 제34회

① 대금을 청산한 날이 분명하지 아니한 경우에는 등기부 · 등록부 또는 명부 등에 기재된 등기 · 등록접수일 또는 명의개서일

② 상속에 의하여 취득한 자산에 대하여는 그 상속이 개시된 날

③ 대금을 청산하기 전에 소유권이전등기를 한 경우에는 등기부에 기재된 등기접수일

④ 자기가 건설한 건축물로서 건축허가를 받지 아니하고 건축하는 건축물에 있어서는 그 사실상의 사용일

⑤ 완성되지 아니한 자산을 양도한 경우로서 해당 자산의 대금을 청산한 날까지 그 목적물이 완성되지 아니한 경우에는 해당 자산의 대금을 청산한 날

16 **「소득세법」상 양도소득세의 양도 또는 취득시기에 대한 내용 중 옳은 것은?**

① 사실상 대금청산일이 분명하지 않은 경우에는 계약서상 잔금지급일을 양도 또는 취득시기로 한다.

② 장기할부조건으로 매매하는 경우에는 소유권이전등기(등록 및 명의개서를 포함) 접수일 · 인도일 또는 사용수익일 중 빠른 날을 양도 또는 취득시기로 한다.

③ 매매계약서 등에 기재된 잔금지급약정일보다 앞당겨 잔금을 받거나 늦게 받는 경우에는 잔금지급약정일이 잔금청산일이 된다. 다만, 잔금을 소비대차로 변경한 경우에는 소비대차로의 변경일을 잔금청산일로 한다.

④ 「민법」 제245조 제1항의 규정(부동산소유권의 취득시효)에 의하여 부동산의 소유권을 취득하는 경우에는 해당 부동산의 등기접수일을 취득시기로 한다.

⑤ 동일 필지를 2회 이상에 걸쳐 지분으로 각각 취득한 부동산 중에 일부를 양도한 경우로서 취득시기가 분명하지 아니한 경우에는 먼저 취득한 부동산을 나중에 양도한 것으로 본다.

☆중요

17 「소득세법」상 양도소득세 과세대상 자산의 양도 또는 취득시기로 틀린 것은? 제32회

① 「도시개발법」에 따라 교부받은 토지의 면적이 환지처분에 의한 권리면적보다 증가 또는 감소된 경우: 환지처분의 공고가 있은 날

② 기획재정부령이 정하는 장기할부조건의 경우: 소유권이전등기(등록 및 명의개서를 포함) 접수일 · 인도일 또는 사용수익일 중 빠른 날

③ 건축허가를 받지 않고 자기가 건설한 건축물의 경우: 그 사실상의 사용일

④ 「민법」 제245조 제1항의 규정에 의하여 부동산의 소유권을 취득하는 경우: 당해 부동산의 점유를 개시한 날

⑤ 대금을 청산한 날이 분명하지 아니한 경우: 등기부 · 등록부 또는 명부 등에 기재된 등기 · 등록접수일 또는 명의개서일

고득점

18 「소득세법」상 양도소득세의 양도 또는 취득시기에 대한 내용 중 틀린 것은?

① 부동산의 소유권이 타인에게 이전되었다가 법원의 무효판결에 의하여 해당 자산의 소유권이 환원된 경우에는 해당 자산의 취득시기는 그 자산의 당초 취득일이 된다.

② 증여에 의하여 취득한 자산은 증여계약일을 취득시기로 본다.

③ 잔금을 어음으로 받은 경우에는 결제일이다.

④ 경락에 의하여 자산을 취득하는 경우와 경매에 의하여 자산을 취득하는 경우에는 경락인이 매각조건에 의하여 경매대금을 완납한 날이 취득시기가 된다.

⑤ 토지, 건물, 부동산에 관한 권리, 기타 자산으로서 1984년 12월 31일 이전에 취득한 것은 실지취득일에 관계없이 1985년 1월 1일에 취득한 것으로 본다.

Point 44 양도소득세 비과세 ★★★★★

정답 및 해설 p.39~41

Tip

거의 매년 출제되는 부분이다. 비과세소득의 종류, 1세대 1주택 비과세 요건, 1세대 2주택의 특례 및 보유기간의 예외 등을 숙지하여야 한다.

19 다음 중 「소득세법」상 비과세 양도소득이 아닌 것은 모두 몇 개인가? (단, 제시되지 않은 비과세 요건은 모두 충족함)

- 파산선고에 의한 처분으로 발생하는 소득
- 8년 이상 재촌자경한 농지의 양도소득
- 1세대 1주택(고가주택 제외)과 그에 딸린 토지로서 건물이 정착된 면적에 지역별로 배율을 곱하여 산정한 면적 이내의 토지 양도로 발생하는 소득
- 「지적재조사에 관한 특별법」 제18조에 따른 경계의 확정으로 지적공부상의 면적이 감소되어 지급받은 조정금
- 농지의 교환 또는 분합으로 인하여 발생하는 소득

① 0개　② 1개
③ 2개　④ 3개
⑤ 4개

20 소득세법령상 거주자의 양도소득세 비과세에 관한 설명으로 틀린 것은? (단, 국내소재 자산을 양도한 경우임) 제34회

① 파산선고에 의한 처분으로 발생하는 소득은 비과세된다.
② 「지적재조사에 관한 특별법」에 따른 경계의 확정으로 지적공부상의 면적이 감소되어 같은 법에 따라 지급받는 조정금은 비과세된다.
③ 건설사업자가 「도시개발법」에 따라 공사용역 대가로 취득한 체비지를 토지구획환지처분공고 전에 양도하는 토지는 양도소득세 비과세가 배제되는 미등기 양도자산에 해당하지 않는다.
④ 「도시개발법」에 따른 도시개발사업이 종료되지 아니하여 토지 취득등기를 하지 아니하고 양도하는 토지는 양도소득세 비과세가 배제되는 미등기 양도자산에 해당하지 않는다.
⑤ 국가가 소유하는 토지와 분합하는 농지로서 분합하는 쌍방 토지가액의 차액이 가액이 큰 편의 4분의 1을 초과하는 경우 분합으로 발생하는 소득은 비과세된다.

21 「소득세법」상 농지의 교환으로 인한 양도소득세와 관련하여 (   )에 들어갈 내용으로 옳은 것은?

> 경작상 필요에 의하여 농지를 교환하는 경우, 교환에 의하여 새로이 취득하는 농지를 (㉠)년 이상 농지 소재지에 거주하면서 경작하는 경우[새로운 농지 취득 후 (㉡)년 이내에 법령에 따라 수용 등이 되는 경우 포함]로서 교환하는 쌍방 토지가액의 차액이 큰 편의 (㉢) 이하인 경우에 한하여 양도소득세를 비과세한다.

	㉠	㉡	㉢
①	2	2	2분의 1
②	2	3	4분의 1
③	3	1	2분의 1
④	3	2	3분의 1
⑤	3	3	4분의 1

22 「소득세법」상 양도소득세가 비과세되는 1세대 1주택에 대한 설명 중 <u>틀린</u> 것은?

① 1세대라 함은 양도일 현재 거주자 및 그 배우자가 그들과 동일한 주소 또는 거소에서 생계를 같이하는 가족 전원을 말한다. 다만, 부부가 단독세대를 구성하거나 가정불화로 별거 중인 경우에는 각각 1세대로 본다.

② 배우자가 없는 경우로서 납세의무자인 거주자가 30세 이상인 경우에는 소득에 관계없이 1세대가 가능하다.

③ 소유하고 있던 공부상 주택인 1세대 1주택을 거주용이 아닌 영업용 건물로 사용하다가 양도하는 때에는 1세대 1주택으로 보지 않는다.

④ 1주택을 여러 사람이 공동으로 소유하는 경우에는 각각 개개인이 1주택을 소유하는 것으로 보므로 공동소유주택 외의 다른 주택을 양도하는 때에는 비과세가 되지 않는다.

⑤ 1주택을 둘 이상의 주택으로 분할하여 양도하는 경우에는 먼저 양도하는 부분의 주택은 1세대 1주택으로 보지 않는다.

23 다음은 「소득세법」상 양도소득세 비과세대상인 1세대에 대한 설명이다. 원칙적으로 1세대가 되기 위해서는 배우자가 있어야 하지만, 배우자가 없는 때에도 1세대로 보는 특례 규정이 있는데 이에 해당하지 <u>않는</u> 것은?

① 해당 거주자의 연령이 30세 이상인 경우
② 배우자가 사망한 경우
③ 거주자가 해당 주택을 상속 또는 증여받은 경우
④ 미성년자가 아닌 자가 「소득세법」상 소득이 「국민기초생활 보장법」 제2조 제11호에 따른 기준 중위소득을 12개월로 환산한 금액의 100분의 40 수준 이상으로서 소유하고 있는 주택 또는 토지를 관리 · 유지하면서 독립된 생계를 유지할 수 있는 경우
⑤ 가족의 사망으로 미성년자가 상속받은 경우

☆중요

24 「소득세법 시행령」 제154조의 1세대 1주택의 양도소득세 비과세에 대한 설명 중 <u>틀린</u> 것은?

① 보유기간은 그 자산의 취득일부터 양도일까지로 한다.
② ①의 양도일은 주택의 매매계약을 체결한 후 해당 계약에 따라 주택을 주택 외의 용도로 용도변경하여 양도하는 경우에는 해당 주택의 매매계약일을 말한다.
③ 종전주택과 신주택 모두 조정대상지역에 소재하는 경우에는 신주택 취득일로부터 2년 이내에 양도하는 경우에 한하여 「소득세법 시행령」 제154조의 규정을 적용한다.
④ 1세대 1주택을 양도하였으나 동 주택을 매수한 자가 소유권이전등기를 하지 아니하여 부득이 공부상 1세대 2주택이 된 경우 매매계약서 등에 의하여 1세대 1주택임이 사실상 확인되는 때에는 비과세로 한다.
⑤ 2개 이상의 주택을 같은 날에 양도하는 경우에는 당해 거주자가 선택하는 순서에 따라 주택을 양도한 것으로 본다.

25 「소득세법」상 양도소득세 비과세에 관한 법령 내용 중에서 (　　) 안에 들어갈 내용을 순서대로 옳게 나열한 것은? (단, 취득 당시 조정대상지역 내 주택을 양도하는 경우이고, 해당 주택은 조정대상지역 공고일 이후에 취득하였음)

> 1세대 1주택(고가주택 제외)에 대한 비과세 규정은 취득 당시에 조정지역에 있는 주택을 취득한 경우에는 해당 주택의 보유기간이 (　　)년[비거주자가 해당 주택을 (　　)년 이상 계속 보유하고 그 주택에서 거주한 상태로 거주자로 전환된 해당하는 거주자의 주택인 경우에는 (　　)년] 이상이고 그 보유기간 중 거주기간이 (　　)년 이상인 것이어야 한다.

① 2, 1, 3, 3
② 2, 3, 3, 2
③ 1, 3, 2, 2
④ 2, 2, 3, 2
⑤ 2, 1, 3, 2

26 다음 「소득세법 시행령」 제155조 '1세대 1주택의 특례'에 관한 조문의 내용에서 (　　) 안에 들어갈 법령상의 숫자를 순서대로 옳게 나열한 것은? 제29회 수정

> ㉠ 1주택을 보유하는 자가 1주택을 보유하는 자와 혼인함으로써 1세대가 2주택을 보유하게 되는 경우 혼인한 날부터 (　　)년 이내에 먼저 양도하는 주택은 이를 1세대 1주택으로 보아 제154조 제1항을 적용한다.
> ㉡ 1주택을 보유하고 1세대를 구성하는 자가 1주택을 보유하고 있는 (　　)세 이상의 직계존속[배우자의 직계존속을 포함하며, 직계존속 중 어느 한 사람이 (　　)세 미만인 경우를 포함]을 동거봉양하기 위하여 세대를 합침으로써 1세대가 2주택을 보유하게 되는 경우 합친 날부터 (　　)년 이내에 먼저 양도하는 주택은 이를 1세대 1주택으로 보아 제154조 제1항을 적용한다.

① 3, 55, 55, 5
② 3, 60, 60, 5
③ 3, 60, 55, 10
④ 5, 55, 55, 10
⑤ 10, 60, 60, 10

27 「소득세법 시행령」 제155조 '1세대 1주택의 특례'에 관한 조문의 내용이다. ( )에 들어갈 숫자로 옳은 것은?

제33회

- 영농의 목적으로 취득한 귀농주택으로서 수도권 밖의 지역 중 면지역에 소재하는 주택과 일반주택을 국내에 각각 1개씩 소유하고 있는 1세대가 귀농주택을 취득한 날부터 (㉠)년 이내에 일반주택을 양도하는 경우에는 국내에 1개의 주택을 소유하고 있는 것으로 보아 제154조 제1항을 적용한다.
- 취학 등 부득이한 사유로 취득한 수도권 밖에 소재하는 주택과 일반주택을 국내에 각각 1개씩 소유하고 있는 1세대가 부득이한 사유가 해소된 날부터 (㉡)년 이내에 일반주택을 양도하는 경우에는 국내에 1개의 주택을 소유하고 있는 것으로 보아 제154조 제1항을 적용한다.
- 1주택을 보유하는 자가 1주택을 보유하는 자와 혼인함으로써 1세대가 2주택을 보유하게 되는 경우 혼인한 날부터 (㉢)년 이내에 먼저 양도하는 주택은 이를 1세대 1주택으로 보아 제154조 제1항을 적용한다.

	㉠	㉡	㉢
①	2	2	5
②	2	3	10
③	3	2	5
④	5	3	5
⑤	5	3	10

고득점

28 「소득세법」상 양도소득세의 1세대 1주택(고가주택은 아님)의 비과세에 대한 내용으로 틀린 것은? (단, 주어진 조건만으로 판단함)

① 서울특별시에 소재하는 1주택을 양도하는 1세대가 해당 주택을 3년을 보유하고 그 보유기간 중 2년 이상 거주한 주택을 양도하는 경우 비과세를 받을 수 있다.

② 거주하거나 보유하는 중에 소실 · 무너짐 · 노후 등으로 인하여 멸실되어 재건축한 경우에는 멸실된 주택의 보유기간, 공사기간, 재건축한 주택의 보유기간을 통산한다.

③ 상속받은 주택으로서 상속인과 피상속인이 상속개시 당시 동일세대인 경우에는 상속개시 전에 상속인과 피상속인이 동일세대로서 거주하고 보유한 기간을 통산한다.

④ 장기임대주택 외 거주하는 1주택을 소유한 1세대가 해당 거주주택을 양도한 경우에는 2년 이상 보유 및 2년 이상 거주하여야 비과세를 받을 수 있다.

⑤ 보유하던 주택이 「도시 및 주거환경정비법」에 의한 재개발 · 재건축으로 완공된 경우에는 종전주택의 보유기간, 공사기간, 재개발 · 재건축 후의 보유기간을 통산한다.

중요

29 다음 중 1세대 1주택에 대한 양도소득세의 비과세 요건 중 보유기간의 제한을 받지 않는 경우에 해당하지 않는 것은?

① 「민간임대주택에 관한 특별법」에 의한 민간건설임대주택을 취득하여 양도하는 경우로서 해당 건설임대주택의 임차일부터 양도일까지의 거주기간(세대전원이 거주)이 5년 이상인 경우

② 「해외이주법」에 의한 해외이주 및 1년 이상 거주를 필요로 하는 취학, 근무상 형편으로 세대전원이 출국(출국일 현재 1주택에 해당)함으로써 출국일로부터 2년 이내에 양도하는 경우

③ 주택 및 그 부수토지의 전부 또는 일부가 「공익사업을 위한 토지 등의 취득 및 보상에 관한 법률」에 의한 협의매수 · 수용되는 경우(수용일로부터 5년 이내에 양도하는 잔존주택 및 부수토지 포함). 단, 사업인정고시일 이전에 취득한 주택에 한한다.

④ 「도시 및 주거환경정비법」에 의한 주택재건축사업의 정비사업조합의 조합원으로 참여한 자가 그 사업시행기간 중 다른 주택을 취득하여 1년 이상 거주하다가 사업계획에 따라 취득하는 주택으로 세대전원이 이사하면서 그 다른 주택을 양도하는 경우

⑤ 취득 후 1년간 거주한 주택을 사업상의 형편으로 세대전원이 다른 시(도농복합형태의 시의 읍 · 면지역 포함) · 군으로 주거를 이전함으로써 양도하는 경우

고득점

30 1세대 1주택자의 주택이 조합원입주권으로 전환됨에 따라 해당 조합원입주권을 양도하는 경우와 대체주택을 취득하여 거주하다가 재건축주택 완공 후 대체주택을 양도하는 경우에 대한 내용으로 틀린 것은? (단, 주택과 조합원입주권은 양도 당시 실지거래가액이 12억원을 초과하지 않음)

① 국내에 1주택을 소유한 1세대가 그 주택에 대한 주택재건축사업의 시행기간 동안 거주하기 위하여 사업시행인가일 이후 다른 주택을 취득하여 2년 이상 거주하고 양도하는 때에만 이를 1세대 1주택으로 보아 비과세에 관한 규정을 적용한다.

② 위 ①의 경우 재건축주택이 완공되기 전 또는 완공된 후 3년 이내에 대체주택을 양도하여야 한다.

③ 위 ①의 경우 재건축주택이 완공된 후 3년 이내에 재건축주택으로 세대전원이 이사하여 1년 이상 거주하여야 한다.

④ 관리처분계획인가일 현재 1세대 1주택 비과세 요건에 해당하는 기존 주택을 소유한 세대가 「도시 및 주거환경정비법」에 따른 관리처분계획인가로 취득한 조합원입주권을 양도하는 경우 양도일 현재 다른 주택이 없다면 비과세를 받을 수 있다.

⑤ 위 ④의 경우로서 양도일 현재 1조합원입주권 외에 1주택을 소유한 경우에는 해당 1주택을 취득한 날로부터 3년 이내에 해당 조합원입주권을 양도하는 경우에 한한다.

고득점

31 **1세대 1주택 양도소득세 비과세에 관한 설명으로 옳은 것은? (단, 당해 주택은 등기됨)**

① 상속받은 주택과 일반주택을 국내에 각각 1개씩 소유하고 있는 1세대가 상속받은 주택을 먼저 양도하는 경우에는 양도기간에 관계없이 국내에 1개의 주택을 소유하고 있는 것으로 보아 비과세의 규정을 적용한다.

② 1세대 1주택 비과세 규정을 적용함에 있어서 2개 이상의 주택을 같은 날에 양도하는 경우에는 양도주택 중 실지거래가액이 가장 큰 주택을 먼저 양도한 것으로 본다.

③ 장기임대주택을 보유하고 있는 경우에는 거주주택을 양도하는 경우에 비과세 규정을 적용한다. 이 경우 장기임대주택은 양도일 현재 사업자등록을 하고, 장기임대주택을 민간임대주택으로 등록하여 임대하고 있으며, 임대보증금 또는 임대료의 증가율이 100분의 3을 초과하지 않아야 한다.

④ 하나의 건물이 주택과 주택 외의 부분으로 복합되어 있는 겸용주택의 경우 주택의 연면적이 주택 외 부분의 연면적보다 클 때에는 그 전부를 주택으로 본다. 다만, 고가주택인 경우에는 주택면적이 클 때에도 주거부분만 주택으로 본다.

⑤ 법령이 정하는 다가구주택을 가구별로 분양하지 아니하고 그 다가구주택을 하나의 매매단위로 하여 1인에게 양도하는 경우에는 이를 각각 하나의 주택으로 보아 비과세 여부를 적용한다.

고득점

32 **1세대 1주택 요건을 충족하는 거주자 甲이 다음과 같은 단층 겸용주택(주택은 국내 상시주거용이며, 도시지역 내 수도권 내의 토지 중 녹지지역 내의 토지에 존재)을 7억원에 양도하였을 경우 양도소득세가 과세되는 건물면적과 토지면적으로 옳은 것은? (단, 주어진 조건 외에는 고려하지 않음)** 제26회 수정

- 건물: 주택 $80m^2$, 상가 $120m^2$
- 토지: 건물 부수토지 $800m^2$

	건물	토지
①	$120m^2$	$320m^2$
②	$120m^2$	$400m^2$
③	$120m^2$	$480m^2$
④	$200m^2$	$400m^2$
⑤	$200m^2$	$480m^2$

33 「소득세법」상 양도소득세가 비과세되는 1세대 1주택에 대한 내용으로 틀린 것은?

① 1세대가 양도일 현재 국내에 1주택(조정대상지역 내 소재주택 아님)을 2년 이상 보유하고 양도하는 경우에는 원칙적으로 양도소득세가 비과세된다.
② 양도 당시 실지거래가액이 12억원을 초과하는 주택은 비과세 요건을 충족하더라도 12억원 초과분에 대하여 비과세를 배제한다.
③ 미등기 양도자산에 대해서는 원칙적으로 비과세에 관한 규정을 적용하지 않는다.
④ 양도일 현재 2주택이 된 경우라도 일정한 경우에는 1주택으로 보는 경우도 있다.
⑤ 비과세 요건을 충족한 주택을 매매하는 거래당사자가 매매계약서의 거래가액을 실지거래가액과 다르게 적은 경우 비과세에 관한 규정을 적용하지 아니하였을 경우의 양도소득 산출세액과 매매계약서의 거래가액 그리고 실지거래가액과의 차액 중 큰 금액을 비과세받았거나 받을 세액에서 뺀다.

고득점

34 「소득세법」상 양도소득세 비과세대상인 1세대 1주택을 거주자 甲이 특수관계 없는 乙에게 보기와 같이 양도한 경우, 양도소득세의 비과세에 관한 규정을 적용할 때 비과세 받을 세액에서 뺄 금액은 얼마인가? (단, 보기에 제시된 사항만 고려함)

- 매매(양도)계약체결일: 2025년 7월 10일
- 매매(양도)계약서상의 거래가액: 3억 5천만원
- 양도시 시가 및 실지거래가액: 3억원
- 甲의 주택에 양도소득세 비과세에 관한 규정을 적용하지 않을 경우 양도소득 산출세액: 3천만원

① 0원
② 1천만원
③ 2천만원
④ 3천만원
⑤ 5천만원

35 「소득세법」상 거주자의 양도소득세 비과세에 관한 설명으로 옳은 것은? (단, 조정대상 지역은 고려하지 않음)

① 국내에 1주택만을 보유하고 있는 1세대가 해외이주로 세대전원이 출국하는 경우 출국일로부터 3년이 되는 날 해당 주택을 양도하면 비과세된다.

② 법원의 결정에 의하여 양도 당시 취득에 관한 등기가 불가능한 미등기 주택은 양도소득세 비과세가 배제되는 미등기 양도자산에 해당하지 않는다.

③ 직장의 변경으로 세대전원이 다른 시로 주거를 이전하는 경우 6개월간 거주한 1주택을 양도하면 비과세된다.

④ 양도 당시 실지거래가액이 13억원인 1세대 1주택의 양도로 발생하는 양도차익 전부가 비과세된다.

⑤ 농지를 교환할 때 쌍방 토지가액의 차액이 가액이 큰 편의 3분의 1인 경우 발생하는 소득은 비과세된다.

중요

36 현행 고가주택을 양도하는 경우로서 「소득세법」상 양도소득세의 고가주택에 대한 설명으로 틀린 것은?

① 양도소득세에서 고가주택이란 주택과 그에 딸린 토지의 양도 당시 실지거래가액의 합계액이 12억원을 초과하는 단독주택 및 공동주택을 말하며, 실거래가가 12억원을 초과하는 고가의 조합원입주권도 고가주택과 동일한 방식으로 양도소득금액을 계산한다.

② 겸용주택을 양도하는 경우로서 주거면적이 주거 이외의 건물면적보다 큰 경우에는 건물 전체를 하나의 주택으로 보아 고가주택 해당 여부를 판단하여야 한다.

③ 1세대 1주택으로서 10년 이상 보유 및 10년 이상 거주한 고가주택을 양도하는 경우에는 장기보유특별공제로 양도차익의 80%가 적용된다.

④ 단독주택으로 보는 다가구주택의 경우에는 그 전체를 하나의 주택으로 보아 고가주택 해당 여부를 판단한다.

⑤ 1세대가 1주택인 고가주택을 양도하는 경우 양도소득세 비과세 요건을 갖추지 않은 경우에도 12억원을 초과하는 부분에 대해서만 양도소득세가 과세된다.

37 「소득세법」상 거주자의 국내 소재 1세대 1주택인 고가주택과 그 양도소득세에 관한 설명으로 틀린 것은? 제31회 수정

① 거주자가 2024년 취득 후 계속 거주한 법령에 따른 고가주택을 2025년 5월에 양도하는 경우 장기보유특별공제의 대상이 되지 않는다.

② '고가주택'이란 기준시가 12억원을 초과하는 주택을 말한다.

③ 법령에 따른 고가주택에 해당하는 자산의 장기보유특별공제액은 「소득세법」 제95조 제2항에 따른 장기보유특별공제액에 '양도가액에서 12억원을 차감한 금액이 양도가액에서 차지하는 비율'을 곱하여 산출한다.

④ 법령에 따른 고가주택에 해당하는 자산의 양도차익은 「소득세법」 제95조 제1항에 따른 양도차익에 '양도가액에서 12억원을 차감한 금액이 양도가액에서 차지하는 비율'을 곱하여 산출한다.

⑤ 「건축법 시행령」 [별표1]에 의한 다가구주택을 구획한 부분별로 양도하지 아니하고 하나의 매매단위로 양도하여 단독주택으로 보는 다가구주택의 경우에는 그 전체를 하나의 주택으로 보아 법령에 따른 고가주택 여부를 판단한다.

고득점

38 「소득세법」상 농지에 관한 설명으로 틀린 것은? 제30회

① 농지란 논·밭이나 과수원으로서 지적공부의 지목과 관계없이 실제로 경작에 사용되는 토지를 말하며, 농지의 경영에 직접 필요한 농막, 퇴비사, 양수장, 지소(池沼), 농도(農道) 및 수로(水路) 등에 사용되는 토지를 말한다.

② 「국토의 계획 및 이용에 관한 법률」에 따른 주거지역·상업지역·공업지역 외에 있는 농지(환지예정지 아님)를 경작상 필요에 의하여 교환함으로써 발생한 소득은 쌍방 토지가액의 차액이 가액이 큰 편의 4분의 1 이하이고 새로이 취득한 농지를 3년 이상 농지 소재지에 거주하면서 경작하는 경우 비과세한다.

③ 농지로부터 직선거리 30km 이내에 있는 지역에 사실상 거주하는 자가 그 소유농지에서 농작업의 2분의 1 이상을 자기의 노동력에 의하여 경작하는 경우 비사업용 토지에서 제외한다(단, 농지는 도시지역 외에 있으며, 소유기간 중 재촌과 자경에 변동이 없고 농업에서 발생한 소득 이외에 다른 소득은 없음).

④ 「국토의 계획 및 이용에 관한 법률」에 따른 개발제한구역에 있는 농지는 비사업용 토지에 해당한다(단, 소유기간 중 개발제한구역 지정·변경은 없음).

⑤ 비사업용 토지에 해당하는지 여부를 판단함에 있어 농지의 판정은 소득세법령상 규정이 있는 경우를 제외하고 사실상의 현황에 의하며 사실상의 현황이 분명하지 아니한 경우에는 공부상의 등재현황에 의한다.

Point 45 양도소득세 계산구조(1) ★★★★★

정답 및 해설 p.42~43

Tip

- 매년 출제되는 부분으로서 전체적인 계산구조를 숙지하고, 양도차익 계산과 관련된 내용을 명확히 학습하여야 한다.
- 추계결정의 적용순서를 숙지하여야 한다.
- 실지거래가액을 적용하는 경우 필요경비 항목에 포함하는 것과 포함하지 않는 것을 명확히 구별하여 숙지하여야 한다.

39 「소득세법」상 양도소득세 계산과정의 순서 중 옳은 것은?

① 양도가액 ⇨ 양도차익 ⇨ 양도소득금액 ⇨ 양도소득과세표준
② 양도차익 ⇨ 양도소득금액 ⇨ 양도가액 ⇨ 양도소득과세표준
③ 양도가액 ⇨ 양도차익 ⇨ 양도소득과세표준 ⇨ 양도소득금액
④ 양도가액 ⇨ 양도소득금액 ⇨ 양도소득과세표준 ⇨ 양도차익
⑤ 양도차익 ⇨ 양도소득금액 ⇨ 양도소득과세표준 ⇨ 양도가액

40 「소득세법」상 국내자산의 양도시 양도소득세의 양도소득금액 계산에서 그 공제순위가 가장 나중인 것은? (단, 실지거래가액을 적용하여 양도차익을 계산하는 경우임)

① 양도소득기본공제액
② 취득가액
③ 장기보유특별공제액
④ 양도직접비용
⑤ 자본적 지출액

41 「소득세법」상 거주자의 양도소득세가 과세되는 부동산의 양도가액 또는 취득가액을 추계조사하여 양도소득과세표준 및 세액을 결정 또는 경정하는 경우에 관한 설명으로 틀린 것은? (단, 매매사례가액과 감정가액은 특수관계인과의 거래가액이 아니며, 기준시가가 10억원 이하인 자산은 아님) 제24회

① 양도 또는 취득 당시 실지거래가액의 확인을 위하여 필요한 장부 · 매매계약서 · 영수증 기타 증빙서류가 없거나 그 중요한 부분이 미비된 경우 추계결정 또는 경정의 사유에 해당한다.

② 취득가액은 매매사례가액, 감정가액, 환산취득가액, 기준시가를 순차로 적용한다.

③ 매매사례가액은 양도일 또는 취득일 전후 각 3개월 이내에 해당 자산과 동일성 또는 유사성이 있는 자산의 매매사례가 있는 경우 그 가액을 말한다.

④ 감정가액은 해당 자산에 대하여 감정평가기준일이 양도일 또는 취득일 전후 각 3개월 이내이고 둘 이상의 감정평가업자가 평가한 것으로서 신빙성이 인정되는 경우 그 감정가액의 평균액으로 한다.

⑤ 환산취득가액은 양도가액을 추계할 경우에는 적용되지만 취득가액을 추계할 경우에는 적용되지 않는다.

☆중요

42 2017년 취득 후 등기한 토지를 2025년 6월 15일에 양도한 경우, 「소득세법」상 토지의 양도차익 계산에 관한 설명으로 틀린 것은? (단, 특수관계자와의 거래가 아님) 제26회 수정

① 취득 당시 실지거래가액을 확인할 수 없는 경우에는 매매사례가액, 환산취득가액, 감정가액, 기준시가를 순차로 적용하여 산정한 가액을 취득가액으로 한다.

② 양도와 취득시의 실지거래가액을 확인할 수 있는 경우에는 양도가액과 취득가액을 실지거래가액으로 산정한다.

③ 취득가액을 실지거래가액으로 계산하는 경우 자본적 지출액은 필요경비에 포함된다.

④ 취득가액을 매매사례가액으로 계산하는 경우 취득 당시 개별공시지가에 100분의 3을 곱한 금액이 필요경비에 포함된다.

⑤ 양도가액을 기준시가에 따를 때에는 취득가액도 기준시가에 따른다.

43 다음 ( ) 안에 들어갈 내용이 올바르게 연결된 것은?

> 거주자가 건물을 신축 또는 증축(증축의 경우 바닥면적 합계가 $85m^2$를 초과하는 경우에 한정)하고 그 건물의 취득일 또는 증축일부터 ( )년 이내에 해당 건물을 양도하는 경우로서 감정가액 또는 환산취득가액을 그 취득가액으로 하는 경우에는 해당 건물 감정가액(증축의 경우 증축한 부분에 한정) 또는 ( )(증축의 경우 증축한 부분에 한정)의 100분의 ( )에 해당하는 금액을 양도소득 결정세액에 더한다. 이 규정은 양도소득산출세액이 없는 경우에도 ( ).

① 2 – 양도가액 – 2 – 적용하지 아니한다
② 3 – 양도소득 산출세액 – 3 – 적용한다
③ 3 – 해당 건물 환산취득가액 – 3 – 적용하지 아니한다
④ 5 – 양도소득 산출세액 – 5 – 적용한다
⑤ 5 – 해당 건물 환산취득가액 – 5 – 적용한다

44 「소득세법」상 거주자의 양도소득세에 관한 설명으로 <u>틀린</u> 것은? (단, 국내 소재 부동산의 양도임)

제28회

① 같은 해에 여러 개의 자산(모두 등기됨)을 양도한 경우 양도소득기본공제는 해당 과세기간에 먼저 양도한 자산의 양도소득금액에서부터 순서대로 공제한다. 단, 감면소득금액은 없다.
② 「소득세법」 제104조 제3항에 따른 미등기 양도자산에 대하여는 장기보유특별공제를 적용하지 아니한다.
③ 「소득세법」 제97조의2 제1항에 따라 이월과세를 적용받는 경우 장기보유특별공제의 보유기간은 증여자가 해당 자산을 취득한 날부터 기산한다.
④ A법인과 특수관계에 있는 주주가 시가 3억원(「법인세법」 제52조에 따른 시가임)의 토지를 A법인에게 5억원에 양도한 경우 양도가액은 3억원으로 본다. 단, A법인은 이 거래에 대하여 세법에 따른 처리를 적절하게 하였다.
⑤ 특수관계인간의 거래가 아닌 경우로서 취득가액인 실지거래가액을 인정 또는 확인할 수 없어 그 가액을 추계결정 또는 경정하는 경우에는 매매사례가액, 감정가액, 기준시가의 순서에 따라 적용한 가액에 의한다.

45 「소득세법」상 양도차익 계산시 필요경비에 대한 설명으로 <u>틀린</u> 것은?

① 취득가액을 실지거래가액으로 계산하는 경우 자본적 지출과 양도직접비용을 필요경비로 공제한다.

② 취득가액에 대한 실거래가액을 확인할 수 없는 경우에는 추계결정에 의해 취득가액을 결정한다. 이 경우 추계결정은 '매매사례가액 ⇨ 감정가액 ⇨ 환산취득가액 ⇨ 기준시가'에 의한다.

③ 양도가액을 기준시가로 계산하는 경우 취득가액은 무조건 기준시가로 계산한다.

④ 취득가액을 추계가액으로 계산하는 경우 원칙적으로 자본적 지출 및 양도직접비용은 필요경비로 인정되지 않고 필요경비개산공제액을 필요경비로 인정한다.

⑤ 취득가액을 추계가액 중 환산취득가액으로 계산하는 경우로서 양도차익을 최소화하고자 하는 경우 [환산취득가액 + 필요경비개산공제액]의 금액이 [자본적 지출 + 양도직접비용]의 금액보다 큰 경우에도 [자본적 지출 + 양도직접비용]의 금액을 필요경비로 한다.

중요

46 「소득세법」상 양도차익의 산정에 있어서 실지거래가액에 의하여 취득가액을 산정하는 경우 해당 취득가액에 대한 설명으로 <u>틀린</u> 것은?

① 취득에 관한 쟁송이 있는 자산에 대하여 그 소유권확보를 위하여 직접 소요된 소송비용(단, 지출한 연도의 각 소득금액 계산상 필요경비에 산입된 것은 제외)도 취득가액에 포함된다.

② 「소득세법」상의 부당행위계산에 의한 시가초과액은 취득가액에 포함되지 않는다.

③ 당사자 약정에 의한 대금지급방법에 따라 취득원가에 이자상당액을 가산하여 거래가액을 확정한 경우에는 당해 이자상당액도 취득원가에 포함된다.

④ 양도자산의 보유기간 중에 그 자산의 감가상각비로서 부동산임대 사업소득금액의 계산시에 필요경비로 산입한 금액은 취득가액에 포함되지 않는다.

⑤ 「지적재조사에 관한 특별법」 제18조에 따른 경계의 확정으로 지적공부상의 면적이 증가되어 징수한 조정금은 취득가액에 포함한다.

☆중요

47 **실지거래가액에 의한 「소득세법」상 양도소득세의 양도차익의 산정에 있어서 취득가액에 대한 설명 중 틀린 것은?**

① 상속받은 부동산을 양도하는 경우 기납부한 상속세는 필요경비에 포함되지 않는다.

② 「공익사업을 위한 토지 등의 취득 및 보상에 관한 법률」에 따라 토지가 협의매수 또는 수용되는 경우로서 그 보상금의 증액과 관련하여 직접 소요된 소송비용 · 화해비용 등의 금액으로서 그 지출한 연도의 각 소득금액의 계산에 있어서 필요경비에 산입된 것을 제외한 금액은 증액보상금을 한도로 필요경비에 포함한다.

③ 주택의 취득대금에 충당하기 위한 대출금의 이자지급액은 취득가액에 포함되지 아니한다.

④ 상속 및 증여에 의하여 취득한 부동산을 양도하는 경우 해당 자산의 취득가액은 양도일 현재의 시가표준액을 실지거래가액으로 한다.

⑤ 취득에 관한 쟁송이 있는 자산에 대하여 그 소유권 등을 확보하기 위하여 직접 소요된 소송비용 · 화해비용 등의 금액으로서 그 지출한 연도의 각 소득금액의 계산에 있어서 필요경비에 산입된 것을 제외한 금액은 필요경비에 포함한다.

48 **「소득세법」상 사업소득이 있는 거주자가 실지거래가액에 의하여 부동산의 양도차익을 계산하는 경우 양도가액에서 공제할 자본적 지출액 또는 양도비에 포함되지 않는 것은? (단, 자본적 지출액에 대해서는 법령에 따른 증명서류가 수취 · 보관되어 있음)**

① 자산을 양도하기 위하여 직접 지출한 양도소득세 과세표준 신고서 작성비용

② 납부의무자와 양도자가 동일한 경우 「재건축초과이익 환수에 관한 법률」에 따른 재건축부담금

③ 양도자산의 이용편의를 위하여 지출한 비용

④ 양도자산의 취득 후 쟁송이 있는 경우 그 소유권을 확보하기 위하여 직접 소요된 소송비용으로서 그 지출한 연도의 각 사업소득금액 계산시 필요경비에 산입된 금액

⑤ 자산을 양도하기 위하여 직접 지출한 공증비용

49 「소득세법」상 거주자가 국내자산을 양도한 경우 양도소득의 필요경비에 관한 설명으로 옳은 것은? 제28회 수정

① 취득가액을 실지거래가액에 의하는 경우 당초 약정에 의한 지급기일의 지연으로 인하여 추가로 발생하는 이자상당액은 취득원가에 포함하지 아니한다.
② 취득가액을 실지거래가액에 의하는 경우 자본적 지출액도 실지로 지출된 가액에 의하므로 「소득세법」 제160조의2 제2항에 따른 증명서류를 수취·보관하지 않고 지출사실이 금융거래 증명서류 등에 의해 입증되지 않는 경우에도 이를 필요경비로 인정한다.
③ 「소득세법」 제97조 제3항에 따른 취득가액을 계산할 때 감가상각비를 공제하는 것은 취득가액을 실지거래가액으로 하는 경우에만 적용하므로 취득가액을 환산취득가액으로 하는 때에는 적용하지 아니한다.
④ 토지를 취득함에 있어서 부수적으로 매입한 채권을 만기 전에 양도함으로써 발생하는 매각차손은 채권의 매매상대방과 관계없이 전액 양도비용으로 인정된다.
⑤ 취득세는 납부영수증이 없으면 필요경비로 인정되지 아니한다.

50 「소득세법」상 거주자의 국내 소재 부동산과 부동산에 관한 권리의 양도에 관한 설명으로 틀린 것은?

① 부동산매매계약을 체결한 거주자가 계약금만 지급한 상태에서 유상으로 양도하는 권리는 양도소득세의 과세대상이다.
② 상속받은 부동산을 양도하는 경우, 기납부한 상속세는 양도차익 계산시 이를 필요경비로 공제받을 수 있다.
③ 상속받은 부동산의 취득시기는 상속이 개시된 날로 한다.
④ 상속받은 부동산을 양도하는 경우, 양도소득세 세율을 적용함에 있어서 보유기간은 피상속인이 그 부동산을 취득한 날부터 상속인이 양도한 날까지로 한다.
⑤ 부동산을 취득할 수 있는 권리의 양도시 기준시가는 양도일까지 불입한 금액과 양도일 현재의 프리미엄에 상당하는 금액을 합한 금액이다.

51 취득가액을 추계가액에 의하여 양도소득세를 계산하는 경우 취득 당시의 기준시가에 가산하는 필요경비개산공제율을 설명한 것으로 틀린 것은?

① 등기된 토지: 취득 당시 개별공시지가의 100분의 3

② 지정지역 내 등기된 공동주택: 취득 당시 국세청장이 산정하여 고시하는 가액의 100분의 3

③ 등기된 부동산임차권: 취득 당시 기준시가의 100분의 7

④ 미등기 양도하는 건물: 양도 당시 기준시가의 100분의 3

⑤ 부동산을 취득할 수 있는 권리: 취득 당시 기준시가의 100분의 1

52 「소득세법」상 국내에 있는 자산의 기준시가 산정에 관한 설명으로 틀린 것은? 제30회

① 개발사업 등으로 지가가 급등하거나 급등우려가 있는 지역으로서 국세청장이 지정한 지역에 있는 토지의 기준시가는 배율방법에 따라 평가한 가액으로 한다.

② 상업용 건물에 대한 새로운 기준시가가 고시되기 전에 취득 또는 양도하는 경우에는 직전의 기준시가에 의한다.

③ 「민사집행법」에 의한 저당권실행을 위하여 토지가 경매되는 경우의 그 경락가액이 개별공시지가보다 낮은 경우에는 그 차액을 개별공시지가에서 차감하여 양도 당시 기준시가를 계산한다(단, 지가 급등 지역 아님).

④ 부동산을 취득할 수 있는 권리에 대한 기준시가는 양도자산의 종류를 고려하여 취득일 또는 양도일까지 납입한 금액으로 한다.

⑤ 국세청장이 지정하는 지역에 있는 오피스텔의 기준시가는 건물의 종류, 규모, 거래상황, 위치 등을 고려하여 매년 1회 이상 국세청장이 토지와 건물에 대하여 일괄하여 산정 · 고시하는 가액으로 한다.

53 2025년도에 부동산을 양도하는 경우로서 다음 주어진 자료를 이용하여 등기된 토지를 양도시 실지거래가액에 의한 「소득세법」상 양도소득세 양도차익을 계산한 것으로 옳은 것은? (단, 비용에 대한 증빙은 있는 것으로 함)

㉠ 취득시 실지거래가액: 100,000,000원
㉡ 양도시 실지거래가액: 200,000,000원
㉢ 취득 당시 기준시가: 75,000,000원
㉣ 양도 당시 기준시가: 150,000,000원
㉤ 발코니 확장비용 등 자본적 지출액: 20,000,000원
㉥ 중개수수료 및 매매계약에 따른 인도의무를 이행하기 위하여 양도자가 지출하는 명도비용: 10,000,000원
㉦ 양도자산의 보유기간: 2년

① 40,000,000원
② 45,000,000원
③ 50,000,000원
④ 55,000,000원
⑤ 70,000,000원

고득점

54 다음은 거주자의 甲의 상가건물 양도소득세 관련 자료이다. 이 경우 양도차익은? (단, 양도차익을 최소화하는 방향으로 필요경비를 선택하고, 부가가치세는 고려하지 않음)

제32회 수정

(1) 취득 및 양도 내역

	실지거래가액	기준시가	거래일자
양도 당시	5억원	4억원	2025.4.30.
취득 당시	확인 불가능	2억원	2024.3.7.

(2) 자본적 지출액 및 소개비: 2억 6,000만원(세금계산서 수취함)
(3) 주어진 자료 외에는 고려하지 않는다.

① 2억원
② 2억 4,000만원
③ 2억 4,400만원
④ 2억 5,000만원
⑤ 2억 6,000만원

고득점

55 거주자 甲의 매매(양도일: 2025.5.1.)에 의한 등기된 토지 취득 및 양도에 관한 다음의 자료를 이용하여 양도소득세 과세표준을 계산하면? (단, 법령에 따른 적격증명서류를 수취·보관하고 있으며, 주어진 조건 이외에는 고려하지 않음) 제33회 수정

항목	기준시가	실지거래가액
양도가액	40,000,000원	67,000,000원
취득가액	35,000,000원	42,000,000원
추가사항	• 양도비용: 4,000,000원 • 보유기간: 2년	

① 18,500,000원
② 19,320,000원
③ 19,740,000원
④ 21,000,000원
⑤ 22,500,000원

고득점

56 「소득세법」상 거주자의 양도소득과세표준 계산에 관한 설명으로 옳은 것은? 제29회

① 양도소득금액을 계산할 때 부동산을 취득할 수 있는 권리에서 발생한 양도차손은 토지에서 발생한 양도소득금액에서 공제할 수 없다.
② 양도차익을 실지거래가액에 의하는 경우 양도가액에서 공제할 취득가액은 그 자산에 대한 감가상각비로서 각 과세기간의 사업소득금액을 계산하는 경우 필요경비에 산입한 금액이 있을 때에는 이를 공제하지 않은 금액으로 한다.
③ 양도소득에 대한 과세표준은 종합소득 및 퇴직소득에 대한 과세표준과 구분하여 계산한다.
④ 1세대 1주택 비과세 요건을 충족하는 고가주택의 양도가액이 15억원이고 양도차익이 5억원인 경우 양도소득세가 과세되는 양도차익은 3억원이다.
⑤ 지출한 자본적 지출액은 그 지출에 관한 증명서류를 수취·보관하지 않고 실제 지출사실이 금융거래 증명서류에 의하여 확인되지 않는 경우에도 양도차익 계산시 양도가액에서 공제할 수 있다.

Point 46 양도소득세 계산구조(2) ★★★★★

정답 및 해설 p.44~48

Tip

- 자주 출제되는 부분으로 장기보유특별공제와 양도소득기본공제의 공제대상, 공제율, 양도소득세율 등을 정확히 암기하여야 한다.
- 이월과세 특례와 부당행위계산 부인 특례를 구별하여 숙지하여야 한다.

57 다음 중 2025년도 6월 1일의 국내자산의 양도에 대한 양도소득세에 있어서 장기보유특별공제에 관한 설명으로 옳은 것은? (단, 주택분양권은 2025년 1월 1일 이후에 취득하였음)

① 장기보유특별공제는 양도소득세 과세대상 자산 중 토지·건물 및 기타 자산에 한하여 적용한다.

② 1세대가 조정대상지역 내 1주택과 1주택분양권을 보유하다가 주택을 먼저 양도하는 경우에도 공제 적용하지 아니한다.

③ 장기보유특별공제는 보유기간이 5년 이상인 경우에 한하여 적용한다.

④ 일반 상가건물로서 등기되고 3년 4개월 보유한 경우 장기보유특별공제는 양도가액에 100분의 6을 곱한 금액으로 한다.

⑤ 비사업용 토지를 10년 보유하고 양도하는 경우 장기보유특별공제는 양도차익에 100분의 20을 곱한 금액으로 한다.

중요

58 다음 중 「소득세법」상 양도소득세 계산을 위한 장기보유특별공제에 대한 설명으로 옳은 것은?

① 장기보유특별공제는 국외 소재 자산의 양도시에도 공제받을 수 있다.

② 동일 연도에 장기보유특별공제의 대상이 되는 자산을 수회 양도한 경우에도 공제요건에 해당하는 경우에는 소득별로 각각 공제한다.

③ 양도소득세가 과세되는 1세대 1주택인 고가주택의 장기보유특별공제금액은 양도차익에 보유기간별 공제율을 곱한 금액이다.

④ 주택이 아닌 건물을 사실상 주거용으로 사용하는 경우로서 그 자산이 대통령령으로 정하는 1세대 1주택에 해당하는 자산인 경우 장기보유특별공제액은 그 자산의 양도차익에 보유기간별 공제율을 곱하여 계산한 금액과 거주기간별 공제율을 곱하여 계산한 금액을 합산한 것을 말한다.

⑤ ④의 보유기간별 공제는 주택이 아닌 건물로 보유한 기간에 해당하는 보유기간별 공제율의 경우에 보유연수에 4%씩을 적용하며, 법령에 정하는 계산식에 따라 계산한 공제율이 100분의 40보다 큰 경우에는 100분의 40으로 한다.

59 「소득세법」상 거주자의 양도소득에 대한 장기보유특별공제 등 세액계산과 관련된 설명 중 틀린 것은? (단, 미등기 양도의 경우는 없다고 가정함)

① 토지를 15년 보유한 후 양도하는 경우에는 양도차익에 100분의 30을 공제한다.

② 장기보유특별공제액은 양도차익(조합원입주권을 양도하는 경우에는 관리처분계획인가 전 주택분의 양도차익으로 한정)에 보유기간별 공제율을 곱하여 계산한 금액으로 한다.

③ 국외에 소재하는 자산의 경우에는 3년을 보유한 경우에도 공제적용을 받을 수 없다.

④ 20~80%의 장기보유특별공제율을 적용받는 1세대 1주택이란 1세대가 양도일(주택의 매매계약을 체결한 후 해당 계약에 따라 주택을 주택 외의 용도로 용도변경하여 양도하는 경우에는 해당 주택의 대금청산일을 말한다) 현재 국내에 1주택을 보유하고 보유기간 중 거주기간이 1년 이상인 것을 말한다.

⑤ 양도소득세가 과세되는 1세대 1주택을 2년 거주한 경우에 거주기간별 공제율을 8%로 적용받기 위해서는 3년은 보유하여야 한다.

60 「소득세법」상 건물의 양도에 따른 장기보유특별공제에 관한 설명으로 틀린 것은? 제26회

① 100분의 70의 세율이 적용되는 미등기 건물에 대해서는 장기보유특별공제를 적용하지 아니한다.

② 보유기간이 3년 이상인 등기된 상가건물은 장기보유특별공제가 적용된다.

③ 1세대 1주택 요건을 충족한 고가주택(보유기간 2년 6개월)이 과세되는 경우 장기보유특별공제가 적용된다.

④ 장기보유특별공제액은 건물의 양도차익에 보유기간별 공제율을 곱하여 계산한다.

⑤ 보유기간이 12년인 등기된 상가건물의 보유기간별 공제율은 100분의 24이다.

61 「소득세법」상 장기보유특별공제를 적용하는 경우 보유기간에 관한 설명으로 틀린 것은?

① 원칙적으로 당해 자산의 취득일부터 양도일까지로 한다.

② 상속받은 자산을 양도하는 경우에는 상속개시일부터 양도일까지로 한다.

③ 가업상속공제가 적용된 비율에 해당하는 자산의 경우에는 피상속인이 해당 자산을 취득한 날부터 양도일까지로 한다.

④ 조합원입주권을 양도하는 경우에는 기존건물과 그 부수토지의 취득일부터 조합원입주권의 양도일까지로 한다.

⑤ 법령에 정하는 비사업용 토지로서 취득하여 보유하고 있는 자산인 경우에는 당초 취득일부터 기산한다.

☆중요

62 양도소득세 비과세 요건을 충족하는 1세대 1주택을 양도한 내용에서 장기보유특별공제액은 얼마인가? (단, 필요경비는 증빙이 있는 경우이며 주어진 자료로만 계산함)

- 1세대 1주택(등기)
- 보유기간 및 거주기간: 각각 12년 3개월
- 양도가액(실거래가액): 14억원
- 필요경비: 7억원

① 2천만원
② 8천만원
③ 2억 8천만원
④ 5억 6천만원
⑤ 11억 2천만원

☆중요

63 양도소득세 과세표준 계산시 양도소득기본공제에 대한 내용으로 틀린 것은?

① 양도소득기본공제는 보유기간이 3년 이상인 자산에 한하여 적용된다.
② 미등기 양도자산에 대하여는 원칙적으로 양도소득기본공제를 적용하지 아니한다.
③ 자산을 4종류로 구분(부동산과 부동산에 관한 권리 및 기타 자산, 주식 및 출자지분, 파생상품, 신탁수익권)한 소득금액별로 각각 연 250만원씩을 공제한다.
④ 국외 소재 부동산을 양도하는 경우에도 공제 적용을 받을 수 있다.
⑤ 양도소득금액에 감면소득금액이 있는 때에는 해당 감면소득금액 외의 양도소득금액에서 먼저 공제하며, 감면소득금액 외의 양도소득금액 중에서는 순차로 공제한다.

64 다음은 거주자 甲의 2025년도 국내자산의 양도 현황이다. 거주자 甲의 해당 연도에 최대한 공제할 수 있는 양도소득기본공제액은? (단, 양도하는 자산 중에서 미등기 양도자산은 없는 것으로 함)

양도 월일	양도자산	양도소득금액
5월 31일	토지	200만원
7월 5일	비상장주식	200만원
9월 30일	공동주택	300만원

① 200만원
② 250만원
③ 300만원
④ 450만원
⑤ 600만원

65 **부동산 등을 양도한 개인은 양도차익에서 장기보유특별공제와 양도소득기본공제를 차감하여 과세표준을 계산한다. 다음 중 장기보유특별공제와 양도소득기본공제를 비교 · 설명한 것으로 <u>틀린</u> 것은?**

① 비거주자가 등기되고 3년 이상 보유한 국내 토지를 양도한 경우 장기보유특별공제와 양도소득기본공제는 모두 적용된다.

② 거주자가 국외에 소재하는 토지를 3년 이상 보유한 후 양도한 경우 장기보유특별공제는 적용되지 않지만, 양도소득기본공제는 적용된다.

③ 장기보유특별공제가 배제되는 자산은 양도소득기본공제도 모두 배제된다.

④ 1년 보유한 등기된 토지를 양도한 경우에는 장기보유특별공제는 배제되지만, 양도소득기본공제는 적용된다.

⑤ 조정대상지역 외의 2주택인 경우 요건 충족시 장기보유특별공제와 양도소득기본공제 모두 적용받을 수 있다.

66 **2025년도에 부동산을 양도하는 경우 양도소득세의 세율에 관한 설명 중 옳은 것은? (단, 조정대상지역 내 양도는 아니며, 비례세율을 적용한 산출세액은 초과누진세율을 적용하여 계산한 산출세액보다 크다고 가정함)**

① 미등기 양도자산에 대한 세율은 60%이다.

② 1년 미만 보유한 토지 · 건물(주택 제외)에 대한 세율은 50%이나, 1년 미만 보유한 부동산에 관한 권리(조합원입주권 및 주택분양권 제외)에 대한 세율은 40%이다.

③ 2년 이상 보유한 토지 · 건물(주택 제외)의 과세표준이 1,400만원 이하인 경우의 세율은 15%이다.

④ 하나의 자산이 법령에 따른 세율 중 둘 이상에 해당할 때에는 해당 세율을 적용하여 계산한 양도소득산출세액 중 큰 것을 그 세액으로 한다.

⑤ 1년 이상 2년 미만 보유한 주택 및 조합원입주권에 대한 세율은 과세표준의 크기에 관계없이 40%이다.

67 **소득세법령상 거주자의 양도소득과세표준에 적용되는 세율에 관한 내용으로 옳은 것은? (단, 국내소재 자산을 2024년에 양도한 경우로서 주어진 자산 외에 다른 자산은 없으며, 비과세와 감면은 고려하지 않음)** 제34회

① 보유기간이 6개월인 등기된 상가건물: 100분의 40
② 보유기간이 10개월인 「소득세법」에 따른 분양권: 100분의 70
③ 보유기간이 1년 6개월인 등기된 상가건물: 100분의 30
④ 보유기간이 1년 10개월인 「소득세법」에 따른 조합원입주권: 100분의 70
⑤ 보유기간이 2년 6개월인 「소득세법」에 따른 분양권: 100분의 50

고득점

68 **2025년 6월에 양도하는 거주자의 국내 소재 등기된 토지(보유기간 1년 6개월)의 자료에서 양도소득과세표준은 얼마인가? (단, 2025년 중 다른 양도거래는 없음)**

- 취득시 기준시가: 7,000만원
- 취득시 실지거래가액: 9,000만원
- 양도시 기준시가: 1억원
- 양도시 실지거래가액: 1억 2,500만원
- 자본적 지출액 및 양도비 지출액: 200만원

① 2,740만원 ② 3,000만원 ③ 3,050만원
④ 3,300만원 ⑤ 3,500만원

고득점

69 **다음과 같은 조건으로 상속받은 주택을 양도(매매)한 경우, 이에 대한 양도소득세의 설명으로 옳은 것은? (단, 조정대상지역은 아님)**

- 피상속인의 보유기간: 2년 10개월
- 상속인의 보유기간: 5개월
- 상속에 대한 등기를 이행하였다.
- 양도 당시 국내 소재 1세대 1주택에 해당하며, 피상속인과 상속인은 다른 세대이다.

① 양도 당시 1세대 1주택인 경우 비과세를 적용받을 수 있다.
② 실지거래가액으로 양도차익을 계산하는 경우 등기일 현재의 「상속세 및 증여세법」의 규정에 의하여 평가한 가액을 취득 당시 실지거래가액으로 본다.
③ 장기보유특별공제를 적용받을 수 있다.
④ 양도소득기본공제는 적용받을 수 없다.
⑤ 6~45%의 초과누진세율을 적용하여 산출세액을 계산한다.

70 「소득세법」상 양도소득세의 기간 계산에 대하여 설명한 내용으로 틀린 것은?

① 원칙적으로 보유기간은 당해 자산의 취득일로부터 양도일까지로 한다.

② 세율 적용시 상속에 의한 경우 보유기간은 피상속인이 취득한 날로부터 양도일까지로 한다.

③ 장기보유특별공제대상 자산의 보유기간 계산시 당해 자산이 상속에 의한 취득의 경우에는 당해 자산을 피상속인이 취득한 날로부터 기산하여 양도일까지로 한다.

④ 배우자 및 직계존비속간 이월과세에 해당하는 경우 장기보유특별공제와 세율에 대한 보유기간 기산일은 동일하다.

⑤ 증여 후 양도행위부인 규정의 적용을 받는 경우 보유기간은 증여자가 해당 자산을 취득한 날로부터 기산한다.

71 다음 중 「소득세법」상 양도소득세 계산구조에 대한 설명으로 틀린 것은?

① 상속받은 부동산을 양도하는 경우 기납부한 상속세는 양도차익 계산시 공제되는 필요경비에 해당하지 아니한다.

② 양도차익 계산시 양도가액을 기준시가에 의하는 경우 취득가액도 기준시가에 의한다.

③ 미등기 양도자산(단, 법령이 정하는 등기로 보는 경우에는 제외)의 경우 양도가액이 곧 과세표준이 된다.

④ 조합원입주권의 경우 토지분 및 건물분 양도차익에 대하여는 장기보유특별공제가 적용될 수 있다.

⑤ 법령이 정하는 등기된 비사업용 토지는 양도소득기본공제가 적용된다.

72 「소득세법」상 미등기 양도자산(미등기 양도제외자산 아님)인 상가건물의 양도에 관한 내용으로 옳은 것을 모두 고른 것은? 제32회

> ㉠ 양도소득세율은 양도소득과세표준의 100분의 70
> ㉡ 장기보유특별공제 적용 배제
> ㉢ 필요경비개산공제 적용 배제
> ㉣ 양도소득기본공제 적용 배제

① ㉠, ㉡, ㉢　② ㉠, ㉡, ㉣　③ ㉠, ㉢, ㉣
④ ㉡, ㉢, ㉣　⑤ ㉠, ㉡, ㉢, ㉣

중요

73 「소득세법」상 미등기 양도자산에 관한 설명으로 옳은 것은? 제29회

① 미등기 양도자산도 양도소득에 대한 소득세의 비과세에 관한 규정을 적용할 수 있다.

② 건설업자가 「도시개발법」에 따라 공사용역 대가로 취득한 체비지를 토지구획환지처분 공고 전에 양도하는 토지는 미등기 양도자산에 해당하지 않는다.

③ 미등기 양도자산의 양도소득금액 계산시 양도소득기본공제를 적용할 수 있다.

④ 미등기 양도자산의 양도소득세 산출세액에 100분의 70을 곱한 금액을 양도소득 결정세액에 더한다.

⑤ 미등기 양도자산의 양도소득금액 계산시 장기보유특별공제를 적용할 수 있다.

74 거주자 甲이 2025년 중 아래의 국내 소재 상업용 건물을 특수관계인이 아닌 거주자 乙에게 부담부증여 하고 乙이 甲의 해당 피담보채무를 인수한 경우, 양도차익 계산시 상업용 건물의 취득가액은 얼마인가?

- 취득 당시 실지거래가액: 80,000,000원
- 취득 당시 기준시가: 50,000,000원
- 증여일 현재 「상속세 및 증여세법」에 따른 평가액(감정가액): 500,000,000원
- 상업용 건물에는 금융회사로부터의 차입금 100,000,000원(채권최고액: 120,000,000원)에 대한 근저당권이 설정되어 있음
- 양도가액은 양도 당시 「상속세 및 증여세법」에 따른 평가액(감정가액)을 기준으로 계산함

① 10,000,000원　　② 12,000,000원

③ 16,000,000원　　④ 19,200,000원

⑤ 80,000,000원

75 거주자 甲은 국내에 있는 양도소득세 과세대상 X토지를 2016년 시가 1억원에 매수하여 2025년 배우자 乙에게 증여하였다. X토지에는 甲의 금융기관 차입금 5,000만원에 대한 저당권이 설정되어 있었으며 乙이 이를 인수한 사실은 채무부담계약서에 의하여 확인되었다. X토지의 증여가액과 증여시 「상속세 및 증여세법」에 따라 평가한 가액(시가)은 각각 2억원이었다. 다음 중 <u>틀린</u> 것은? 제30회 수정

① 배우자간 부담부증여로서 수증자에게 인수되지 아니한 것으로 추정되는 채무액은 부담부증여의 채무액에 해당하는 부분에서 제외된다.
② 乙이 인수한 채무 5,000만원에 해당하는 부분은 양도로 본다.
③ 양도로 보는 부분의 취득가액은 2,500만원이다.
④ 양도로 보는 부분의 양도가액은 5,000만원이다.
⑤ 甲이 X토지와 증여가액(시가) 2억원인 양도소득세 과세대상에 해당하지 않는 Y자산을 함께 乙에게 부담부증여 하였다면 乙이 인수한 채무 5,000만원에 해당하는 부분은 모두 X토지에 대한 양도로 본다.

76 다음 보기의 거주자가 1세대 1주택 비과세 요건을 충족한 고가주택을 양도한 경우에 대한 설명으로 옳은 것은? (단, 다른 조건은 고려하지 않음)

- 양도일 현재 국내 소재 등기된 1세대 1주택으로서 5년 보유 및 5년 거주한 주택
- 양도가액: 실지거래가액 15억원(기준시가 12억원)
- 필요경비: 10억원
- 해당 과세기간 중에 다른 양도자산은 없음

① 비과세 – 가능
② 양도차익 – 5억원
③ 양도소득금액 – 6,000만원
④ 양도소득과세표준 – 3,750만원
⑤ 세율 – 60%

77 **양도소득세 과세기간 중 양도한 자산에 양도차손이 발생하거나 양도소득금액이 발생한 경우를 통산하여 계산한 설명으로 틀린 것은?**

① 토지를 양도함으로써 발생하는 양도차손은 신탁수익권을 양도함으로써 발생하는 양도소득금액과 통산할 수 없다.
② 건물을 양도함으로써 발생하는 양도차손은 지상권을 양도함으로써 발생하는 양도소득금액과 통산한다.
③ 골프회원권을 양도함으로써 발생하는 양도차손은 비상장주식을 양도함으로써 발생하는 양도소득금액과 통산한다.
④ 자산종류별 양도차손은 같은 세율이 적용되는 자산의 양도소득금액에서 먼저 통산한 후 미공제분은 다른 세율이 적용되는 자산의 양도소득금액에서 통산한다.
⑤ 각 양도자산에서 발생한 양도차손과 양도소득금액을 통산한 후 남은 결손금이 발생한 경우에는 이월하지 않고 소멸된다.

78 **소득세법령상 거주자의 국내자산 양도에 대한 양도소득세에 관한 설명으로 옳은 것은?**

제35회

① 부담부증여의 채무액에 해당하는 부분으로서 양도로 보는 경우에는 그 양도일이 속하는 달의 말일부터 2개월 이내에 양도소득세를 신고하여야 한다.
② 토지를 매매하는 거래당사자가 매매계약서의 거래가액을 실지거래가액과 다르게 적은 경우에는 해당 자산에 대하여 「소득세법」에 따른 양도소득세의 비과세에 관한 규정을 적용할 때, 비과세받을 세액에서 '비과세에 관한 규정을 적용하지 아니하였을 경우의 양도소득 산출세액'과 '매매계약서의 거래가액과 실지거래가액과의 차액' 중 큰 금액을 뺀다.
③ 사업상의 형편으로 인하여 세대전원이 다른 시 · 군으로 주거를 이전하게 되어 6개월 거주한 주택을 양도하는 경우 보유기간 및 거주기간의 제한을 받지 아니하고 양도소득세가 비과세된다.
④ 토지의 양도로 발생한 양도차손은 동일한 과세기간에 전세권의 양도로 발생한 양도소득금액에서 공제할 수 있다.
⑤ 상속받은 주택과 상속개시 당시 보유한 일반주택을 국내에 각각 1개씩 소유한 1세대가 상속받은 주택을 양도하는 경우에는 국내에 1개의 주택을 소유하고 있는 것으로 보아 1세대 1주택 비과세 규정을 적용한다.

고득점

79 **다음 자료를 기초로 할 때 소득세법령상 거주자 甲이 확정신고시 신고할 건물과 토지B의 양도소득과세표준을 각각 계산하면? (단, 아래 자산 외의 양도자산은 없고, 양도소득과세표준 예정신고는 모두 하지 않았으며, 감면소득금액은 없다고 가정함)** 제35회

구분	건물(주택 아님)	토지A	토지B
양도차익(차손)	15,000,000원	(20,000,000원)	25,000,000원
양도일자	2025.3.10.	2025.5.20.	2025.6.25.
보유기간	1년 8개월	4년 3개월	3년 5개월

• 위 자산은 모두 국내에 있으며 등기됨
• 토지A, 토지B는 비사업용 토지 아님
• 장기보유특별공제율은 6%로 가정함

	건물	토지
①	0원	16,000,000원
②	0원	18,500,000원
③	11,600,000원	5,000,000원
④	12,500,000원	3,500,000원
⑤	12,500,000원	1,000,000원

고득점

80 **「소득세법」상 거주자의 국내자산 양도소득세 계산에 관한 설명으로 옳은 것은?** 제31회 수정

① 부동산에 관한 권리의 양도로 발생한 양도차손은 토지의 양도에서 발생한 양도소득금액에서 공제할 수 없다.

② 양도일부터 소급하여 10년 이내에 그 배우자로부터 증여받은 토지의 양도차익을 계산할 때 그 증여받은 토지에 대하여 납부한 증여세는 양도가액에서 공제할 필요경비에 산입하지 아니한다.

③ 취득원가에 현재가치할인차금이 포함된 양도자산의 보유기간 중 사업소득금액 계산시 필요경비로 산입한 현재가치할인차금상각액은 양도차익을 계산할 때 양도가액에서 공제할 필요경비로 본다.

④ 특수관계인에게 증여한 자산에 대해 증여자인 거주자에게 양도소득세가 과세되는 경우 수증자가 부담한 증여세 상당액은 양도가액에서 공제할 필요경비에 산입한다.

⑤ 거주자가 특수관계인과의 거래(시가와 거래가액의 차액이 5억원임)에 있어서 토지를 시가에 미달하게 양도함으로써 조세의 부담을 부당히 감소시킨 것으로 인정되는 때에는 그 양도가액을 시가에 의하여 계산한다.

고득점

81 甲이 2023년 3월 5일 특수관계자인 乙로부터 토지를 3억 1천만원(시가 3억원)에 취득하여 2025년 10월 5일 특수관계자인 丙에게 그 토지를 5억원(시가 5억 6천만원)에 양도한 경우 甲의 양도소득금액은 얼마인가? (단, 토지는 등기된 국내 소재의 「소득세법」상 토지이고 취득가액 외의 필요경비는 없으며, 甲 · 乙 · 丙은 거주자이고 배우자 및 직계존비속 관계는 아님)

① 1억 7,100만원
② 1억 9천만원
③ 2억 2,500만원
④ 2억 5천만원
⑤ 2억 6천만원

고득점

82 「소득세법」상 배우자간 증여재산의 이월과세에 관한 설명으로 옳은 것은? 제32회 수정

① 이월과세를 적용하는 경우 거주자가 배우자로부터 증여받은 자산에 대하여 납부한 증여세를 필요경비에 산입하지 아니한다.
② 이월과세를 적용받은 자산의 보유기간은 증여한 배우자가 그 자산을 증여한 날을 취득일로 본다.
③ 거주자가 양도일부터 소급하여 10년 이내에 그 배우자(양도 당시 사망으로 혼인관계가 소멸된 경우 포함)로부터 증여받은 토지를 양도할 경우에 이월과세를 적용한다.
④ 거주자가 사업인정고시일부터 소급하여 2년 이전에 배우자로부터 증여받은 경우로서 「공익사업을 위한 토지 등의 취득 및 보상에 관한 법률」에 따라 수용된 경우에는 이월과세를 적용하지 아니한다.
⑤ 이월과세를 적용하여 계산한 양도소득 결정세액이 이월과세를 적용하지 않고 계산한 양도소득 결정세액보다 적은 경우에 이월과세를 적용한다.

고득점

83 **다음 자료를 기초로 할 때 소득세법령상 국내 토지 A에 대한 양도소득세에 관한 설명으로 옳은 것은? (단, 甲, 乙, 丙은 모두 거주자임)** 제35회

> • 甲은 2019.6.20. 토지A를 3억원에 취득하였으며, 2021.5.15. 토지A에 대한 자본적 지출로 5천만원을 지출하였다.
> • 乙은 2023.7.1. 직계존속인 甲으로부터 토지A를 증여받아 2023.7.25. 소유권이전등기를 마쳤다(토지A의 증여 당시 시가는 6억원임).
> • 乙은 2025.10.20. 토지A를 甲 또는 乙과 특수관계가 없는 丙에게 10억원에 양도하였다.
> • 토지A는 법령상 협의매수 또는 수용된 적이 없으며, 「소득세법」 제97조의2 양도소득의 필요경비 계산 특례(이월과세)를 적용하여 계산한 양도소득 결정세액이 이를 적용하지 않고 계산한 양도소득 결정세액보다 크다고 가정한다.

① 양도차익 계산시 양도가액에서 공제할 취득가액은 6억원이다.
② 양도차익 계산시 甲이 지출한 자본적 지출액 5천만원은 양도가액에서 공제할 수 없다.
③ 양도차익 계산시 乙이 납부하였거나 납부할 증여세 상당액이 있는 경우 양도차익을 한도로 필요경비에 산입한다.
④ 장기보유특별공제액 계산 및 세율 적용시 보유기간은 乙의 취득일부터 양도일까지의 기간으로 한다.
⑤ 甲과 乙은 양도소득세에 대하여 연대납세의무를 진다.

중요

84 **「소득세법」상 거주자 甲이 2018년 1월 20일에 취득한 건물(취득가액 3억원)을 甲의 배우자 乙에게 2024년 3월 5일자로 증여(해당 건물의 시가 8억원)한 후, 乙이 2025년 5월 20일에 해당 건물을 甲·乙의 특수관계인이 아닌 丙에게 10억원에 매도하였다. 해당 건물의 양도소득세에 관한 설명으로 옳은 것은? (단, 취득·증여·매도의 모든 단계에서 등기를 마침)**

① 양도소득세 납세의무자는 甲이다.
② 양도소득금액 계산시 장기보유특별공제가 적용된다.
③ 양도차익 계산시 양도가액에서 공제할 취득가액은 8억원이다.
④ 乙이 납부한 증여세는 양도소득세 납부세액 계산시 세액공제된다.
⑤ 양도소득세에 대하여 甲과 乙이 연대하여 납세의무를 진다.

85 **다음 중 「소득세법」상 배우자 또는 직계존비속간 증여받은 재산에 대한 이월과세 특례의 적용을 배제하는 경우로 <u>틀린</u> 것은?**

① 사업인정고시일로부터 소급하여 2년 이전에 증여받은 경우로서 법률에 의하여 수용된 경우
② 증여이월과세 규정을 적용할 경우 1세대 1주택의 비과세 양도에 해당하게 되는 경우
③ 위 ②의 경우에 양도소득의 비과세대상에서 제외되는 고가주택을 양도하는 경우
④ 증여이월과세 규정을 적용하여 계산한 양도소득 결정세액이 증여이월과세 규정을 적용하지 아니하고 계산한 양도소득 결정세액보다 적은 경우
⑤ 수증받은 배우자가 양도 당시에 혼인관계가 소멸된 경우

86 **「소득세법」상 거주자인 甲이 국내 소재 토지를 甲의 사촌 형인 거주자 乙에게 양도한다고 가정하는 경우, 이에 관한 설명으로 <u>틀린</u> 것은?**

① 만일 甲이 乙에게 토지를 증여한 후, 乙이 이를 그 증여일로부터 11년이 되는 때에 다시 타인에게 양도한 경우에는 甲이 그 토지를 직접 타인에게 양도한 것으로 보아 양도소득세가 과세된다.
② 甲이 양도한 토지가 법령이 정한 비사업용 토지에 해당하는 경우 장기보유특별공제를 적용받을 수 있다.
③ 甲과 乙은 「소득세법」상 특수관계인에 해당한다.
④ 甲이 「상속세 및 증여세법」에 따라 시가 8억원으로 평가된 토지를 乙에게 7억 5천만원에 양도한 경우, 양도차익 계산시 양도가액은 8억원으로 계산한다.
⑤ 해당 토지가 미등기된 것으로서 법령이 정하는 미등기 양도제외자산이 아니라면 70%의 세율이 적용된다.

87 거주자 甲은 2019.10.20. 취득한 토지(취득가액 1억원, 등기함)를 동생인 거주자 乙(특수관계인임)에게 2022.10.1. 증여(시가 3억원, 등기함)하였다. 乙은 해당 토지를 2025.6.30. 특수관계가 없는 丙에게 양도(양도가액 10억원)하였다. 양도소득은 乙에게 실질적으로 귀속되지 아니하고, 乙의 증여세와 양도소득세를 합한 세액이 甲이 직접 양도하는 경우로 보아 계산한 양도소득세보다 적은 경우에 해당한다. 「소득세법」상 양도소득세 납세의무에 관한 설명으로 틀린 것은? 제33회 수정

① 乙이 납부한 증여세는 양도차익 계산시 필요경비에 산입한다.
② 양도차익 계산시 취득가액은 甲의 취득 당시를 기준으로 한다.
③ 양도소득세에 대해서는 甲과 乙이 연대하여 납세의무를 진다.
④ 甲은 양도소득세 납세의무자이다.
⑤ 양도소득세 계산시 보유기간은 甲의 취득일부터 乙의 양도일까지의 기간으로 한다.

Point 47 양도소득세 납세절차 ★★★★★

정답 및 해설 p.48~49

Tip
- 매년 출제되는 부분이므로 예정신고납부 및 확정신고납부의 신고기한, 가산세에 관한 내용 등을 명확히 숙지하여야 한다.
- 분할납부의 요건과 방법을 암기하여야 한다.

중요
88 「소득세법」상 거주자의 양도소득세 신고 및 납부에 관한 설명으로 옳은 것은? 제29회

① 토지 또는 건물을 양도한 경우에는 그 양도일이 속하는 분기의 말일부터 2개월 이내에 양도소득과세표준을 신고해야 한다.
② 양도차익이 없거나 양도차손이 발생한 경우에는 양도소득과세표준 예정신고의무가 없다.
③ 건물을 신축하고 그 신축한 건물의 취득일부터 5년 이내에 해당 건물을 양도하는 경우로서 취득 당시의 실지거래가액을 확인할 수 없어 환산취득가액을 그 취득가액으로 하는 경우에는 양도소득세 산출세액의 100분의 5에 해당하는 금액을 양도소득 결정세액에 더한다.
④ 양도소득과세표준 예정신고시에는 납부할 세액이 1천만원을 초과하더라도 그 납부할 세액의 일부를 분할납부할 수 없다.
⑤ 당해 연도에 누진세율의 적용대상 자산에 대한 예정신고를 2회 이상 한 자가 법령에 따라 이미 신고한 양도소득금액과 합산하여 신고하지 아니한 경우 양도소득세 확정신고를 해야 한다.

89 「소득세법」상 사업자가 아닌 거주자 甲이 2025년 5월 15일에 토지(토지거래계약에 관한 허가구역 외에 존재)를 양도하였고, 납부할 양도소득세액은 1,500만원이다. 이 토지의 양도소득세 신고납부에 관한 설명으로 틀린 것은? (단, 과세기간 중 당해 거래 이외에 다른 양도거래는 없고 답지항은 서로 독립적이며 주어진 조건 외에는 고려하지 않음)

제26회 수정

① 2025년 7월 31일까지 양도소득과세표준을 납세지 관할 세무서장에게 신고하여야 한다.

② 예정신고를 하지 않은 경우 확정신고를 하면 예정신고에 대한 가산세는 부과되지 아니한다.

③ 예정신고하는 경우 양도소득세의 분할납부가 가능하다.

④ 예정신고를 한 경우에는 확정신고를 하지 아니할 수 있다.

⑤ 물납은 허용되지 않는다.

☆중요

90 다음 중 「소득세법」상 양도소득세에 대한 설명으로 틀린 것은? (단, 거주자가 국내에 소재하는 부동산을 양도한 것으로 함)

① 납세지는 거주자의 주소지(주소지가 없는 경우에는 거소지)이다.

② 부담부증여의 채무액에 해당하는 부분으로서 양도로 보는 경우에 양도소득 예정신고 기한은 그 양도일이 속하는 달의 말일부터 2개월이다.

③ 양도차익이 없는 경우에도 예정신고는 하여야 한다.

④ 물납은 허용되지 않지만, 법령에 정하는 요건을 갖춘 경우 분할납부는 허용된다.

⑤ 예정신고한 자는 해당 소득에 대한 확정신고를 하지 않을 수 있다.

☆중요

91 甲이 등기된 국내 소재 공장(건물)을 양도한 경우, 양도소득과세표준 예정신고 및 확정신고에 관한 설명으로 옳은 것은? (단, 甲은 「소득세법」상 부동산매매업을 영위하지 않는 거주자이며, 「국세기본법」상 기한연장사유는 없음)

① 2025년 3월 15일에 양도한 경우, 예정신고기한은 2025년 6월 15일이다.

② 예정신고시 예정신고납부세액공제(산출세액의 10%)가 적용된다.

③ 예정신고 관련 무신고가산세가 부과되는 경우, 그 부분에 대하여 확정신고와 관련한 무신고가산세가 다시 부과된다.

④ 예정신고납부를 할 때 납부할 세액은 양도차익에서 장기보유특별공제와 양도소득기본공제를 한 금액에 해당 양도소득세 세율을 적용하여 계산한 금액을 그 산출세액으로 한다.

⑤ 확정신고기간은 양도일이 속한 연도의 다음 연도 6월 1일부터 6월 30일까지이다.

92 「소득세법」상 거주자의 양도소득세 신고납부에 관한 설명으로 옳은 것은? 제33회

① 건물을 신축하고 그 취득일부터 3년 이내에 양도하는 경우로서 감정가액을 취득가액으로 하는 경우에는 그 감정가액의 100분의 3에 해당하는 금액을 양도소득 결정세액에 가산한다.

② 공공사업의 시행자에게 수용되어 발생한 양도소득세액이 2,000만원을 초과하는 경우 납세의무자는 물납을 신청할 수 있다.

③ 과세표준 예정신고와 함께 납부하는 때에는 산출세액에서 납부할 세액의 100분의 5에 상당하는 금액을 공제한다.

④ 예정신고납부할 세액이 1,500만원인 자는 그 세액의 100분의 50의 금액을 납부기한이 지난 후 2개월 이내에 분할납부할 수 있다.

⑤ 납세의무자가 법정신고기한까지 양도소득세의 과세표준 신고를 하지 아니한 경우(부정행위로 인한 무신고는 제외)에는 그 무신고납부세액에 100분의 20을 곱한 금액을 가산세로 한다.

신유형

93 甲은 「부동산 거래신고 등에 관한 법률」 제10조 제1항에 따른 토지거래계약에 관한 허가구역의 토지에 대하여 2025년 1월 30일 乙과 매매계약을 체결하고 2025년 2월 28일 매매대금을 모두 수령하며 2025년 5월 20일 토지거래계약허가를 받는다고 가정한다. 이 경우 甲의 「소득세법」상 양도소득세에 대한 설명으로 틀린 것은? (단, 신고기한은 공휴일이 아님)

① 양도시기는 2025년 2월 28일이다.
② 예정신고기한은 2025년 4월 30일이다.
③ 확정신고기한은 2026년 5월 31일이다.
④ 甲의 양도소득세 납세지는 양도자의 주소지 관할 세무서이다.
⑤ 예정신고 불이행시에는 가산세가 부과된다.

94 「소득세법」상 양도소득세의 납세의무에 관한 설명으로 틀린 것은? (단, 양도자산은 비과세되지 아니함)

① 거주자는 국내에 있는 토지의 양도로 발생하는 소득에 대하여 양도소득세 납세의무가 있다.
② 거주자가 양도일까지 계속하여 국내에 5년 이상 주소 또는 거소를 둔 경우 국외에 있는 토지의 양도로 인하여 발생하는 소득에 대하여 양도소득세 납세의무가 있다.
③ 비거주자는 국내에 있는 토지의 양도로 인하여 발생하는 소득에 대하여 양도소득세 납세의무가 있다.
④ 비거주자는 국외에 있는 건물의 양도로 인하여 발생하는 소득에 대하여 양도소득세 납세의무가 있다.
⑤ 출국일 현재 국내에 1주택을 보유한 1세대가 「해외이주법」에 따른 해외이주로 세대전원이 출국한 경우 출국일로부터 2년 이내에 동 주택의 양도로 인하여 발생하는 소득에 대하여는 양도소득세가 비과세된다.

95 「소득세법」상 거주자의 양도소득과세표준의 신고 및 납부에 관한 설명으로 옳은 것은?

제27회 수정

① 2025년 3월 21일에 주택을 양도하고 잔금을 청산한 경우 2025년 6월 30일에 예정신고할 수 있다.

② 확정신고납부시 납부할 세액이 1,600만원인 경우 600만원을 분납할 수 있다.

③ 예정신고납부시 납부할 세액이 2,000만원인 경우 분납할 수 없다.

④ 양도차손이 발생한 경우 예정신고하지 아니한다.

⑤ 예정신고하지 않은 거주자가 해당 과세기간의 과세표준이 없는 경우 확정신고하지 아니한다.

96 「소득세법」상 양도소득세의 신고와 납부 및 결정에 관한 설명으로 <u>틀린</u> 것은?

① 법정기한 내에 예정신고를 이행하지 않은 경우에는 가산세가 적용된다.

② 납세지 관할 세무서장 또는 지방국세청장은 양도소득과세표준과 세액을 결정 또는 경정하는 경우에는 실지거래가액에 따라야 한다.

③ 예정신고기한 내 무신고 · 과소신고 후 확정신고기한까지 신고 · 수정신고한 경우에는 해당 무신고 · 과소신고가산세 100분의 20을 감면한다.

④ 과세표준 확정신고를 하여야 할 거주자가 국외이주를 위하여 출국하는 경우에는 출국일이 속하는 과세기간의 과세표준을 출국일 전날까지 신고하여야 한다.

⑤ 실지거래가액에 의하여 확정신고를 하여야 할 자가 신고를 하지 않은 경우 납세지 관할 세무서장은 「부동산등기법」 규정에 따라 등기부에 기재된 거래가액을 실지거래가액으로 추정하여 세액을 결정할 수 있다.

고득점

97 양도소득세 확정신고시 양도소득세 결정세액이 4,000만원이고 해당 연도에 대한 예정신고납부세액이 1,200만원인 경우 확정 및 예정신고시 분할납부할 수 있는 최대가능세액 및 분할납부기한으로 옳은 것은?

	확정신고		예정신고	
	분할납부 최대가능액	분할납부기간	분할납부 최대가능액	분할납부기간
①	1,400만원	2개월 이내	200만원	2개월 이내
②	1,400만원	2개월 이내	600만원	45일 이내
③	2,000만원	45일 이내	600만원	2개월 이내
④	3,000만원	45일 이내	200만원	45일 이내
⑤	3,000만원	2개월 이내	200만원	2개월 이내

98 「소득세법」상 거주자의 양도소득세 징수와 환급에 관한 설명으로 옳은 것은? 제33회

① 과세기간별로 이미 납부한 확정신고세액이 관할 세무서장이 결정한 양도소득 총결정세액을 초과한 경우 다른 국세에 충당할 수 없다.

② 양도소득과세표준과 세액을 결정 또는 경정한 경우 관할 세무서장이 결정한 양도소득 총결정세액이 이미 납부한 확정신고세액을 초과할 때에는 그 초과하는 세액을 해당 거주자에게 알린 날부터 30일 이내에 징수한다.

③ 양도소득세 과세대상 건물을 양도한 거주자는 부담부증여의 채무액을 양도로 보는 경우 예정신고 없이 확정신고를 하여야 한다.

④ 양도소득세 납세의무의 확정은 납세의무자의 신고에 의하지 않고 관할 세무서장의 결정에 의한다.

⑤ 이미 납부한 확정신고세액이 관할 세무서장이 결정한 양도소득 총결정세액을 초과할 때에는 해당 결정일부터 90일 이내에 환급하여야 한다.

99 **거주자가 국내에 소재하는 등기된 토지를 양도하는 경우 「소득세법」상 양도소득세에 관한 설명으로 틀린 것은?**

① 특수관계인으로부터 시가 10억원의 토지를 9억원에 취득하는 경우 양도차익 계산시 취득가액은 9억원이다.

② 추계방법으로 양도차익을 산정하는 경우 필요경비개산공제액은 양도 당시 기준시가(개별공시지가)의 100분의 3을 곱한 금액으로 한다.

③ 등기된 비사업용 토지를 양도한 경우 장기보유특별공제대상이 된다.

④ 해당 토지가 법령이 정하는 비사업용 토지에 해당하는 경우 기본세율은 16~55%이다.

⑤ 2025년 5월 22일에 양도하였다면 2025년 7월 31일까지 예정신고하고 납부하여야 한다.

중요

100 **「소득세법」상 거주자의 국내 토지에 대한 양도소득과세표준 및 세액의 신고 · 납부에 관한 설명으로 틀린 것은?** 제31회

① 법령에 따른 부담부증여의 채무액에 해당하는 부분으로서 양도로 보는 경우 그 양도일이 속하는 달의 말일부터 3개월 이내에 양도소득과세표준을 납세지 관할 세무서장에게 신고하여야 한다.

② 예정신고납부를 하는 경우 예정신고 산출세액에서 감면세액을 빼고 수시부과세액이 있을 때에는 이를 공제하지 아니한 세액을 납부한다.

③ 예정신고할 세액이 2천만원을 초과하는 때에는 그 세액의 100분의 50 이하의 금액을 납부기한이 지난 후 2개월 이내에 분할납부할 수 있다.

④ 당해 연도에 누진세율의 적용대상 자산에 대한 예정신고를 2회 이상 한 자가 법령에 따라 이미 신고한 양도소득금액과 합산하여 신고하지 아니한 경우에는 양도소득과세표준의 확정신고를 하여야 한다.

⑤ 양도차익이 없거나 양도차손이 발생한 경우에도 양도소득 과세표준의 예정신고를 하여야 한다.

Point 48 국외자산에 대한 양도소득세 ★★★★

정답 및 해설 p.50

Tip

국내자산 양도와 비교하여 학습하여야 한다.

101 「소득세법」상 양도소득세에 관한 설명으로 옳은 것은? 제27회

① 거주자가 국외토지를 양도한 경우 양도일까지 계속해서 10년간 국내에 주소를 두었다면 양도소득과세표준을 예정신고하여야 한다.

② 비거주자가 국외토지를 양도한 경우 양도소득세 납부의무가 있다.

③ 거주자가 국내 상가건물을 양도한 경우 거주자의 주소지와 상가건물의 소재지가 다르다면 양도소득세 납세지는 상가건물의 소재지이다.

④ 비거주자가 국내주택을 양도한 경우 양도소득세 납세지는 비거주자의 국외 주소지이다.

⑤ 거주자가 국외주택을 양도한 경우 양도일까지 계속해서 5년간 국내에 주소를 두었다면 양도소득금액 계산시 장기보유특별공제가 적용된다.

☆중요

102 국외자산의 부동산양도에 대한 「소득세법」상 양도소득세의 설명 중 <u>틀린</u> 것은?

① 1년 미만의 단기보유 후 토지를 양도시에는 과세표준액에 50%의 세율을 적용한다.

② 장기보유특별공제는 허용하지 않는다.

③ 국외자산 양도소득세의 납세의무자는 해당 자산의 양도일까지 계속 5년 이상 국내에 주소 또는 거소를 둔 거주자에 한한다.

④ 해당 외국에서 과세를 하는 경우 그 양도소득에 대하여 외국의 법령에 따라 외국에서 국외자산 양도소득세액을 납부하였거나 납부할 것이 있을 때에는 필요경비산입방법과 세액공제방법 중 하나를 선택하여 적용받을 수 있다.

⑤ 양도차익을 계산함에 있어서 양도가액 및 필요경비는 수령하거나 지출한 날 현재의 「외국환거래법」에 의한 기준환율 또는 재정환율에 의하여 계산한다.

103 **거주자 甲이 외국에 소재하는 시가 7억원 상당의 주택 1채를 2021년 4월 1일에 취득하여 보유하고 있다가 2025년 4월 23일 양도한 경우의 양도소득세에 관한 설명으로 틀린 것은?**

① 甲이 주택의 양도일까지 계속 5년 이상 국내에 주소 또는 거소를 둔 거주자인 경우 양도소득세 납세의무자에 해당한다.

② 양도소득세 계산에 있어서 양도가액 및 취득가액은 원칙적으로 해당 자산의 양도 또는 취득 당시의 실지거래가액에 의하여 계산한다.

③ 장기보유특별공제의 적용은 배제되지만 양도소득기본공제는 적용받을 수 있다.

④ 당해 주택이 양도 당시 甲의 유일한 소유주택이라 하더라도 1세대 1주택 비과세 규정을 적용받을 수 없다.

⑤ 양도일 현재 「외국환거래법」에 의한 기준환율 또는 재정환율에 의하여 양도차익을 원화로 환산한다.

104 **국내에 주택 1채와 토지를, 국외에 1채의 주택을 소유하고 있는 거주자 甲이 2025년 중 해당 소유 부동산을 모두 양도하는 경우, 이에 관한 설명으로 틀린 것은? (단, 국내 소재 부동산은 모두 등기되었으며, 주택은 고가주택이 아님)**

① 甲이 국내소재 주택(조정대상지역 아님)을 먼저 양도하는 경우 2년 이상 보유한 경우라도 1세대 2주택에 해당하므로 양도소득세가 과세된다.

② 甲이 국외주택의 양도일까지 계속 5년 이상 국내에 주소를 둔 거주자인 경우 국외주택의 양도에 대하여 양도소득세 납세의무가 있다.

③ 甲의 부동산양도에 따른 소득세의 납세지는 甲의 주소지를 원칙으로 한다.

④ 국외주택 양도소득에 대하여 납부하였거나 납부할 국외주택 양도소득세액은 해당 과세기간의 국외주택 양도소득금액 계산상 필요경비에 산입할 수 있다.

⑤ 국외주택의 양도에 대하여는 연 250만원의 양도소득기본공제를 적용받을 수 있다.

105 「소득세법」상 국외자산의 양도에 대한 양도소득세 과세에 있어서 국내자산의 양도에 대한 양도소득세 규정 중 준용하지 않는 것은? 제27회

① 비과세 양도소득
② 양도소득과세표준의 계산
③ 기준시가의 산정
④ 양도소득의 부당행위계산 부인
⑤ 양도 또는 취득의 시기

106 소득세법령상 거주자가 2025년에 양도한 국외자산의 양도소득세에 관한 설명으로 틀린 것은? (단, 거주자는 해당 국외자산 양도일까지 계속 5년 이상 국내에 주소를 두고 있으며, 국외 외화차입에 의한 취득은 없음) 제35회

① 국외자산의 양도에 대한 양도소득이 있는 거주자는 양도소득 기본공제는 적용받을 수 있으나 장기보유특별공제는 적용받을 수 없다.
② 국외 부동산을 양도하여 발생한 양도차손은 동일한 과세기간에 국내 부동산을 양도하여 발생한 양도소득금액에서 통산할 수 있다.
③ 국외 양도자산이 부동산임차권인 경우 등기여부와 관계없이 양도소득세가 과세된다.
④ 국외자산의 양도가액은 그 자산의 양도 당시의 실지거래가액으로 한다. 다만, 양도 당시의 실지거래가액을 확인할 수 없는 경우에는 양도자산이 소재하는 국가의 양도 당시 현황을 반영한 시가에 따르되, 시가를 산정하기 어려울 때에는 그 자산의 종류, 규모, 거래상황 등을 고려하여 대통령령으로 정하는 방법에 따른다.
⑤ 국외 양도자산이 양도 당시 거주자가 소유한 유일한 주택으로서 보유기간이 2년 이상인 경우에도 1세대 1주택 비과세 규정을 적용받을 수 없다.

중요

107 「소득세법」상 거주자(해당 국외자산 양도일까지 계속 5년 이상 국내에 주소를 두고 있음)가 2025년에 양도한 국외자산의 양도소득세에 관한 설명으로 틀린 것은? (단, 국외 외화 차입에 의한 취득은 없음)

제31회 수정

① 국외에 있는 부동산에 관한 권리로서 미등기 양도자산의 양도로 발생하는 소득은 양도소득의 범위에 포함된다.

② 국외토지의 양도에 대한 양도소득세를 계산하는 경우에는 장기보유특별공제액은 공제하지 아니한다.

③ 양도 당시의 실지거래가액이 확인되더라도 외국정부의 평가가액을 양도가액으로 먼저 적용한다.

④ 해당 과세기간에 다른 자산의 양도가 없을 경우 국외토지의 양도에 대한 양도소득이 있는 거주자에 대해서는 해당 과세기간의 양도소득금액에서 연 250만원을 공제한다.

⑤ 국외토지의 양도소득에 대하여 해당 외국에서 과세를 하는 경우로서 법령이 정한 그 국외자산 양도소득세액을 납부하였거나 납부할 것이 있을 때에는 외국납부세액의 세액공제방법과 필요경비 산입방법 중 하나를 선택하여 적용할 수 있다.

108 거주자 甲은 2019년에 국외에 1채의 주택을 미화 1십만달러(취득자금 중 일부 외화 차입)에 취득하였고, 2025년에 동 주택을 미화 2십만달러에 양도하였다. 이 경우 「소득세법」상 설명으로 틀린 것은? (단, 甲은 해당 자산의 양도일까지 계속 5년 이상 국내에 주소를 둠)

제32회 수정

① 甲의 국외주택에 대한 양도차익은 양도가액에서 취득가액과 필요경비개산공제를 차감하여 계산한다.

② 甲의 국외주택 양도로 발생하는 소득이 환율변동으로 인하여 외화차입금으로부터 발생하는 환차익을 포함하고 있는 경우에는 해당 환차익을 양도소득의 범위에서 제외한다.

③ 甲의 국외주택 양도에 대해서는 해당 과세기간의 양도소득금액에서 연 250만원을 공제한다.

④ 甲은 국외주택을 3년 이상 보유하였음에도 불구하고 장기보유특별공제액은 공제하지 않는다.

⑤ 甲은 국외주택의 양도에 대하여 양도소득세의 납세의무가 있다.

Memo

Memo

Memo

저자 약력

강성규 교수

현 | 해커스 공인중개사학원 부동산세법 대표강사
해커스 공인중개사 부동산세법 동영상강의 대표강사
세종사이버대학교 겸임교수

전 | 랜드프로 부동산세법 강사 역임
공인단기 부동산세법 강사 역임
새롬에듀 부동산세법 강사 역임
서울시 공무원교육원 강사 역임
EBS 전국모의고사 출제위원 역임
EBS PLUS2 방송 강의

저서 | 알기 쉬운 부동산세법 실무, 새롬에듀, 2012
공인중개사 부동산세법 로드맵, 새롬에듀, 2016
부동산세법(문제집), 에스티유니타스, 2017
부동산세법(기본서), 랜드프로, 2018
부동산세법(기본서 · 핵심요약집 · 문제집), 배움, 2018
부동산세법 112 공인중개사 합격노트, 에스티유니타스, 2018
부동산세법(기본서), 해커스패스, 2019~2025
부동산세법(한손노트), 해커스패스, 2023~2025
부동산세법(핵심요약집), 해커스패스, 2024~2025
부동산세법(단원별 기출문제집), 해커스패스, 2025
부동산세법(출제예상문제집), 해커스패스, 2019~2024
공인중개사 2차(기초입문서), 해커스패스, 2019~2025
공인중개사 2차(핵심요약집), 해커스패스, 2019~2023
공인중개사 2차(단원별 기출문제집), 해커스패스, 2020~2024
공인중개사 2차(회차별 기출문제집), 해커스패스, 2022~2025
공인중개사 2차(실전모의고사), 해커스패스, 2021~2024

해커스 공인중개사 출제예상문제집 + 7개년 기출분석

2차 부동산세법

개정7판 1쇄 발행 2025년 5월 28일

지은이	강성규, 해커스 공인중개사시험 연구소 공편저
펴낸곳	해커스패스
펴낸이	해커스 공인중개사 출판팀
주소	서울시 강남구 강남대로 428 해커스 공인중개사
고객센터	1588-2332
교재 관련 문의	land@pass.com 해커스 공인중개사 사이트(land.Hackers.com) 1:1 무료상담 카카오톡 플러스 친구 [해커스 공인중개사]
학원 강의 및 동영상강의	land.Hackers.com
ISBN	979-11-7404-164-7 (13360)
Serial Number	07-01-01

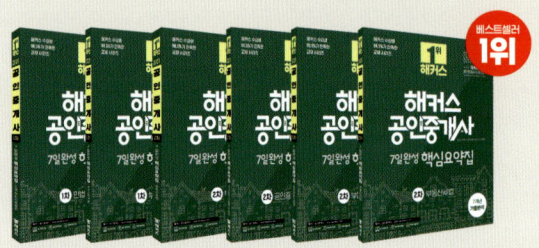

해커스 공인중개사

출제예상문제집

2차 부동산세법

해설집

빠른 정답확인 + 정답 및 해설 + 지문분석

해커스 공인중개사

출제예상문제집

2차 부동산세법

해설집

해커스 공인중개사

land.Hackers.com

Contents

빠른 정답확인

제1편 조세총론

제1장 p.24~31

01	①
02	③
03	③
04	②
05	②
06	④
07	⑤
08	③
09	⑤
10	⑤
11	②
12	①
13	⑤
14	④
15	④
16	⑤
17	④

제2장 p.37~43

01	①
02	②
03	①
04	⑤
05	①
06	①
07	①
08	③
09	④
10	⑤
11	④
12	③
13	②
14	③
15	④

제3장 p.45~47

01	④
02	④
03	②
04	①
05	③

제4장 p.50~52

01	⑤
02	④
03	③
04	④
05	②
06	④
07	②

제2편 지방세

제1장 p.68~99

01	③
02	④
03	②
04	③
05	①
06	②
07	③
08	⑤
09	②
10	⑤
11	⑤
12	⑤
13	④
14	②
15	⑤
16	③
17	②
18	③
19	⑤
20	⑤
21	②
22	②
23	③
24	⑤
25	①
26	④
27	②
28	①
29	⑤
30	①
31	④
32	⑤
33	①
34	③
35	④
36	⑤
37	⑤
38	⑤
39	⑤
40	③
41	②
42	②
43	④
44	⑤
45	①
46	③
47	⑤
48	①

49	①
50	⑤
51	⑤
52	⑤
53	④
54	③
55	②
56	②
57	①
58	②
59	⑤
60	①
61	②
62	③
63	④
64	②
65	③
66	⑤
67	④
68	⑤
69	③

제2장 p.104~113

01	⑤
02	④
03	②
04	②
05	③
06	③
07	⑤
08	⑤
09	②
10	③
11	④
12	⑤
13	②
14	④
15	④
16	④
17	④
18	⑤
19	③
20	②
21	④

제3장 p.122~145

01	③
02	①
03	⑤
04	①
05	⑤
06	②
07	④
08	②
09	①
10	⑤
11	③
12	③
13	①
14	④
15	①
16	②
17	①
18	④
19	③
20	④
21	③
22	④
23	④
24	②
25	②
26	④
27	④
28	⑤
29	④
30	②
31	④
32	③
33	②
34	⑤
35	②
36	③
37	⑤
38	⑤
39	⑤
40	①
41	②
42	①
43	③
44	①
45	②
46	④
47	②
48	③
49	④

제4장 p.150~153

01	⑤
02	④
03	④
04	③
05	④
06	②

제3편 국세

제1장 p.161~176

01	③
02	①
03	④
04	④
05	⑤
06	④
07	⑤
08	②
09	④
10	③

11	④
12	⑤
13	②
14	④
15	②
16	⑤
17	②
18	④
19	②
20	④
21	④
22	②
23	⑤
24	④
25	④
26	①
27	④
28	③
29	③
30	②
31	③
32	⑤

제2장 p.181~186

01	②
02	⑤
03	④
04	③
05	①
06	③
07	②
08	⑤
09	⑤
10	⑤
11	②
12	④

제3장 p.206~257

01	④
02	②
03	③
04	④
05	③
06	②
07	②
08	③
09	②
10	④
11	①
12	③
13	③
14	④
15	⑤
16	②
17	①
18	②
19	②
20	⑤
21	⑤
22	①
23	③
24	③
25	②
26	⑤
27	⑤
28	②
29	⑤
30	①
31	④
32	③
33	⑤
34	④
35	②
36	⑤
37	②
38	④
39	①
40	③
41	⑤
42	①
43	⑤
44	⑤
45	⑤
46	⑤
47	④
48	④
49	①
50	②
51	④
52	④
53	⑤
54	②
55	①
56	③
57	⑤
58	④
59	④
60	③
61	④
62	②
63	①
64	④
65	③
66	④
67	②
68	③
69	⑤
70	③
71	③
72	②
73	②
74	③
75	⑤
76	③
77	③
78	④
79	④
80	⑤
81	④
82	④
83	③
84	②

85	⑤		97	①
86	①		98	②
87	①		99	②
88	⑤		100	②
89	②		101	①
90	②		102	①
91	④		103	⑤
92	⑤		104	①
93	②		105	③
94	④		106	②
95	②		107	③
96	③		108	①

정답 및 해설

제1편 조세총론

제1장 조세의 기초이론 p.24~31

01	①	02	③	03	③	04	②	05	②
06	④	07	⑤	08	③	09	⑤	10	⑤
11	②	12	①	13	⑤	14	④	15	④
16	⑤	17	④						

Point 01 조세의 개념 및 특징

01 ①

조세를 부과하는 과세주체는 국가 또는 지방자치단체이다. 그러므로 국가 또는 지방자치단체가 아닌 공공기관이 부과하는 것은 조세가 아닌 공과금인 것이다.

Point 02 물납과 분할납부

02 ③

재산세는 물납과 분할납부가 모두 허용되는 조세이다.

핵심 물납과 분할납부

물납	• 지방세: 재산세 • 국세: 상속세
분할납부	• 지방세: 재산세, 소방분 지역자원시설세(재산세 납세고지서에 병기하여 고지되는 경우), 지방교육세(재산세의 부가세), 종합소득에 대한 개인지방소득세 • 국세: 종합부동산세, 양도소득세, 법인세, 상속세, 증여세, 농어촌특별세 등

03 ③

재산세 분할납부 기한은 납부기한 경과 후 3개월 이내이다.

핵심 세목별 물납과 분할납부

세목	물납	분할납부
취득세	–	–
등록면허세	–	–
재산세	납부할 세액 1천만원 초과	납부할 세액 250만원 초과 ⇨ 3개월 이내
종합부동산세	폐지	납부할 세액 250만원 초과 ⇨ 6개월 이내
양도소득세	폐지	납부할 세액 1천만원 초과 ⇨ 2개월 이내

Point 03 조세의 분류

04 ②

지역자원시설세와 지방교육세는 지방세의 목적세에 해당한다.

05 ②

핵심 병기세목과 목적세

1. 병기세목
   (소방분) 지역자원시설세는 재산세와 납기가 같은 경우 함께 고지될 수 있는 재산세의 병기세목이다.
2. 목적세
   • 국세: 교육세, 교통에너지환경세, 농어촌특별세
   • 지방세: 지방교육세, 지역자원시설세

06 ④

'납세의무자'라 함은 「지방세법」에 따라 지방세를 납부할 의무(지방세를 특별징수하여 납부할 의무는 제외)가 있는 자를 말한다.

Point 04 본세와 부가세

07 ⑤
종합부동산세는 부동산보유시 부과될 수 있는 독립세이며 농어촌특별세가 부과된다.

지문분석

①④ 재산세는 부동산보유시 부과될 수 있는 지방세이며 재산세에 대한 부가세는 지방교육세이다.
② 종합소득세에 대한 부가세는 농어촌특별세이다.
③ 양도소득세는 양도시 부과되는 조세이다.

08 ③
지방소득세는 2014년 개정으로 부가세에서 독립세로 전환되어 소득세에 대한 개인지방소득세와 법인세에 대한 법인지방소득세로 구분하여 부과한다.

Point 05 부동산활동에 따른 분류

09 ⑤
지방교육세는 부동산의 취득·보유단계에서만 부과될 수 있는 조세이다.

보충 동시에 부과되는 세목

부동산취득·보유·양도에 관련된 조세	농어촌특별세·부가가치세·지방소비세
부동산취득·보유시에만 관련된 조세	지방교육세
부동산보유·양도시에만 관련된 조세	지방소득세, 종합소득세
부동산취득·양도시에만 관련된 조세	인지세

10 ⑤
4개 모두 보유단계에서 부담할 수 있다.
- 농어촌특별세: 부동산 취득, 보유, 양도 모든 단계에서 부담할 수 있다.
- 지방교육세: 부동산 취득, 보유단계에서만 부담할 수 있다.
- 개인지방소득세: 보유, 양도단계에서만 부담할 수 있다.
- 소방분에 대한 지역자원시설세: 부동산 보유단계에서만 부담할 수 있다.

Point 06 징수방법, 가산세

11 ②
종합부동산세는 원칙적으로 과세권자의 결정에 의해 납세의무가 확정되지만, 예외적으로 납세의무자가 신고납부를 선택하는 경우에는 납세의무자가 신고하는 때에 납세의무가 확정된다. 이 경우 과세권자의 결정은 없었던 것으로 본다.

12 ①

지문분석

② 무신고가산세(사기나 그 밖의 부정한 행위로 인한 경우): 무신고납부세액의 100분의 40에 상당하는 금액
③ 과소신고가산세(사기나 그 밖의 부정한 행위로 인하지 않은 경우): 과소신고분 세액의 100분의 10에 상당하는 금액
④ 과소신고가산세(사기나 그 밖의 부정한 행위로 인한 경우): 부정과소신고분 세액의 100분의 40에 상당하는 금액
⑤ (납세고지 전)납부지연가산세(납부하지 아니한 세액·과소납부분 세액의 최대 75% 한도): 납부하지 아니한 세액의 100,000분의 22(0.022%)에 상당하는 금액

13 ⑤
양도소득세의 예정신고와 관련하여 무신고가산세가 부과되는 경우, 그 부분에 대하여 확정신고와 관련한 무신고가산세가 다시 부과되지 아니한다.

14 ④
납세고지서별·세목별 세액이 45만원 미만인 경우에는 월 10,000분의 66의 납부지연가산세를 적용하지 아니한다.

15 ④
재산세의 납부기한이 2025년 7월 31일이나 실제납부는 2025년 10월 31일에야 이루어졌기 때문에 (납세고지 후)납부지연가산세는 3%와 월 0.66%를 2개월간 부과하게 된다.
- (납세고지 후)납부지연가산세 = 1,000,000원 × 3% + (1,000,000원 × 0.66% × 2개월)
- 총 납부한 금액(1,043,200원) = 체납세액 1,000,000원 + 납부지연가산세 43,200원

16 ⑤
㉠㉡㉢㉣ 4개 모두 옳은 지문이다.

Point 07 면세점, 소액징수면제, 최저한세

17 ④

재산세의 고지서 1장당 세액이 2,000원 미만인 경우에 징수하지 않으므로, 2,000원인 경우에는 징수한다.

지문분석

① 등록에 대한 등록면허세는 그 세액이 6,000원 미만인 경우에도 수수료적 성격의 조세이므로 최소 6,000원을 징수한다.
② 사업소분 주민세를 부과하는 경우에 사업소 연면적이 330㎡ 이하인 경우에 「지방세법」 제81조 제1항 제2호에 따른 세액(연면적에 따른 세액)을 부과하지 아니한다.
③ 취득세의 과세대상 물건의 취득가액이 50만원인 때에는 취득세를 부과하지 않는다.
⑤ 지역자원시설세로 징수할 세액이 고지서 1장당 2,000원 미만인 경우에 해당 지역자원시설세를 징수하지 않는다.

제2장 납세의무의 성립·확정·소멸 p.37~43

01	①	02	②	03	①	04	⑤	05	①
06	①	07	①	08	③	09	④	10	⑤
11	④	12	③	13	②	14	③	15	④

Point 08 납세의무의 성립·확정·소멸

01 ①

소득세는 과세기간이 끝나는 때에 납세의무가 성립한다.

02 ②

㉠㉢㉣㉤㉦㉧은 옳은 설명이다.
㉡ 종합부동산세: 과세기준일(6월 1일)
㉥ 취득세: 과세물건을 취득하는 때
㉨ 수시로 부과하여 징수하는 지방세: 수시부과할 사유가 발생하는 때

03 ①

지문분석

② 거주자의 양도소득에 대한 지방소득세: 소득세 납세의무가 성립하는 때(12월 31일)
③ 재산세에 부가되는 지방교육세: 매년 6월 1일
④ 중간예납하는 소득세: 중간예납기간이 끝나는 때
⑤ 자동차 소유에 대한 자동차세: 납기가 있는 달의 1일

04 ⑤

소득세 신고의무는 납세의무자 신고에 의해 확정되므로, 양도소득세는 예정신고만으로 납세의무가 확정된다.

핵심 납세의무 확정 방법

구분	원칙	세목
신고 제도	납세의무자가 신고함으로써 확정	취득세, 등록에 대한 등록면허세, 지방교육세(취득세·등록면허세의 부가세), 특정자원분 및 특정시설분 지역자원시설세, 지방소득세, 지방소비세, 법인세, 소득세, 부가가치세, 종합부동산세(신고납부를 선택하는 경우) 등
부과 제도	과세권자가 결정함으로써 확정	재산세, 지방교육세(재산세의 부가세), 소방분에 대한 지역자원시설세, 자동차세, 개인분 주민세, 종합부동산세, 상속세, 증여세

05 ①

종합부동산세는 원칙적으로 해당 종합부동산세의 과세표준과 세액을 정부가 결정하는 때 확정되며, 예외적으로 납세의무자가 신고납세를 선택하는 경우에는 과세표준과 세액을 신고하는 때 확정될 수 있다.

지문분석

② 소득세는 해당 소득세의 과세표준과 세액을 납세의무자가 신고하는 때이다.
③ 취득세는 해당 취득세의 과세표준과 세액을 납세의무자가 신고하는 때이다.
④ 인지세와 특별징수하는 지방소득세는 특별한 절차 없이 납세의무가 성립하는 때 세액이 자동으로 확정되는 조세이다.
⑤ 재산세는 해당 재산세의 과세표준과 세액을 지방자치단체장이 결정하는 때이다.

06 ①

옳은 것은 ㉠이다.

㉠ 신고납부하는 지방세인 취득세와 등록면허세는 납세의무자가 신고하는 때에 납세의무가 확정된다. 단, 납세의무자가 신고하지 않은 경우에는 과세권자인 지방자치단체가 결정하는 때에 확정된다.

㉡ 보통징수하는 재산세와 소방분 지역자원시설세는 과세권자인 지방자치단체가 결정하는 때에 납세의무가 확정된다.

㉢ 종합부동산세는 원칙적으로 과세표준과 세액을 정부가 결정하는 때 세액이 확정되는 것이 원칙이나 납세의무자가 법정신고기한 내 이를 신고하는 때에는 신고하는 때에 확정된다. 이때, 정부의 결정은 없었던 것으로 본다.

㉣ 양도소득세는 원칙적으로 납세의무자가 신고하는 때에 납세의무가 확정되는 국세이다.

07 ①

지문분석

② 소득세는 과세기간이 끝나는 때에 납세의무가 성립하고, 납세의무자가 과세표준과 세액을 정부에 신고하는 때에 확정된다.

③ 종합부동산세는 과세기준일에 납세의무가 성립하고, 원칙적으로 정부가 결정하는 때에 확정된다.

④ 등록에 대한 등록면허세는 재산권 등을 등기 또는 등록하는 때에 납세의무가 성립하고, 납세의무자가 과세표준과 세액을 신고하는 때에 확정된다.

⑤ 재산세는 과세기준일(6월 1일)에 납세의무가 성립하고, 지방자치단체가 과세표준과 세액을 결정하는 때에 확정된다.

08 ③

납부의무가 소멸되는 것은 ㉠㉡㉣ 3개이다.

납세의무는 납부, 충당, 부과권의 취소, 지방세징수권의 소멸시효 완성, 지방세 부과의 제척기간이 만료되었을 때 소멸한다. 한편, 법인의 합병, 납세의무자의 사망, 부과의 철회 등은 납세의무 소멸사유가 아니다.

09 ④

핵심 **국세의 제척기간**

구분	대부분 국세	상속세, 증여세, 부담부증여에 따른 소득세
사기나 그 밖의 부정한 행위로 조세를 포탈하거나 환급·경감	10년 (역외거래: 15년)	15년
법정신고기한까지 과세표준신고서를 제출하지 아니한 경우	7년 (역외거래: 10년)	15년
그 밖의 경우	5년 (역외거래: 7년)	10년

10 ⑤

①②③ 소멸시효의 기간은 다음과 같다.

소멸시효기간: 징수권을 행사할 수 있는 때를 기산점으로 한다.

지방세	• 5천만원* 미만: 5년 • 5천만원* 이상: 10년
국세	• 5억원* 미만: 5년 • 5억원* 이상: 10년

* 가산세를 제외한 금액

④⑤ 소멸시효의 기산점은 다음과 같다.

- 과세표준과 세액의 신고에 의하여 납세의무가 확정되는 국세의 경우 신고한 세액에 대해서는 그 법정 신고납부기한의 다음 날
- 과세표준과 세액을 정부가 결정, 경정 또는 수시부과결정하는 경우 납부고지한 세액에 대해서는 그 고지에 따른 납부기한의 다음 날

11 ④

옳은 것은 ㉠㉡㉣ 3개이다.

㉢ 사기 등의 부정한 행위로 부담부증여에 따른 양도소득세를 포탈한 경우 제척기간은 15년이다.

12 ③

지문분석

① 납세자가 「조세범 처벌법」에 따른 사기나 그 밖의 부정한 행위로 종합소득세를 포탈하는 경우(역외거래 제외) 그 국세를 부과할 수 있는 날부터 10년을 부과제척기간으로 한다.

② 지방국세청장 또는 세무서장은 이의신청, 심사청구, 심판청구, 「감사원법」에 따른 심사청구 또는 「행정소송법」에 따른 소송에 대한 결정이나 판결이 확정된 경우, 결정 또는 판결이 확정된 날부터 1년이 지나기 전까지 경정이나 그 밖에 필요한 처분을 할 수 있다.
④ 종합부동산세의 경우 부과제척기간의 기산일은 과세표준과 세액에 대한 해당 국세의 납세의무가 성립한 날(6월 1일)이다.
⑤ 납세자가 법정신고기한까지 과세표준신고서를 제출하지 아니한 경우(역외거래 제외)에는 해당 국세를 부과할 수 있는 날부터 7년을 부과제척기간으로 한다.

Point 09 기한 후 신고 및 수정신고

13 ②
법정신고기한 후 1개월 초과 3개월 이내에 기한 후 신고를 한 경우 무신고가산세 100분의 30을 감면받을 수 있으며, 납부지연가산세는 감면받을 수 없다.

Point 10 납세의무의 확장 및 보충적 납세의무

14 ③
비상장법인 발행주식총수의 100분의 50을 초과하지 않는 주식에 관한 권리를 실질적으로 행사하는 자는 제2차 납세의무를 부담하지 않는다.

보충 제2차 납세의무를 지는 과점주주

제2차 납세의무를 지는 과점주주는 주주 또는 유한책임사원 1명과 그와 친족, 그 밖의 특수관계에 있는 사람들의 소유주식의 합계 또는 출자액의 합계가 해당 법인의 발행주식총수 또는 출자총액의 100분의 50을 초과하는 주식 또는 출자지분에 관한 권리를 실질적으로 행사하는 자를 말한다.

15 ④
지문분석
① 공동주택의 공유물에 관계되는 지방자치단체의 징수금은 공유자가 연대하여 납부할 의무가 없다.
② 공동으로 소유한 자산에 대한 양도소득금액을 계산하는 경우에는 해당 자산을 공동으로 소유하는 공유자가 그 양도소득세를 연대하여 납부할 의무는 없으며, 각 거주자가 납세의무를 진다.
③ 공동사업에 관한 소득금액을 계산하는 경우에는 해당 공동사업자별로 납세의무를 진다. 다만, 주된 공동사업자에게 합산과세되는 경우 그 합산과세되는 소득금액에 대해서는 주된 공동사업자의 특수관계인은 손익분배비율에 해당하는 그의 소득금액을 한도로 주된 공동사업자와 연대하여 납세의무를 진다.
⑤ 어느 연대납세의무자에 대하여 소멸시효가 완성된 때에는 다른 연대납세의무자의 납세의무에도 영향을 미친다.

제3장 조세와 다른 채권의 관계 p.45~47

01	④	02	④	03	②	04	①	05	③

Point 11 조세와 다른 채권의 관계

01 ④
국세의 징수금은 다른 공과금과 그 밖의 채권에 우선하여 징수한다. 이 경우 징수 순서는 '강제징수비 ⇨ 국세(가산세 제외) ⇨ 가산세' 순이다.

02 ④
법정기일 전에 전세권이 설정된 경우이므로 소득세는 해당 주택의 전세권담보채권보다 우선하지 못한다.

03 ②
그 재산에 부과된 조세는 법정기일 전에 설정된 저당권 등에 의한 피담보채권에 우선하여 징수하며, 그 재산에 부과된 조세로는 재산세, 소방분에 대한 지역자원시설세, 자동차세, 지방교육세(재산세와 자동차세의 부가세), 종합부동산세, 상속세 및 증여세가 있다.

04 ①
조세채권 사이의 우선권은 '담보된 조세 ⇨ 압류한 조세 ⇨ 교부청구한 조세'의 순서로 징수한다.

05 ③
법정기일 후에 저당권설정등기를 한 경우의 우선순위는 다음과 같다.
- 1순위: 강제징수비(지방세: 체납처분비)
- 2순위: 최종 3개월분의 임금과 일정기간의 퇴직금 및 재해보상금
- 3순위: 국세 · 가산세

• 4순위: 압류재산에 국세의 법정기일 후에 설정된 질권 또는 저당권에 의하여 담보된 채권
• 5순위: 임금 기타 근로관계로 인한 채권
• 6순위: 일반채권

제4장 조세의 불복제도 및 서류의 송달 p.50~52

01	⑤	02	④	03	③	04	④	05	②
06	④	07	②						

Point 12 조세의 불복제도 및 서류의 송달

01 ⑤
심사청구와 심판청구는 중복하여 청구할 수 없다.

02 ④
이의신청, 심판청구는 그 처분의 집행에 효력을 미치지 아니한다. 다만, 압류한 재산에 대하여는 이의신청, 심판청구의 결정처분이 있는 날부터 30일까지 공매처분을 보류할 수 있다.

03 ③
지방세에 관한 불복시 불복청구인은 불복청구절차 또는 감사원의 심사청구를 거치지 아니하면 행정소송을 제기할 수 없다.

04 ④
옳은 것은 ㉡㉢이다.
㉠ 통고처분은 이의신청 또는 심판청구의 대상이 되는 처분에 포함되지 않는다.
㉡ 이의신청인은 신청금액이 2,000만원 미만인 경우에는 그의 배우자, 4촌 이내의 혈족 또는 그의 배우자의 4촌 이내 혈족을 대리인으로 선임할 수 있으므로 옳은 지문이다.
㉢ 보정기간은 「지방세기본법」 제96조에 따른 결정기간에 포함하지 아니하므로 옳은 지문이다.
㉣ 이의신청절차는 임의적이므로 이의신청을 거치지 아니하고 바로 심판청구를 할 수 있다.

05 ②
지문분석
① 관보 또는 일간신문에 게재하여야 효력이 인정된다.
③ 서류의 송달을 받아야 할 자 또는 그 사용인, 기타 종업원, 동거인 등이 정당한 사유 없이 서류의 수령을 거부한 때에는 유치송달을 할 수 있다.
④ 우편에 의한 송달에 있어서 납세고지서 · 독촉 및 체납처분에 관계되는 서류는 등기우편에 의하여야 하나, 과세기준일과 납부시기가 정해져서 매년 부과고지하는 지방세로서 고지서 1매당 합계세액이 30만원 미만인 경우에는 일반우편에 의하여 송달할 수 있다.
⑤ 연대납세의무자에게 서류를 송달하고자 하는 때에는 그 대표자를 명의인으로 하며 대표자가 없는 경우에는 연대납세의무자 중 지방세징수상 유리한 자를 명의인으로 한다. 다만, 납세의 고지와 독촉에 관한 서류는 연대납세의무자 모두에게 각각 송달한다.

06 ④
서류를 송달할 장소에서 송달을 받을 자가 정당한 사유 없이 그 수령을 거부한 경우는 유치송달 사유에 해당한다.

07 ②
기한을 정하여 납세고지서를 송달하였더라도 서류가 도달한 날부터 7일 이내에 납부기한이 되는 경우 지방자치단체의 징수금의 납부기한은 해당 서류가 도달한 날부터 14일이 지난 날로 한다.

제2편 지방세

제1장 취득세 p.68~99

01	③	02	④	03	②	04	③	05	①
06	②	07	③	08	⑤	09	②	10	⑤
11	⑤	12	⑤	13	④	14	②	15	⑤
16	③	17	②	18	③	19	⑤	20	⑤
21	②	22	②	23	③	24	⑤	25	①
26	④	27	②	28	①	29	⑤	30	①
31	④	32	⑤	33	①	34	③	35	④
36	⑤	37	⑤	38	⑤	39	⑤	40	③
41	②	42	②	43	④	44	⑤	45	①
46	③	47	⑤	48	①	49	①	50	⑤
51	⑤	52	⑤	53	④	54	③	55	②
56	②	57	①	58	②	59	⑤	60	①
61	②	62	③	63	④	64	②	65	③
66	⑤	67	④	68	⑤	69	③		

Point 13 취득세 특징

01 ③

취득세와 관련하여 시행되고 있는 제도는 ⓜⓑⓞ 3개이다. ㉠ 특별징수, ㉡ 분할납부, ㉢ 물납, ㉣ 세 부담 상한, ㉦ 소액징수면제는 현행 취득세에서 시행되고 있는 제도가 아니다.

02 ④

「지방세법」상 취득이란 유상·무상을 불문한 일체의 취득을 말한다.

03 ②

과점주주들은 취득세 납세의무에 대해 연대납세의무가 있다.

04 ③

과세되는 경우가 아닌 것은 ㉠㉣ 2개이다.

㉠ 법인설립시에 발행하는 주식을 취득함으로써 과점주주가 된 경우: 과세되지 않는다.

㉣ 과점주주 집단 내부에서 주식이 이전되었으나 과점주주 집단이 소유한 총 주식의 비율에 변동이 없는 경우: 과세되지 않는다.

05 ①

과점주주였으나 주식 등의 양도, 해당 법인의 증자 등으로 과점주주에 해당되지 아니하는 주주 또는 유한책임사원이 된 자가 해당 법인의 주식 등을 취득하여 다시 과점주주가 된 경우에는 다시 과점주주가 된 당시의 주식(7,000주) 등의 비율이 그 이전에 과점주주가 된 당시의 주식(6,000주) 등의 비율보다 증가된 경우에만 그 증가분(1,000주)만을 취득으로 보아 취득세를 부과한다.

Point 14 취득세 과세대상

06 ②

등기된 부동산임차권, 지상권, 전세권 등 부동산에 관한 권리는 취득세 과세대상이 아니다.

핵심 재산별 취득세 과세대상

구분		과세대상물
유형재산	부동산	토지·건축물(「건축법」의 규정에 의한 건축물 등)
	부동산에 준하는 것	차량·항공기·선박·입목·기계장비
무형재산	권리	광업권·어업권·양식업권
	시설 이용권	골프회원권·승마회원권·콘도미니엄 회원권·종합체육시설이용회원권·요트회원권

07 ③

㉠㉢㉣은 취득세가 과세된다.

㉡ 차량, 기계장비, 항공기 및 주문을 받아 건조하는 선박을 원시취득한 경우는 취득세가 과세되지 아니한다.

08 ⑤

취득세는 유상·무상승계취득 및 원시취득 그리고 간주취득에 대하여 요건에 해당하면 취득세가 과세된다. 개인간 부동산 교환은 유상승계취득에 해당하므로 취득세가 과세된다.

Point 15 취득세 납세의무자

09 ②

「도시개발법」에 따른 환지방식에 의한 도시개발사업의 시행으로 토지의 지목이 사실상 변경됨으로써 그 가액이 증가한 경우에는 그 환지계획에 따라 공급되는 환지는 조합원이, 체비지 또는 보류지는 사업시행자가 각각 취득한 것으로 본다.

10 ⑤

지문분석

① 토지의 지목을 사실상 변경함으로써 그 가액이 증가한 경우에는 취득으로 본다.
② 상속회복청구의 소에 의한 법원의 확정판결에 의하여 특정 상속인이 당초 상속분을 초과하여 취득하게 되는 재산가액은 상속분이 감소한 상속인으로부터 증여받아 취득한 것으로 보지 아니한다.
③ 권리의 이전이나 행사에 등기 또는 등록이 필요한 부동산을 직계존속과 서로 교환한 경우에는 유상으로 취득한 것으로 본다.
④ 증여로 인한 승계취득의 경우 해당 취득물건을 등기·등록하지 아니하고 취득일부터 취득일이 속하는 달의 말일부터 3개월 이내에 공증받은 공정증서에 의하여 계약이 해제된 사실이 입증되는 경우에는 취득한 것으로 보지 아니한다. 그러므로 등기·등록한 경우에는 취득한 것으로 본다.

11 ⑤

증여자의 채무를 인수하는 부담부증여로 취득한 경우로서 그 채무액에 상당하는 부분을 제외한 나머지 부분의 경우에는 무상취득으로 본다.

보충 부담부증여

1. 증여자의 채무를 인수하는 부담부증여의 경우에는 그 채무액에 해당하는 부분은 부동산 등을 유상으로 취득하는 것으로 본다. 다만, 배우자 또는 직계존비속으로부터의 부동산 등의 부담부증여의 경우에는 원칙적으로 증여로 취득한 것으로 보지만, 대가가 입증되는 경우에는 유상취득으로 본다.
2. 위 1.의 경우에 채무인수액 이외 자산은 무상취득한 것으로 본다.

12 ⑤

상속(피상속인으로부터 상속인에게 한 유증 및 포괄유증과 신탁재산의 상속을 포함)으로 인하여 취득하는 경우에는 상속인 각자가 납세의무를 지며, 상속인이 여러 명인 경우에는 연대납세의무는 있다.

13 ④

「공간정보의 구축 및 관리 등에 관한 법률」 제67조에 따른 대(垈) 중 「국토의 계획 및 이용에 관한 법률」 등 관계 법령에 따른 택지공사가 준공된 토지에 건축물을 건축하면서 그 건축물에 부수되는 정원 또는 부속시설물 등을 조성·설치하는 경우에는 그 정원 또는 부속시설물 등은 건축물에 포함되는 것으로 보아 건축물을 취득하는 자가 취득한 것으로 본다.

Point 16 취득시기

14 ②

신고인이 제출한 자료로 사실상의 잔금지급일을 확인할 수 있는 유상승계취득의 경우에는 그 사실상의 잔금지급일, 확인할 수 없는 유상승계취득의 경우에는 그 계약상의 잔금지급일이다.

15 ⑤

관계 법령에 따라 매립으로 토지를 원시취득하는 경우에는 공사준공인가일을 취득일로 본다. 다만, 공사준공인가일 전에 사용승낙·허가를 받거나 사실상 사용하는 경우에는 사용승낙일·허가일 또는 사실상 사용일 중 빠른 날을 취득일로 본다.

16 ③

무상승계취득의 경우 해당 취득물건을 등기·등록하지 아니하고 계약이 해제된 사실이 다음의 어느 하나에 해당하는 서류에 의하여 입증되는 경우에는 취득한 것으로 보지 아니한다.

- 화해조서, 인낙조서(해당 조서에서 취득일부터 취득일이 속하는 달의 말일부터 3개월 이내에 계약이 해제된 사실이 입증되는 경우만 해당)
- 공정증서(공증인이 인증한 사서증서를 포함하되, 취득일부터 취득일이 속하는 달의 말일부터 3개월 이내에 공증받은 것만 해당)
- 행정안전부령으로 정하는 계약해제신고서(취득일부터 취득일이 속하는 달의 말일부터 3개월 이내에 제출된 것만 해당)

17 ②

옳은 것은 ㉢㉣ 2개이다.

㉠ 계약서상 잔금지급일이 명시되지 않은 경우에는 계약일로부터 60일이 경과된 날을 취득일로 본다.
㉡ 「민법」 제245조 및 제247조에 따른 점유로 인한 취득의 경우에는 취득물건의 등기일 또는 등록일을 취득일로 본다.
㉤ 토지의 지목변경에 따른 취득은 토지의 지목이 사실상 변경된 날과 공부상 변경된 날 중 빠른 날을 취득일로 본다. 다만, 토지의 지목변경일 이전에 사용하는 부분에 대해서는 그 사실상의 사용일을 취득일로 본다.

18 ③
신고인이 제출한 자료로 사실상의 잔금지급일을 확인할 수 없는 경우에는 그 계약상의 잔금지급일을 취득시기로 하지만, 계약상 잔금지급일이 명시되지 않은 경우에는 계약일부터 60일이 경과한 날을 취득시기로 한다. 따라서 2025년 5월 15일이 잔금지급일로 보는 날이 된다. 그러나 잔금지급일 전에 등기·등록한 경우에는 그 등기일 또는 등록일을 취득일로 하기 때문에 2025년 4월 20일이 취득일이 된다.

19 ⑤
「도시 및 주거환경정비법」에 따른 재건축조합이 재건축 사업을 하면서 조합원으로부터 취득하는 토지 중 조합원에게 귀속되지 아니하는 토지를 취득하는 경우에는 같은 법에 따른 소유권이전고시일의 다음 날이 납세의무의 성립시기이다.

Point 17 취득세 과세표준

20 ⑤
지방자치단체의 장은 「지방세기본법」 제2조 제1항 제34호에 따른 특수관계인간의 거래로 그 취득에 대한 조세부담을 부당하게 감소시키는 행위 또는 계산을 한 것으로 인정되는 경우(부당행위계산)에는 ④에도 불구하고 시가인정액을 취득당시가액으로 결정할 수 있다.

21 ②
지문분석
① 건축물을 교환으로 취득하는 경우에는 교환으로 이전받는 건축물의 시가인정액과 이전하는 건축물의 시가인정액 중 높은 가액을 취득당시가액으로 한다.
③ 대물변제에 따른 건축물 취득의 경우에는 대물변제액(대물변제액 외에 추가로 지급한 금액이 있는 경우에는 그 금액을 포함한다)을 취득당시가액으로 한다.
④ 법인이 아닌 자가 건축물을 건축하여 취득하는 경우로서 사실상 취득가격을 확인할 수 없는 경우에는 시가표준액을 취득당시가액으로 한다.
⑤ 법인이 아닌 자가 건축물을 매매로 승계취득하는 경우에는 그 건축물을 취득하기 위하여 「공인중개사법」에 따른 공인중개사에게 지급한 중개보수를 취득당시가액에 포함하지 아니한다.

22 ②
법인이 아닌 자가 토지의 지목을 변경한 경우로서 사실상 취득가격을 확인할 수 없는 경우 취득당시가액은 토지의 지목이 사실상 변경된 때를 기준으로 지목변경 이후의 토지에 대한 시가표준액에서 지목변경 전의 시가표준액을 뺀 가액으로 한다.

23 ③
부당행위계산은 특수관계인으로부터 시가인정액보다 낮은 가격으로 부동산을 취득한 경우로서 시가인정액과 사실상 취득가격의 차액이 3억원 이상이거나 시가인정액의 100분의 5에 상당하는 금액 이상인 경우로 한다.

24 ⑤
특수관계인으로부터 시가인정액보다 낮은 가격으로 부동산을 취득한 경우로서 시가인정액과 사실상 취득가격의 차액이 3억원 이상이거나 시가인정액의 100분의 5에 상당하는 금액 이상인 경우에 해당한다. 그러므로 지방자치단체의 장은 「지방세기본법」 제2조 제1항 제34호에 따른 특수관계인 간의 거래로 그 취득에 대한 조세부담을 부당하게 감소시키는 행위 또는 계산을 한 것으로 인정되는 경우에 해당하여 시가인정액 15억원을 취득당시가액으로 결정할 수 있다.

25 ①
옳은 것은 ㉠이다.
㉡ 건축물의 시가표준액은 소득세법령에 따라 매년 1회 국세청장이 산정, 고시하는 건물신축가격기준액에 행정안전부장관이 정한 기준을 적용하여 지방자치단체의 장이 결정한 가액으로 한다.
㉢ 공동주택의 시가표준액은 공동주택가격이 공시되지 아니한 경우에는 지역별·단지별·면적별·층별 특성 및 거래가격을 고려하여 행정안전부장관이 정하는 기준에 따라 특별자치시장·특별자치도지사·시장·군수 또는 구청장이 산정한 가액으로 한다.

26 ④
부동산 등을 한꺼번에 취득하여 부동산 등의 취득가격이 구분되지 아니하는 경우에는 한꺼번에 취득한 가격을 부동산 등의 시가표준액 비율로 나눈 금액을 각각의 취득가격으로 한다.

27 ②
사실상 취득가격에 포함되는 것은 ㉡㉣이다.
㉠ 취득대금을 일시급으로 지불하여 일정액을 할인받은 경우 그 할인액, ㉢ 개인이 취득하는 경우 할부 또는 연부계약에 따른 이자상당액 및 연체료, ㉤ 개인이 취득하는 경우 공인중개사에게 지급한 중개보수는 사실상 취득가격에 포함하지 아니한다.

핵심 **취득세 과세표준 포함 여부**

1. 매매대금을 일시에 지급함에 따라 할인받은 경우

구분	취득가액 포함 여부
할인된 금액	포함 O
할인액	포함 ×

2. 취득가격 포함 여부

포함 O	포함 ×
① 할부 또는 연부계약에 따른 이자상당액 및 연체료(법인이 아닌 자가 취득하는 경우 제외)	① 취득하는 물건의 판매를 위한 광고선전비 등의 판매비용과 그와 관련한 부대비용
② 건설자금에 충당한 차입금의 이자 또는 이와 유사한 금융비용(법인이 아닌 자가 취득하는 경우 제외)	② 법률에 따라 전기·가스·열 등을 이용하는 자가 분담하는 비용
③ 농지보전부담금, 대체산림자원조성비, 「문화예술진흥법」 제9조에 따른 미술작품의 설치비용 또는 문화예술진흥기금에 출연하는 금액 등 관계법령에 따라 의무적으로 부담하는 비용	③ 이주비, 지장물 보상금 등 취득물건과는 별개의 권리에 관한 보상성격으로 지급되는 비용
④ 취득에 필요한 용역을 제공받은 대가로 지급하는 용역비·수수료	④ 부가가치세
⑤ 취득대금 외에 당사자 약정에 의한 취득자 조건 부담액과 채무인수액	⑤ 위에 열거된 비용에 준하는 비용
⑥ 부동산을 취득하는 경우 「주택도시기금법」 제8조 규정에 따라 매입한 국민주택채권을 해당 부동산의 취득 이전에 양도함으로써 발생하는 매각차손	
⑦ 공인중개사에게 지급한 중개보수(법인이 아닌 자가 취득하는 경우 제외)	
⑧ 붙박이 가구·가전제품 등 건축물에 부착되거나 일체를 이루면서 건축물의 효용을 유지 또는 증대시키기 위한 설비·시설 등의 설치비용	
⑨ 정원 또는 부속시설물 등을 조성·설치하는 비용	
⑩ 위에 열거된 비용에 준하는 비용	

28 ①

「전기사업법」에 따라 전기를 사용하는 자가 분담하는 비용은 취득가격의 범위에 포함되지 않는다.

29 ⑤

- 사실상 취득가액을 취득세 과세표준으로 하는 경우 취득가액은 과세대상 물건의 취득시기를 기준으로 그 이전에 당해 물건을 취득하기 위하여 거래상대방 또는 제3자에게 지급하였거나 지급하여야 할 직접비용과 간접비용의 합계액으로 한다.
- 취득세 과세표준 금액
  = 총매매대금(500,000,000원) + 취득대금 외에 당사자 약정에 의한 취득자 조건 부담액과 채무인수액(10,000,000원) + 법령에 따라 매입한 국민주택채권을 양도함으로써 발생하는 매각차손(1,000,000원)
  = 511,000,000원

30 ①

과점주주가 취득한 것으로 보는 해당 법인의 부동산·차량·기계장비·입목·항공기·선박·광업권·어업권·골프회원권·승마회원권·콘도미니엄회원권 또는 종합체육시설이용회원권에 대한 과세표준은 총 가액을 그 법인의 주식 또는 출자의 총수로써 나눈 가액에 과점주주가 취득한 주식 또는 출자의 수를 곱한 금액을 과세표준으로 한다.

- 2021년 3월 10일 설립시 ⇨ 60%(30,000주 / 50,000주)의 지분으로 과점주주에 해당한다. 하지만 설립시점에서는 과점주주에 대한 납세의무가 없다.

• 2025년 10월 5일 증자 ⇨ 70%(70,000주 / 100,000주)의 지분이 되어 설립시점의 과점주주가 다시 과점주주가 되었기 때문에 과점주주가 된 날 현재 그 회사의 자산을 10% 만큼 취득한 것으로 보아 취득세 납세의무를 부담한다.
• 과점주주가 된 날 현재의 A법인 자산 ⇨ 건물 4억원 + 토지 5억원 + 차량 1억원 = 10억원

∴ 과세표준
= 과점주주가 된 날 현재의 A법인 자산 × 지분율
= 10억원 × 10% = 1억원

31 ④
• 취득시기: 사실상 연부금지급일(6월 20일)을 취득일로 한다.
• 과세표준액: 계약서상 연부금 지급약정이 되어 있는 경우에도, 사실상 각 연부금지급액(1,000,000원)을 과세표준액으로 한다.

Point 18 취득세율

32 ⑤
「주택법」 제63조의2 제1항 제1호에 따른 조정대상지역 내 1세대 1주택과 조정대상지역 외 1세대 2주택을 6억원에 유상취득하는 경우에는 모두 1,000분의 10의 세율을 적용한다.

33 ①
㉢ 공유물의 분할로 인한 취득: 1,000분의 23
㉣ 매매로 인한 농지 외의 토지 취득: 1,000분의 40

핵심 부동산 취득의 표준세율

구분		세율
유상승계취득	농지(논, 밭, 과수원, 목장용지)	3%
	농지 이외	4%
상속취득	농지(논, 밭, 과수원, 목장용지)	2.3%
	농지 이외	2.8%
증여취득	개인	3.5%
	비영리사업자	2.8%
원시취득	일반적인 경우	2.8%
공유·합유·총유물의 분할		2.3%
법인의 합병·분할로 부동산 취득		유상취득 세율

34 ③
주택을 신축하는 경우에 취득세 표준세율은 원시취득의 1,000분의 28의 표준세율이 적용된다.

35 ④
교환은 유상승계취득에 해당한다. 토지를 유상승계취득하는 경우 취득세 표준세율은 1,000분의 40(농지의 경우에는 1,000분의 30)이다.

36 ⑤
「지방세법」 제10조 제3항에 따라 건축(신축·재축은 제외) 또는 개수로 인하여 건축물 면적이 증가할 때에는 그 증가된 부분에 대하여 원시취득으로 보아 법 제11조 제1항 제3호의 세율(2.8%)을 적용한다.

37 ⑤
「신탁법」에 따라 신탁된 주택은 위탁자의 주택 수에 가산한다.

38 ⑤
유상거래를 원인으로 농지를 취득한 경우: 3%

지문분석
① 상속으로 건물(주택 아님)을 취득한 경우: 2.8%
② 「사회복지사업법」에 따라 설립된 사회복지법인이 독지가의 기부에 의하여 건물을 취득한 경우: 2.8%
③ 영리법인이 공유수면을 매립하여 농지를 취득한 경우: 2.8%
④ 유상거래를 원인으로 「지방세법」 제10조에 따른 취득 당시의 가액이 6억원인 주택(「주택법」에 의한 조정대상지역 내 1세대 1주택)을 취득한 경우: 1%

39 ⑤
건축물을 매매로 취득하는 경우와 교환으로 취득하는 경우 동일하게 유상취득의 표준세율인 1,000분의 40의 세율이 적용된다.

Point 19 사치성 재산, 과밀억제권역(대도시) 내 취득시 중과세, 세율특례

40 ③
취득세 과세대상은 ㉡㉢㉣ 3개이다.
골프장·고급오락장·고급선박·고급주택은 사치성 재산이므로 표준세율과 중과기준세율의 4배를 합한 중과세율이 적용된다.

㉠ 별장은 2023년 3월 14일 개정으로 취득세와 재산세에서 사치성 재산에서 제외되었다.

㉤ 과밀억제권역 안에서 법인의 본점용 또는 주사무소용 사업용 부동산은 표준세율에 중과기준세율의 2배를 합한 중과세율이 적용된다.

41 ②

대도시 내에서 법인설립을 위해 부동산을 취득하는 경우 표준세율(「지방세법」 제11조 제1항)의 100분의 300에서 중과기준세율(1,000분의 20)의 100분의 200을 뺀 세율을 적용한다. 다만, 유상거래를 원인으로 하는 주택을 취득하는 경우의 취득세는 표준세율과 중과기준세율의 100분의 400을 합한 세율을 적용한다.

42 ②

1구의 주택에 엘리베이터(적재하중 200kg 이하의 소형엘리베이터 제외)가 설치된 주거용 건축물과 부속토지로서 취득 당시의 시가표준액이 9억원을 초과하는 경우에 고급주택이 된다.

43 ④

고급주택을 취득한 날로부터 60일[상속의 경우에는 상속개시일이 속하는 달의 말일로부터 6개월(납세자가 외국에 주소를 둔 경우에는 9개월)] 이내에 주거용이 아닌 용도로 사용하거나 고급주택이 아닌 용도로 사용하기 위하여 용도변경공사에 착공하는 경우에는 고급주택으로 보지 않는다.

44 ⑤

본점의 사무소전용 주차타워를 신·증축하는 경우 중과세 대상에 해당한다.

보충 중과세대상에 해당하는 본점과 해당하지 않는 본점의 예

1. 중과세대상에 해당하는 본점의 예(「지방세법 기본통칙」 13－2)
   - 도시형 공장을 영위하는 공장의 구내에서 본점용 사무실을 증축하는 경우
   - 본점의 사무소 전용 주차타워를 신·증축하는 경우
   - 토지에 공장을 신설하여 운영하다가 동 토지 내에 본점 사업용 건축물을 신·증축하는 경우
   - 건축물을 신·증축한 후 5년 이내에 본점의 부서 중 일부 부서가 입주하여 사무를 처리하는 경우
2. 중과세대상에 해당하지 않는 본점의 예(「지방세법 기본통칙」 13－2)
   - 병원의 병실을 증축취득하는 경우
   - 운수업체가 「여객자동차 운수사업법」에 의한 차고용 토지만을 취득하는 경우
   - 임대업자가 임대하기 위하여 취득한 부동산과 당해 건축물을 임차하여 법인의 본점용으로 사용하는 경우
   - 시장·백화점 등의 영업장의 경우

45 ①

과밀억제권역 내 서울특별시 이외의 지역에서 서울특별시 내로 공장을 전입하는 경우에는 표준세율에 중과기준세율의 100분의 200을 합한 세율로 중과세한다.

핵심 중과세가 배제되는 경우

- 공장의 포괄적 승계취득
- 업종변경
- 해당 과밀억제권역 내에서의 이전
  - 서울 외의 지역에서 서울로의 이전 및 타인소유의 공장을 임차하여 경영하던 자가 그 공장을 신설한 날부터 2년 이내에 이전하는 경우 제외
- 기존 공장 철거 후 1년 이내에 동일규모의 재축
- 공장설립신고 또는 승인이 있거나 건축허가를 받은 후 행정구역변경으로 인해 대도시로 편입된 경우
- 부동산을 취득한 날로부터 5년이 경과된 후 공장의 신·증설
- 노후차량, 기계장비의 일정기간 내 대체취득

46 ③

중과세대상 공장의 범위는 생산설비를 구비하고, 공장용 건축물의 연면적이 $500m^2$ 이상이며 비도시형 업종에 해당하는 경우이다.

47 ⑤

총 6개이다. 은행업, 첨단기술업종, 주택건설사업, 의료업, 할부금융업, 유통산업 및 화물자동차운송사업, 물류터미널 모두 대도시 내 설치가 불가피한 업종으로서 대도시 내 중과세에서 제외한다.

48 ①

토지나 건축물을 취득한 후 5년 이내에 해당 부동산이 취득세 중과세대상에 해당하게 되는 경우에는 부동산 전체 가액에 대하여 중과세율을 적용하여 취득세를 추징한다. 다만, 이 경우 당초 표준세율을 적용하여 기납부한 세액은 공제한다.

49 ①

개수로 인한 취득에 대한 취득세는 중과기준세율(2%)을 적용하여 계산한 금액을 그 세액으로 한다. 단, 개수로 인하여 건축물 면적이 증가할 때에는 그 증가된 부분에 대하여는 원시취득으로 보아 표준세율(2.8%)을 적용한다.

50 ⑤

㉠㉢㉣은 표준세율에서 중과기준세율을 뺀 세율이 적용된다.

㉡ 존속기간이 1년을 초과하는 임시건축물(사치성 재산 제외)의 경우에는 중과기준세율(1,000분의 20)이 적용된다.

51 ⑤

무덤과 이에 접속된 부속시설물의 부지로 사용되는 토지로서 지적공부상 지목이 묘지인 토지의 취득은 중과기준세율을 적용한다.

보충 표준세율에서 중과기준세율(2%)을 뺀 세율을 적용하는 경우

1. 환매등기를 병행하는 부동산의 매매로서 환매기간 내에 매도자가 환매한 경우의 그 매도자와 매수자의 취득
2. 상속으로 인한 취득 중 다음의 어느 하나에 해당하는 취득
   - 법령으로 정하는 1가구 1주택 및 그 부속토지의 취득
   - 「지방세특례제한법」 규정에 따라 취득세의 감면대상이 되는 농지의 취득
3. 법인의 합병으로 인한 취득
4. 공유물·합유물의 분할로 인한 취득(등기부등본상 본인지분을 초과하는 부분의 경우에는 제외)
5. 건축물의 이전으로 인한 취득(이전한 건축물의 가액이 종전 건축물의 가액을 초과하는 경우에 초과액은 제외)
6. 「민법」 제839조의2 및 제843조에 따른 재산분할로 인한 취득
7. 벌채하여 원목을 생산하기 위한 입목의 취득
8. 그 밖의 형식적인 취득 등 대통령령으로 정하는 취득

52 ⑤

중과기준세율만 적용하는 경우는 모두 5개이다.

- 개수로 인하여 건축물 면적이 증가하는 경우 그 증가한 가액에 대하여는 원시취득의 표준세율 2.8%를 적용한다.

53 ④

「지방세특례제한법」 제6조 제1항에 따라 취득세의 감면대상이 되는 농지의 상속으로 인한 취득 ⇨ 표준세율(2.3%)에서 중과기준세율(2%)을 뺀 세율: 0.3%

지문분석

① 환매등기를 병행하는 부동산(농지 제외)의 매매로서 환매기간 내에 매도자가 환매한 경우 그 매도자와 매수자의 취득 ⇨ 표준세율(4%)에서 중과기준세율(2%)을 뺀 세율: 2%

② 건축물의 신축으로 인한 취득 ⇨ 표준세율: 2.8%

③ 레저시설의 취득 ⇨ 중과기준세율: 2%

⑤ 택지공사가 준공된 토지에 정원 또는 부속시설물 등을 조성·설치하는 경우 토지의 소유자의 취득 ⇨ 중과기준세율: 2%

Point 20 취득세 비과세

54 ③

국가·지방자치단체·지방자치단체조합에 귀속 또는 기부채납을 조건으로 취득하는 부동산 및 사회기반시설의 취득은 비과세한다. 다만, 다음의 어느 하나에 해당하는 경우에는 그 해당 부분에 대해서는 취득세를 부과한다.

- 국가 등에 귀속 등의 조건을 이행하지 아니하고 타인에게 매각·증여하거나 귀속 등을 이행하지 아니하는 것으로 조건이 변경된 경우
- 국가 등에 귀속 등의 반대급부로 국가 등이 소유하고 있는 부동산 및 사회기반시설을 무상으로 양여받거나 기부채납 대상물의 무상사용권을 제공받는 경우

55 ②

신탁재산의 취득으로서 취득세를 부과하는 경우는 ㉣ 1개이다.

보충 신탁재산의 취득세 부과 여부

1. 취득세를 부과하지 않는 경우

   신탁(「신탁법」에 따른 신탁으로서 신탁등기가 병행되는 것만 해당)으로 인한 다음의 신탁재산의 취득은 취득세를 부과하지 아니한다.

- 위탁자로부터 수탁자에게 신탁재산을 이전하는 경우
- 신탁의 종료로 인하여 수탁자로부터 위탁자에게 신탁재산을 이전하는 경우
- 수탁자가 변경되어 신수탁자에게 신탁재산을 이전하는 경우

2. 취득세를 부과하는 경우
- 신탁재산의 취득 중 주택조합 등과 조합원 간의 부동산 취득 및 주택조합 등의 비조합원용 부동산취득은 과세
- 명의신탁 또는 명의신탁해지로 인한 취득은 과세
- 「신탁법」에 따른 신탁재산인 부동산을 수탁자로부터 수익자에게 이전하는 경우의 취득은 취득세를 유상승계취득의 표준세율을 적용하여 과세

---

56 ②

「건축법」상 대수선으로 인해 공동주택을 취득하는 경우에는 과세한다. 「주택법」 규정에 따른 공동주택의 개수(대수선은 제외)로 인한 취득 중 개수로 인한 취득 당시 주택의 가액이 시가표준액 9억원 이하의 주택과 관련된 개수로 인한 취득은 취득세를 부과하지 아니한다.

57 ①

「주택법」에 따른 공동주택의 개수(「건축법」에 따른 대수선 제외)로 인한 취득 중 개수로 인한 취득 당시 주택의 시가표준액이 9억원 이하인 경우 취득세를 부과하지 아니한다.

Point 21 취득세 납세절차

58 ②

「부동산 거래신고 등에 관한 법률」에 따른 토지거래계약에 관한 허가구역에 있는 토지를 취득하는 경우로서 토지거래계약에 관한 허가를 받기 전에 거래대금을 완납한 경우에는 그 허가일로부터 60일 이내에 그 과세표준에 세율을 적용하여 산출한 세액을 신고하고 납부하여야 한다.

59 ⑤

같은 취득물건이 둘 이상의 시·군·구에 걸쳐 있는 경우 각 시·군·구에 납부할 취득세를 산출할 때 그 과세표준은 취득 당시의 가액을 취득물건의 소재지별 시가표준액 비율로 나누어 계산한다.

60 ①

무상취득(상속은 제외)에 의하여 부동산을 취득하는 경우에는 취득일이 속하는 달의 말일로부터 3개월 이내에 산출한 세액을 신고하고 납부하여야 한다.

61 ②

취득세 과세물건을 취득한 후에 그 과세물건이 중과세율의 적용대상이 되었을 때에는 중과세 대상이 된 날부터 60일 이내에 중과세율을 적용하여 산출한 세액에서 이미 납부한 세액(가산세 제외)을 공제한 금액을 신고하고 납부하여야 한다.

62 ③

지문분석

① 「부동산등기법」 제28조에 따라 채권자대위권에 의한 등기신청을 하려는 채권자는 납세의무자를 대위하여 부동산의 취득에 대한 취득세를 신고납부할 수 있다.
② 취득한 후에 취득신고를 한 후 매각하는 경우에는 중가산세가 적용되지 아니한다.
④ 「지방세기본법」에 의하여 법정신고기한 경과 후 1개월 내에 기한 후 신고한 경우에는 무신고가산세의 100분의 50을 경감한다.
⑤ 취득세의 기한 후 신고는 법정신고기한 내에 신고하지 아니한 경우에 한하여 지방자치단체장이 결정하여 통지하기 전에 기한 후 신고할 수 있다.

63 ④

지문분석

① 「지방세법」 제13조의2 제1항 제2호에 따라 일시적 2주택으로 신고하였으나 그 취득일로부터 3년 내에 대통령령으로 정하는 종전 주택을 처분하지 못하여 1주택으로 되지 아니한 경우에는 「지방세기본법」에 따른 규정에 따라 산출한 가산세를 합한 금액을 세액으로 하여 보통징수의 방법으로 징수한다.
② 취득물건에 대해 취득세 표준세율에서 1,000분의 20을 뺀 세율을 적용하여 산출한 금액의 20%에 해당하는 금액을 지방교육세로 하여 취득세에 부가한다. 다만, 중과기준세율이 적용되는 경우에는 제외한다.
③ 취득세 과세물건 중 등기 또는 등록이 필요하지 아니하는 골프회원권을 취득 후 신고하지 않고 매각하는 경우에는 중가산세(산출세액의 100분의 80)규정을 적용한다.
⑤ 지방자치단체의 장은 ④에 따른 채권자대위자의 신고납부가 있는 경우 납세의무자에게 그 사실을 즉시 통보하여야 한다.

64 ②

증여자의 채무를 인수하는 부담부증여로 인한 취득의 경우는 취득일이 속하는 달의 말일부터 3개월 이내에 취득세를 신고납부하여야 한다.

65 ③

지문분석

① 취득세의 징수는 원칙적으로 신고납부의 방법으로 한다.
② 상속으로 취득세 과세물건을 취득한 자는 상속개시일이 속하는 달의 말일로부터 6개월(상속인 가운데 외국에 주소를 둔 자가 있는 경우에는 9개월) 이내에 산출한 세액을 신고하고 납부하여야 한다.
④ 취득세 과세물건을 취득한 후에 그 과세물건이 중과세율의 적용대상이 되었을 때에는 중과세율을 적용하여 산출한 세액에서 이미 납부한 세액(가산세 제외)을 공제한 금액을 세액으로 하여 신고·납부하여야 한다.
⑤ 법인의 취득당시가액을 증명할 수 있는 장부가 없는 경우 지방자치단체의 장은 그 산출된 세액의 100분의 10을 징수하여야 할 세액에 가산한다.

66 ⑤

유상거래로 조정대상지역 내 1세대 1주택 또는 조정대상지역 외 1세대 2주택을 유상취득하는 경우에 취득가액이 7억 5천만원인 경우, 취득세의 표준세율은 1,000분의 20이다.

$$Y = \left(\text{해당주택의 취득 당시 가액} \times \frac{2}{\text{3억원}} - 3 \right) \times \frac{1}{100}$$

67 ④

유상취득의 경우에는 사실상 취득가격을 취득세 과세표준으로 한다. 다만, 이 경우 부가가치세는 취득가액의 범위에 포함하지 않는다.

- 취득세 산출세액
  = (11억원 − 1억원) × 4% = 4,000만원
- 농어촌특별세
  = 10억 × 2% × 10% = 200만원
- 지방교육세
  = 10억 × (4% − 2% = 2%) × 20% = 400만원
- 납부세액
  = 산출세액 + 농어촌특별세 + 지방교육세 = 4,600만원

68 ⑤

지문분석

① 국가 및 외국정부의 취득에 대해서는 취득세를 부과하지 않는다.
② 토지의 지목변경에 따른 취득은 토지의 지목변경에 따른 취득은 토지의 지목이 사실상 변경된 날과 공부상 변경된 날 중 빠른 날을 취득일로 본다. 다만, 토지의 지목변경일 이전에 사용하는 부분에 대해서는 그 사실상의 사용일을 취득일로 본다.
③ 국가가 취득세 과세물건을 매각하면 매각일부터 30일 이내에 지방자치단체의 장에게 신고하여야 한다.
④ 법인이 아닌 자가 건축물을 건축하여 취득하는 경우로서 사실상 취득가격을 확인할 수 없는 경우의 취득당시가액은 「지방세법」 제4조에 따른 시가표준액으로 한다.

69 ③

국가에 귀속의 반대급부로 영리법인이 국가 소유의 부동산을 무상으로 양여받는 경우에는 취득세를 부과한다.

제2장 등록면허세 p.104~113

01	⑤	02	④	03	②	04	②	05	③
06	③	07	⑤	08	⑤	09	②	10	③
11	④	12	⑤	13	②	14	④	15	④
16	④	17	④	18	⑤	19	③	20	②
21	④								

Point 22 등록면허세의 특징, 납세의무자

01 ⑤

취득을 원인으로 하는 등기는 취득세가 과세되며, 등록에 대한 등록면허세가 과세되지 않는다. 다만, 취득을 원인으로 하는 경우에도 등록면허세가 과세되는 경우는 다음과 같다.

- 광업권 및 어업권의 취득에 따른 등록
- 외국인 소유의 취득세 과세대상 물건(차량, 기계장비, 항공기 및 선박만 해당)의 연부취득에 따른 등기 또는 등록
- 「지방세기본법」 제38조에 따른 취득세 부과제척기간이 경과한 물건의 등기 또는 등록
- 취득세 면세점에 해당하는 물건의 등기 또는 등록

02 ④
저당권설정등기시 납세의무자는 저당권자인 채권자이다.

지문분석
① 지상권설정등기시 납세의무자 – 지상권자인 건축물 소유자
② 지역권설정등기시 납세의무자 – 지역권자인 요역지 소유자
③ 전세권설정등기시 납세의무자 – 전세권자
⑤ 임차권말소등기시 납세의무자 – 임차권설정자인 임대인

Point 23 등록면허세 과세표준 및 세율

03 ②
가처분 등기: 채권금액의 1,000분의 2

04 ②
취득원인에 따른 취득세 과세표준 규정에서 정하는 취득당시가액을 과세표준으로 하지만, 취득세 부과제척기간이 경과한 물건의 등기 또는 등록의 경우는 등록당시가액과 법 제10조의2부터 제10조의6까지에서 정하는 취득당시가액 중 높은 가액을 과세표준으로 한다.

05 ③
옳은 것은 ㉢㉤이다.
㉠ 유상으로 인한 농지의 소유권이전등기: 부동산가액의 1,000분의 20
㉡ 임차권설정 및 이전등기: 월 임대차금액의 1,000분의 2
㉣ 저당권의 설정 및 이전등기, 경매신청 · 가압류 · 가처분의 등기: 채권금액의 1,000분의 2

06 ③
소유권 외의 물권과 임차권의 설정 및 이전에 대한 등록면허세의 세율은 모두 1,000분의 2이다.

07 ⑤
토지의 지목변경등기에 대한 등록면허세는 건당 6,000원의 세율을 적용한다.

08 ⑤
대도시(대도시 중과세 제외업종은 중과세하지 않음)에서 법인설립등기에 대해서는 표준세율의 100분의 300의 세율을 적용한다.

09 ②
대도시에서 법인을 설립함에 따른 등기는 그 세율을 해당 표준세율의 100분의 300으로 중과세 한다. 다만, 「여신전문금융업법」 제2조 제12호에 따른 할부금융업을 영위하기 위한 경우에는 중과세 제외업종에 해당하므로 중과세하지 않는다.

Point 24 등록면허세 납세절차 및 비과세

10 ③
틀린 것은 모두 2개이다.
- 부동산 등기에 대한 납세지는 부동산 소재지이다.
- 같은 채권의 담보를 위하여 설정하는 둘 이상의 저당권을 등록하는 경우에는 이를 하나의 등록으로 보아 그 등록에 관계되는 재산을 처음 등록하는 등록관청 소재지를 납세지로 한다.

11 ④
지문분석
① 부동산등기에 대한 등록면허세 납세지는 부동산 소재지이다.
② 등록을 하려는 자가 신고의무를 다하지 않은 경우 등록면허세 산출세액을 등록하기 전까지 납부하였을 때에는 신고하고 납부한 것으로 본다. 이 경우 무신고 및 과소신고 가산세는 적용되지 아니한다.
③ 상속으로 인한 소유권이전등기의 표준세율은 부동산가액의 1,000분의 8이다.
⑤ 대도시 밖에 있는 법인의 본점이나 주사무소를 대도시로 전입함에 따른 등기는 법인등기에 대한 세율의 100분의 300을 적용한다.

12 ⑤
지문분석
① 취득세 과세물건을 취득한 후 중과세 세율의 적용대상이 되었을 경우 60일 이내에 산출세액에서 이미 납부한 세액(가산세 제외)을 공제하여 신고 · 납부하여야 한다.
② 취득세 과세물건을 취득한 자가 재산권의 취득에 관한 사항을 등기하는 경우 등기 또는 등록신청서를 등기 · 등록관서에 접수하는 날까지 취득세를 신고 · 납부하여야 한다.
③ 유상취득의 취득세의 과세표준은 시가표준액이 아니라 사실상 취득가격으로 한다.
④ 부동산가압류에 대한 등록면허세의 세율은 채권금액의 1,000분의 2로 한다.

13 ②
등록을 하려는 자가 법정신고기한까지 등록면허세 산출세액을 신고하지 않은 경우로서 등록 전까지 그 산출세액을 납부한 때에도 「지방세기본법」에 따른 무신고가산세가 부과되지 아니한다.

14 ④
지방소득세는 독립세이다.

15 ④
대한민국 정부기관의 등록에 대하여 과세하는 외국정부의 등록은 등록면허세를 과세한다.

16 ④
전세권설정등기 납세의무자는 전세권자인 乙이다.

지문분석
① 전세권설정등기 과세표준은 전세보증금(전세금액) 3억원이다.
② 전세권설정등기 표준세율은 전세보증금의 1,000분의 2이다.
③ 납부세액은 600,000원(= 전세보증금 3억원 × 1,000분의 2)이다.
⑤ 전세권설정등기의 등록면허세 납세지는 부동산 소재지이다.

17 ④
토지의 지목을 변경하여 지목변경등기를 하는 경우 등록면허세 과세표준은 건당 6,000원의 세율이 적용된다.

18 ⑤
지문분석
① 상속으로 취득세 과세물건을 취득한 자는 상속개시일이 속하는 달의 말일로부터 6개월 이내에 과세표준과 세액을 신고 · 납부하여야 한다.
② 취득세 과세물건을 취득한 후 중과세 대상이 되었을 때에는 표준세율을 적용하여 산출한 세액에서 이미 납부한 세액(가산세 제외)을 공제한 금액을 세액으로 하여 신고 · 납부하여야 한다.
③ 지목변경으로 인한 취득세 납세의무자가 신고를 하지 아니하고 매각하는 경우 중가산세(산출세액의 100분의 80) 규정을 적용하지 아니한다.
④ 등록을 하려는 자가 등록면허세 신고의무를 다하지 않고 산출세액을 등록 전까지 납부한 경우 「지방세기본법」에 따른 무신고가산세 및 과소신고가산세를 부과하지 아니한다.

19 ③
부동산등기에 대한 등록면허세로서 세액이 6,000원 미만인 경우에는 해당 등록면허세를 6,000원으로 징수한다.

20 ②
부동산등기의 경우 등록면허세 납세지는 부동산 소재지이다.

21 ④
특허권 등의 등록면허세 특별징수의무자가 징수하였거나 징수할 세액을 기한까지 납부하지 아니하거나 부족하게 납부하더라도 특별징수의무자에게 「지방세기본법」 제56조에 따른 가산세는 부과하지 아니한다.

제3장 재산세 p.122~145

01	③	02	①	03	⑤	04	①	05	⑤
06	②	07	④	08	②	09	①	10	⑤
11	③	12	③	13	①	14	④	15	①
16	②	17	①	18	④	19	③	20	④
21	③	22	④	23	④	24	②	25	②
26	④	27	④	28	⑤	29	④	30	②
31	④	32	③	33	②	34	⑤	35	②
36	③	37	⑤	38	⑤	39	⑤	40	①
41	②	42	①	43	③	44	①	45	②
46	④	47	②	48	③	49	④		

Point 25 재산세의 특징과 과세대상

01 ③
공부상 등재 현황과 달리 이용함으로써 재산세 부담이 낮아지는 경우 등 대통령령으로 정하는 경우에는 공부상 등재 현황에 따라 부과한다.

02 ①
재산세 과세대상은 ㉠㉡㉢㉣㉤㉧이다.
㉠ 항공기: 과세대상
㉡ 시가표준액이 1억원인 비업무용 자가용 선박: 과세대상
㉢ 고급주택: 과세대상

ⓡ 카지노업에 사용되는 건축물: 과세대상
ⓜ 과수원: 과세대상
ⓑ 차량: 과세대상 제외
ⓢ 골프회원권: 과세대상 제외
ⓞ 기계장비: 과세대상 제외
ⓙ 광업권: 과세대상 제외
ⓒ 법령에 의해 신고된 20타석 이상의 골프연습장: 과세대상

03 ⑤
㉠㉡㉢ 모두 옳은 지문이다.

취득세, 재산세(1동의 건물)	(면적에 비례) 주거부분만 주택
재산세 (1구의 건물)	• 주거용 사용 면적이 50% 이상 ⇨ (전부) 주택 • 주거용 사용 면적이 50% 미만 ⇨ 주거부분만 주택

Point 26 재산세 과세대상 토지의 구분

04 ①
경작에 사용하지 않고 있는 개인 소유의 전·답·과수원은 종합합산과세대상 토지이다.

지문분석
②③④⑤는 분리과세대상 토지이다.

05 ⑤
과세기준일 현재 계속 염전으로 실제 사용하고 있는 토지의 재산세 표준세율은 0.2%이다.

지문분석
①②③④의 재산세 표준세율은 0.07%이다.

06 ②
지문분석
① 군지역의 공장으로서 입지기준면적 이내의 공장용지: 분리과세
③ 특별시지역의 산업단지 내에 존재하는 공장의 경우 입지기준면적을 초과하는 공장용지: 종합합산과세
④ 광역시지역의 상업지역 내에 존재하는 입지기준면적 이내의 공장용지: 별도합산과세
⑤ 시지역의 주거지역 내에 존재하는 입지기준면적을 초과하는 공장용지: 종합합산과세

07 ④
철거·멸실된 건축물 또는 주택의 부속토지로서 법령으로 정하는 부속토지는 별도합산과세한다. 이때, 철거·멸실된 건축물 또는 주택의 부속토지로서 법령으로 정하는 부속토지란 과세기준일 현재 건축물 또는 주택이 사실상 철거·멸실된 날(사실상 철거·멸실된 날을 알 수 없는 경우에는 공부상 철거·멸실된 날)부터 6개월이 지나지 아니한 건축물 또는 주택의 부속토지를 말한다.

지문분석
① 회원제 골프장용 건축물의 부속토지: 고율분리과세
② 일반영업용 건축물로서 사용승인을 받지 않고 사용 중인 건축물의 부속토지: 종합합산과세
③ 도시지역 밖의 법정기준면적을 초과하는 목장용지: 종합합산과세
⑤ 고급오락장용 건축물의 부속토지: 고율분리과세

08 ②
「건축법」 등 관계 법령의 규정에 따라 허가를 받아야 할 건축물로서 허가를 받지 아니한 건축물의 부속토지는 종합합산과세대상 토지로서 0.2~0.5% 3단계 초과누진세율이 적용되어 재산세 부담이 누진적으로 증가할 수 있다.

지문분석
① 과세기준일 현재 군지역에서 실제 영농에 사용되고 있는 개인이 소유하고 있는 과수원: 분리과세대상 토지로서 0.07% 비례세율
③ 1980년 5월 1일부터 종중이 소유하고 있는 임야: 분리과세대상 토지로서 0.07% 비례세율
④ 회원제 골프장용 토지로서 「체육시설의 설치·이용에 관한 법률」의 규정에 의한 등록대상이 되는 토지: 분리과세대상 토지로서 4% 비례세율
⑤ 고급오락장으로 사용되는 건축물의 부속토지: 분리과세대상 토지로서 4% 비례세율

09 ①
㉠㉡은 종합합산과세대상 토지이다.
㉢㉣은 별도합산과세대상 토지이다.

10 ⑤
건축물(공장용 건축물은 제외)의 시가표준액이 해당 부속토지의 시가표준액의 100분의 2에 미달하는 건축물의 부속토지의 경우 건축물 바닥면적에 해당하는 토지(200m²)는 별도합산과세대상 토지이고, 그 건축물 바닥면적을 제외한 부속토지(2,800m²)는 종합합산과세대상 토지이다.

11 ③

「건축법」 등 관계 법령에 따라 허가 등을 받아야 할 건축물로서 허가 등을 받지 아니한 건축물의 부속토지는 종합합산과세대상 토지이다.

지문분석

①②④⑤는 분리과세대상 토지이다.

12 ③

㉠㉢은 분리과세대상이다.

㉡㉣은 별도합산과세대상이다.

Point 27 재산세 납세의무자

13 ①

공부상에 개인 등의 명의로 등재되어 있는 사실상의 종중재산으로서 종중소유임을 신고하지 아니하였을 경우: 공부상 소유자

보충 주된 상속자의 판단

상속이 개시된 재산으로서 과세기준일 현재 상속등기가 이행되지 아니하고 사실상의 소유자를 신고하지 아니한 때에는 주된 상속인을 납세의무자로 본다. 이때 주된 상속자의 판단은 다음과 같이 1. ⇨ 2. 순으로 재산세 납세의무를 판단한다.

1. 「민법」상의 상속지분이 가장 높은 자
2. 상속지분이 가장 높은 자가 2인 이상인 경우에는 연장자

14 ④

납세의무자가 아닌 것은 ㉠㉢㉣이다.

㉠ 재산세 과세기준일(6월 1일) 이전에 매매로 인하여 소유권이 변동된 경우 매수인이 납세의무자이다.

㉢ 「신탁법」에 의하여 수탁자 명의로 등기된 신탁재산의 경우 위탁자가 납세의무자이다. 이 경우 위탁자가 신탁재산을 소유한 것으로 본다.

㉣ 도시환경정비사업시행에 따른 환지계획에서 일정한 토지를 환지로 정하지 아니하고 체비지로 정한 경우 사업시행자가 납세의무자이다.

15 ①

지문분석

② 과세기준일 이전에 건축물이 멸실되었다면 과세기준일 현재 소유권이 없기 때문에 재산세 과세대상에서 제외된다.

③ 甲이 乙에게 토지를 매도한 후 乙이 소유권이전등기를 이행하지 않아 사실상 소유자를 알 수 없는 경우에는 재산세 납세의무자는 甲이다. 그러나 甲이 소유권 변동에 대하여 변동신고를 이행한 경우에는 사실상의 소유자는 乙이 된다.

④ 법인과 과세대상 토지를 연부로 매매계약을 체결하고 그 토지의 사용권을 무상으로 부여받은 경우 사실상 소유자인 매도계약자인 법인이 납세의무자가 된다.

⑤ 과세기준일 현재 재산세 과세대상 물건의 소유권이 양도·양수된 때에는 양수인을 해당 연도의 납세의무자로 본다.

16 ②

「신탁법」 제2조에 따른 수탁자의 명의로 등기 또는 등록된 신탁재산의 경우에는 위탁자(「주택법」 제2조 제11호 가목에 따른 지역주택조합 및 같은 호 나목에 따른 직장주택조합이 조합원이 납부한 금전으로 매수하여 소유하고 있는 신탁재산의 경우에는 해당 지역주택조합 및 직장주택조합을 말함)가 신탁재산을 소유한 것으로 본다.

17 ①

지문분석

② 토지에 대한 재산세 과세대상은 종합합산과세대상, 별도합산과세대상 및 분리과세대상으로 구분한다.

③ 국가가 선수금을 받아 조성하는 매매용 토지로서 사실상 조성이 완료된 토지의 사용권을 무상으로 받은 자는 재산세를 납부할 의무가 있다.

④ 주택 부속토지의 경계가 명백하지 아니한 경우 그 주택의 바닥면적의 10배에 해당하는 토지를 주택의 부속토지로 한다.

⑤ 재산세 과세대상인 건축물의 범위에는 주택을 제외한다.

Point 28 재산세 과세표준 및 세율

18 ④

지문분석

① 단독주택의 재산세 과세표준은 토지·건물을 일체로 한 개별주택가격에 공정시장가액비율(60%)을 곱한 금액으로 한다. 다만, 1세대 1주택의 공정시장가액비율은 시가표준액에 따라서 43%, 44%, 45%의 공정시장가액비율이 적용된다.

② 건축물의 재산세 과세표준은 시가표준액에 공정시장가액비율(70%)을 곱한 금액으로 한다.

③ 토지의 재산세 과세표준은 개별공시지가에 공정시장가액비율(70%)을 곱한 금액으로 한다.

⑤ 건축물의 재산세 과세표준은 법인의 경우에도 시가표준액에 공정시장가액비율(70%)을 곱한 금액으로 한다.

보충 재산세 과세표준

재산세는 보통징수방법으로 과세표준과 세액을 결정하기 때문에 지방자치단체에서 과세표준을 정하여야 한다. 과세표준은 과세기준일 현재의 시가표준액에 의하는데 개인·법인 소유에 관계없는 시가표준액을 적용하여야 한다.

1. 토지·건축물·주택에 대한 재산세의 과세표준
   과세기준일 현재의 시가표준액에 부동산 시장의 동향과 지방재정 여건 등을 고려하여 다음 어느 하나에서 정한 범위에서 대통령령으로 정하는 공정시장가액비율을 곱하여 산정한 가액으로 한다.
   ㉠ 토지 및 건축물: 과세기준일 현재 시가표준액의 100분의 50부터 100분의 90까지(100분의 70)
   ㉡ 주택
   - 과세기준일 현재 시가표준액의 100분의 40부터 100분의 80까지(100분의 60)
   - 단, 1세대 1주택은 100분의 30부터 100분의 70까지
     – 시가표준액 3억원 이하: 43%
     – 시가표준액 3억원 초과 6억원 이하: 44%
     – 시가표준액 6억원 초과: 45%
     – 주택의 과세표준이 법령에 정한 계산식에 따른 과세표준상한액보다 큰 경우에는 해당 주택의 과세표준은 과세표준상한액으로 한다.
2. 선박·항공기에 대한 과세표준
   과세기준일 현재의 시가표준액으로 한다. 즉, 선박과 항공기에 대한 과세표준을 계산할 때에는 공정시장가액비율을 곱하지 않는다.

19 ③

초과누진세율로 되어 있는 것은 ㉠㉣이다.

㉠ 별도합산과세대상 토지: 0.2~0.4% 3단계 초과누진세율

㉡ 분리과세대상 토지: 0.07%, 0.2%, 4% 비례세율

㉢ 광역시(군지역은 제외) 지역에서 「국토의 계획 및 이용에 관한 법률」과 그 밖의 관계 법령에 따라 지정된 주거지역의 대통령령으로 정하는 공장용 건축물: 0.5% 비례세율

㉣ 주택: 0.1~0.4% 4단계 초과누진세율(시가표준액 9억원 이하 1세대 1주택: 0.05~0.35% 4단계 초과누진세율)

20 ④

과세표준이 5억원인 「수도권정비계획법」에 따른 과밀억제권역 외의 읍·면지역의 공장용 건축물은 1,000분의 2.5(0.25%)의 세율이 적용된다.

지문분석

① 과세표준이 5,000만원인 종합합산과세대상 토지: 1,000분의 2(0.2%)

② 과세표준이 2억원인 별도합산과세대상 토지: 1,000분의 2(0.2%)

③ 과세표준이 1억원인 광역시의 군지역에서 「농지법」에 따른 농업법인이 소유하는 농지로서 과세기준일 현재 실제 영농에 사용되고 있는 토지: 1,000분의 0.7(0.07%)

⑤ 과세표준이 1억 5,000만원인 주택(1세대 1주택에 해당하지 않음): 1,000분의 1.5(0.15%)

21 ③

과세표준이 20억원인 분리과세대상 목장용지의 과세표준은 1,000분의 0.7로 가장 낮다.

지문분석

① 과세표준 5천만원인 종합합산과세대상 토지: 1,000분의 2

② 과세표준 2억원인 별도합산과세대상 토지: 1,000분의 2

④ 과세표준 6천만원인 1세대 2주택: 1,000분의 1

⑤ 과세표준 10억원인 분리과세대상 공장용지: 1,000분의 2

22 ④

납세의무자가 해당 지방자치단체 관할 구역에 2개 이상의 주택을 소유하고 있는 경우 그 주택의 가액을 과세표준으로 하여 주택별로 세율을 적용한다.

23 ④

주택의 경우 세 부담 상한에 관한 규정이 적용되지 않고 과세표준상한액 규정이 적용되지만, 과세표준상한액의 개정 규정 시행 전에 주택 재산세가 과세된 주택에 대해서는 과세표준상한액의 개정 규정에도 불구하고 2028년 12월 31일까지는 종전의 규정에 따른다. 그러므로 주택공시가격 또는 시장·군수가 산정한 가액이 6억원 초과인 개인소유 주택의 경우, 해당 주택에 대한 재산세의 산출세액이 직전 연도의 해당 주택에 대한 재산세액 상당액의 100분의 130을 초과하는 경우에는 100분의 130에 해당하는 금액을 해당 연도에 징수할 세액으로 한다.

핵심 **재산세의 세 부담 상한**

1. 개정 내용
   해당 재산에 대한 재산세의 산출세액(도시지역분 포함)이 대통령령으로 정하는 방법에 따라 계산한 직전 연도의 해당 재산에 대한 재산세액 상당액의 100분의 150을 초과하는 경우에는 100분의 150에 해당하는 금액을 해당 연도에 징수할 세액으로 한다. 다만, 주택의 경우에는 적용하지 아니한다(2024.1.1. 시행).
2. 개정규정 시행 전 주택분 세 부담 상한

구분		세 부담 상한
토지, 건축물, 법인소유주택		직전 연도의 세액의 150%
개인 소유	3억원 이하	직전 연도의 세액의 105%
	3억원 초과 6억원 이하	직전 연도의 세액의 110%
	6억원 초과	직전 연도의 세액의 130%

「지방세법」 부칙 제15조(주택 세 부담 상한제 폐지에 관한 경과조치): 제122조(과세표준상한액)의 개정규정 시행 전에 주택 재산세가 과세된 주택에 대해서는 제122조(과세표준상한액)의 개정규정에도 불구하고 2028년 12월 31일까지는 종전의 규정에 따른다.

24 ②

1세대 1주택의 해당 여부를 판단할 때 「신탁법」에 따라 신탁된 주택은 위탁자의 주택 수에 가산한다.

25 ②

지문분석

① 지방자치단체의 장은 세율조정이 불가피하다고 인정되는 경우 조례로 정하는 바에 따라 표준세율의 100분의 50의 범위에서 가감할 수 있으며, 다만, 가감조정한 세율은 당해 연도에 한하여 적용한다.
③ 주택(별장과 고급주택 포함)은 주택에 대한 4단계 초과누진세율을 적용한다.
④ 토지와 건물의 소유자가 다른 주택에 대하여 세율을 적용할 때 해당 주택의 토지와 건물의 가액을 합산한 과세표준액에 세율을 적용한다.
⑤ 법령에 따른 고급주택의 재산세 과세표준은 과세기준일 현재의 시가표준액에 공정시장가액비율(100분의 60)을 곱하여 산정한 가액이다. 다만, 1세대 1주택의 공정시장가액비율은 시가표준액에 따라서 43%, 44%, 45%의 공정시장가액비율이 적용된다.

26 ④

지문분석

① 골프장·고급오락장은 4%의 세율을 적용하지만, 고급주택은 주택에 포함하여 4단계 초과누진세율이 적용되며, 고급선박은 5%의 세율이 적용된다.
② 과밀억제권역 내에서 공장을 신설 또는 증설하는 경우 그 건축물에 대한 재산세의 세율은 최초의 과세기준일로부터 5년간 1,000분의 2.5 세율의 100분의 500에 해당하는 세율을 적용한다.
③ 주택에 대한 재산세는 해당 시·군·구별로 구분하여 각 주택별(주거용 건축물과 그 부수토지를 합산한 가액)로 4단계 초과누진세율을 적용한다.
⑤ 건축물에 대한 재산세 세율은 차등비례세율만 적용된다.

27 ④

옳은 것은 ㉡㉢이다.

지문분석

㉠ 지방자치단체의 장은 조례로 정하는 바에 따라 표준세율의 100분의 50의 범위에서 가감할 수 있으며, 가감한 세율은 해당 연도에만 적용한다.

28 ⑤

지방자치단체의 장은 특별한 재정수요나 재해 등의 발생으로 재산세의 세율 조정이 불가피하다고 인정되는 경우 조례로 정하는 바에 따라 표준세율의 100분의 50의 범위에서 가감할 수 있다. 다만, 가감한 세율은 해당 연도에만 적용한다.

29 ④

㉠ 과세표준 = 과세기준일 현재의 시가표준액 × 공정시장가액비율(100분의 60)

㉡ 세율 = 4단계 초과누진세율(0.1~0.4%)

㉢ 산출세액 = 재산세액 - 세 부담 상한 초과세액(해당 연도 재산세액 상당액 - 직전 연도 재산세액 상당액 × 130%)(단, 세 부담 상한 초과세액 > 0)

30 ②

재산세 도시지역분 적용대상 지역의 토지, 건축물, 주택이 과세대상이다. 선박은 해당하지 않는다.

31 ④

최초의 과세기준일부터 5년간 일반 건축물의 표준세율(0.25%)의 100분의 500에 해당하는 세율(1.25%)을 적용한다.

Point 29 재산세 비과세

32 ③

국가·지방자치단체 및 지방자치단체조합과 재산세 과세대상 재산을 연부로 매매계약을 체결하고 그 재산의 사용권을 무상으로 부여받은 경우에는 비과세대상이 아니며 권리변동이 이루어진 것으로 보아 그 매수계약자를 납세의무자로 본다.

33 ②

「군사기지 및 군사시설 보호법」에 따른 군사기지 및 군사시설 보호구역 중 통제보호구역에 있는 토지는 재산세를 비과세한다. 다만, 전·답·과수원 및 대지는 제외한다.

34 ⑤

「산림자원의 조성 및 관리에 관한 법률」에 따라 지정된 채종림·시험림은 비과세한다.

Point 30 재산세 부과·징수

35 ②

지문분석

① 특별시 지역에서 「국토의 계획 및 이용에 관한 법률」에 따라 지정된 주거지역의 대통령령으로 정하는 공장용 건축물의 표준세율은 0.5%의 비례세율이다.

③ 주택의 토지와 건물 소유자가 다를 경우 해당 주택에 대한 세율을 적용할 때 해당 주택의 토지와 건물의 가액을 합산한 과세표준에 세율을 적용한다.

④ 주택의 재산세로서 해당 연도에 부과할 세액이 20만원 이하인 경우에는 납기를 7월 16일부터 7월 31일까지로 하여 한꺼번에 부과징수할 수 있다.

⑤ 지방자치단체의 장은 과세대상의 누락으로 이미 부과한 재산세액을 변경하여야 할 사유가 발생하여도 수시로 부과·징수할 수 있다.

핵심 재산세 정기분에 대한 납부기간

재산 종류		고지서상 납부기간	비고
건축물, 선박, 항공기		매년 7월 16일부터 7월 31일까지	
주택	부과·징수할 세액의 2분의 1	매년 7월 16일부터 7월 31일까지	주택에 대해 부과·징수할 세액이 20만원 이하인 경우에는 조례가 정하는 바에 따라 납기를 7월 16일부터 7월 31일까지로 하여 한꺼번에 부과·징수할 수 있음
	나머지 2분의 1	매년 9월 16일부터 9월 30일까지	
토지		매년 9월 16일부터 9월 30일까지	

36 ③

지방자치단체의 장은 재산세의 납부세액이 1천만원을 초과하는 경우 납세의무자의 신청을 받아 해당 지방자치단체의 관할 구역에 있는 부동산에 대하여만 법령으로 정하는 바에 따라 물납을 허가할 수 있다.

37 ⑤

㉠㉡㉢ 모두 틀린 설명이다.

㉠ 해당 연도에 부과할 주택분 재산세액이 20만원 이하인 경우, 조례로 정하는 바에 따라 납기를 7월 16일부터 7월 31일까지로 하여 한꺼번에 부과·징수할 수 있다. 즉, 토지분 재산세는 20만원 이하인 경우에도 납기는 9월 16일부터 9월 30일까지로 한다.

㉡ 지방자치단체의 장은 과세대상의 누락 등으로 이미 부과한 재산세액을 변경하여야 할 사유가 발생하더라도 수시로 부과·징수할 수 있다.

㉢ 재산세 물납을 허가하는 부동산의 가액은 과세기준일(매년 6월 1일) 현재의 시가로 평가한다.

38 ⑤

지문분석

① 재산세는 보통징수방법에 의하여 부과·징수되므로 납세자가 신고를 선택할 수 없다.

② 과밀억제권역 내에서 공장을 신설·증설한 경우 해당 건축물에 대한 재산세의 세율은 최초 과세기준일로부터 5년간 0.25%의 5배를 중과세한다.

③ 공부상 등재현황과 사실상의 현황이 다르거나 사실상의 현황이 변경된 경우에는 해당 재산의 사실상 소유자는 과세기준일로부터 15일 이내에 그 소재지를 관할하는 시장·군수에게 그 사실을 알 수 있는 증빙자료를 갖추어 신고하여야 한다.

④ 지방자치단체의 장은 재산세의 납부세액이 250만원을 초과하는 경우에는 대통령령으로 정하는 바에 따라 납부할 세액의 일부를 납부기한이 지난 날부터 3개월 이내에 분할납부하게 할 수 있다.

보충 **분할납부 기준금액**

납부할 세액이 500만원	이하인 경우	250만원을 초과하는 금액
	초과하는 경우	그 세액의 100분의 50 이하의 금액

39 ⑤

시장·군수·구청장은 불허가 통지를 받은 납세의무자가 그 통지를 받은 날부터 10일 이내에 해당 시·군·구의 관할 구역에 있는 부동산을 관리·처분이 가능한 다른 부동산으로 변경신청하는 경우에는 변경하여 허가할 수 있다.

40 ①

지문분석

② 도시지역 중 해당 지방의회의 의결을 거쳐 고시한 지역 안에 있는 토지, 건축물 또는 주택에 대해서는 재산세의 과세표준에 세율을 적용하여 산출한 세액에 재산세의 과세표준에 1,000분의 1.4를 적용하여 산출한 세액을 합산하여 산출한 세액을 재산세액으로 부과할 수 있다.

③ 재산세를 과세하는 경우 재산세액(재산세 도시지역분 세액이 포함된 경우에는 그 세액을 제외한 금액)의 20%에 해당하는 금액을 지방교육세로 부가한다.

④ 납세고지서를 발부하는 경우 토지에 대한 재산세는 1장의 고지서로 발부하되, 토지 이외 재산에 대한 재산세는 건축물, 주택, 선박 및 항공기로 구분하여 각 1장 또는 물건별로 납세고지서를 발부할 수 있다.

⑤ 시장·군수·구청장은 납기개시 5일 전까지 납세의무자에게 납세고지서를 발부하여 재산세를 징수하여야 한다.

41 ②

㉠은 100분의 2, ㉡은 20만, ㉢은 10이다.

㉠ 건축물의 시가표준액이 해당 부속토지의 시가표준액의 100분의 2에 미달하는 건축물의 부속토지 중 그 건축물의 바닥면적을 제외한 부속토지는 종합합산과세대상이다.

㉡ 해당 연도에 부과할 주택분 재산세액이 20만원 이하인 경우 조례로 정하는 바에 따라 납기를 7월 16일부터 7월 31일까지로 하여 한꺼번에 부과·징수할 수 있다.

㉢ 과세대상 주택의 부속토지의 경계가 명백하지 아니할 때에는 그 주택의 바닥면적의 10배에 해당하는 토지를 주택의 부속토지로 한다.

42 ①

주택에 대한 재산세의 경우 해당 연도에 부과·징수할 세액의 2분의 1은 매년 7월 16일부터 7월 31일까지, 나머지 2분의 1은 9월 16일부터 9월 30일까지를 납기로 한다. 다만, 해당 연도에 부과할 세액이 20만원 이하인 경우에는 조례로 정하는 바에 따라 납기를 7월 16일부터 7월 31일까지로 하여 한꺼번에 부과·징수할 수 있다.

43 ③

옳은 것은 2개이다.

• 토지의 재산세 납기는 매년 9월 16일부터 9월 30일까지이다.
• 재산세는 관할 지방자치단체의 장이 세액을 산정하여 보통징수의 방법으로 부과·징수한다.

44 ①

토지의 시가표준액이 6억원인 경우 세 부담 상한은 100분의 150이다.

45 ②

옳은 것은 ㉡이다.

㉠ 국가가 선수금을 받아 조성하는 매매용 토지로서 사실상 조성이 완료된 토지의 사용권을 무상으로 받은 자는 재산세를 납부할 의무가 있다.

㉢ 임시로 사용하기 위하여 건축된 건축물로서 재산세 과세기준일 현재 1년 미만의 법령에 따른 임시건축물은 비과세대상이지만, 「지방세법」상 사치성 재산에 해당하는 고급오락장은 과세한다.

46 ④

옳은 것은 ㉡㉣이다.

㉠ 고지서 1장당 재산세로 징수할 세액이 2,000원 미만인 경우에만 재산세를 징수하지 않는다.

㉢ 납부할 세액이 500만원을 초과하는 경우 분할납부 금액은 납부할 세액의 100분의 50 이하이다.

47 ②

국가 또는 지방자치단체가 1년 이상 공용 또는 공공용으로 사용하는 재산에 대하여는 유료로 사용하거나 소유권의 유상이전을 약정한 경우로서 그 재산을 취득하기 전에 미리 사용하는 경우 재산세를 부과한다.

48 ③

옳은 것은 ㉠㉡이다.

㉢ 물납을 허가하는 부동산의 가액은 과세기준일 현재의 시가로 한다.

49 ④

주택의 과세표준이 법령에 따라 계산한 과세표준상한액보다 큰 경우에는 해당 주택의 과세표준은 과세표준상한액으로 한다. 토지 및 건축물은 과세표준 상한액 규정이 적용되지 아니한다.

제4장 기타 지방세 p.150~153

01	⑤	02	④	03	④	04	③	05	④
06	②								

Point 31 지역자원시설세

01 ⑤

지역자원시설세로 징수할 세액이 고지서 1장당 2,000원 미만인 경우에는 그 지역자원시설세를 징수하지 아니한다.

02 ④

재산세가 비과세되는 건축물과 선박에 대하여는 소방분 지역자원시설세를 부과하지 아니한다.

03 ④

소방분 지역자원시설세를 징수하려면 건축물 또는 선박으로 구분한 납세고지서에 과세표준과 세액을 적어 늦어도 납기개시 5일 전까지 발급하여야 한다.

Point 32 지방교육세

04 ③

지방교육세의 무신고 및 과소신고가산세는 적용하지 않는다. 단, 납부불성실가산세는 적용한다.

05 ④

「종합부동산세법」에 따라 납부하여야 할 종합부동산세액의 100분의 20에 해당하는 금액을 농어촌특별세로 부가한다.

Point 33 지방소득세

06 ②

양도소득에 대한 개인지방소득세의 세액이 2,000원 미만인 경우에는 이를 징수하지 아니한다. 즉, 2,000원인 경우에는 징수한다.

보충 지방소득세

- 특별시·광역시세, 시·군세
- 독립세
- **소액징수면제**: 세액이 2,000원 미만인 경우 징수 ×
- **개인지방소득세(양도소득세 대한 지방소득세)**: 소득세율의 10분의 1의 세율 적용, 대부분의 소득세 규정 준용

제1장 종합부동산세 p.161~176

01	③	02	①	03	④	04	④	05	⑤
06	④	07	⑤	08	②	09	④	10	③
11	④	12	⑤	13	②	14	④	15	②
16	⑤	17	②	18	④	19	②	20	④
21	④	22	②	23	⑤	24	④	25	④
26	①	27	④	28	③	29	③	30	②
31	③	32	⑤						

Point 34 종합부동산세의 특징

01 ③

종합부동산세 특징으로 옳은 것은 ㉠㉣㉤㉥ 4개이다.
종합부동산세 특징은 정부부과과세, 개인별 합산과세, 차등비례세율, 초과누진세율, 세 부담 상한, 분할납부이다. 세대별 합산과세하지 않고, 물납은 허용되지 않는 조세이다.

02 ①

종합부동산세는 주택에 대한 종합부동산세액과 토지에 대한 종합부동산세액을 합산한 금액을 그 세액으로 한다.

Point 35 종합부동산세 과세대상 및 납세의무자

03 ④

「신탁법」 제2조에 따른 수탁자의 명의로 등기 또는 등록된 신탁재산으로서 신탁주택의 경우에는 위탁자(「주택법」 제2조 제11호 가목에 따른 지역주택조합 및 같은 호 나목에 따른 직장주택조합이 조합원이 납부한 금전으로 매수하여 소유하고 있는 신탁주택의 경우에는 해당 지역주택조합 및 직장주택조합을 말함)가 종합부동산세를 납부할 의무가 있다. 이 경우 위탁자가 신탁주택을 소유한 것으로 본다.

04 ④

㉠㉢㉧㉨ 4개가 종합부동산세 과세대상에 해당한다.
㉠ 「지방세법」 상의 고급주택: 과세대상에 해당
㉡ 공장용 건축물: 과세대상 제외
㉢ 별장: 과세대상에 해당
㉣ 골프장용 부속토지: 과세대상 제외
㉤ 고급오락장용 부속토지: 과세대상 제외
㉥ 일반사업용 건축물: 과세대상 제외
㉦ 고급오락장용 건축물: 과세대상 제외
㉧ 건축물이 없는 나대지: 과세대상에 해당
㉨ 사업용 건축물의 부속토지: 과세대상에 해당

05 ⑤

㉠㉡㉢㉣ 모두 종합부동산세 과세대상이 아니다.
종합부동산세의 과세대상은 재산세 과세대상 중 토지(분리과세대상 토지 제외)와 주택이다.
㉠ 종중이 1990년 1월부터 소유하는 농지 ⇨ 재산세에서 분리과세대상 토지에 해당하므로 과세대상이 아니다.
㉡ 1990년 1월부터 소유하는 「수도법」에 따른 상수원보호구역의 임야 ⇨ 재산세에서 분리과세대상 토지에 해당하므로 과세대상이 아니다.
㉢ 「지방세법」에 따라 재산세가 비과세되는 토지 ⇨ 재산세의 비과세는 종합부동산세에서 준용하므로 종합부동산세에서도 비과세되어 과세대상이 아니다.
㉣ 취득세 중과세대상인 고급오락장용 건축물 ⇨ 건축물은 종합부동산세 과세대상이 아니다.

06 ④

나대지는 종합합산과세대상 토지로서 공시가격 합계액이 5억원을 초과하므로 납세의무자가 된다.

지문분석

① 부부의 경우에도 개인별 합산하며, 주택분 납세의무자가 개인인 경우에 공시가격 합계액이 9억원을 초과하는 자인데 초과하지 않았으므로 납세의무자가 아니다.
② 농지는 분리과세대상 토지로서 과세대상이 아니다.
③ 건축물은 과세대상이 아니다.
⑤ 상가부속토지는 별도합산과세대상 토지로서 공시가격 합계액이 80억원을 초과하는 경우에 납세의무자가 된다.

07 ⑤

㉡㉢㉣은 과세대상 자산이 아니다.
㉠ 여객자동차운송사업 면허를 받은 자가 그 면허에 따라 사용하는 차고용 토지는 별도합산과세대상 토지에 해당한다. 별도합산과세대상 토지는 인별 합산가액이 80억원을 초과하는 경우에는 종합부동산세 과세대상이다.
㉡ 주택은 종합부동산세 과세대상이다. 다만, 인별 합산가액이 9억원을 초과하는 경우에 과세되는데 문제에서는 1주택자로 신고하지 않은 부부공동명의이므로 인별 가액이 9억원이다.
㉢ 건축물은 과세대상이 아니다.
㉣ 회원제 골프장용 토지는 분리과세대상 토지이므로 과세대상이 아니다.

Point 36 종합부동산세 과세표준 및 세율

08 ②

주택에 대한 종합부동산세의 과세표준은 납세의무자별로 주택의 공시가격을 합산한 금액에서 다음의 금액을 공제한 금액에 부동산 시장의 동향과 재정 여건 등을 고려하여 100분의 60부터 100분의 100까지의 범위에서 대통령령으로 정하는 공정시장가액비율(60%)을 곱한 금액으로 한다. 다만, 그 금액이 영보다 작은 경우에는 영으로 본다.

- 대통령령으로 정하는 1세대 1주택자: 12억원
- 법인 또는 법인으로 보는 단체: 0원
- 위의 사항에 해당하지 아니하는 자: 9억원

∴ (13억원 − 12억원) × 60% = 6,000만원

09 ④

혼인으로 인한 1세대 2주택의 경우 납세의무자의 신청여부와 관계없이 혼인한 날부터 10년 동안은 주택을 소유하는 자와 그 혼인한 자별로 각각 1세대로 본다.

10 ③

1세대 1주택이 아니므로 종합부동산세의 과세표준은 기초공제 없이 주택공시가액의 합계액에서 9억원을 공제한 금액에 공정시장가액비율을 곱한 금액으로 한다. 또한 거주자이므로 납세지는 거주자의 주소지 관할 세무서가 된다.

- 과세표준 = (1,900,000,000 − 900,000,000) × 60%
  = 600,000,000원
- 납세지: 서초세무서

11 ④

납세의무자가 법인 또는 법인으로 보는 단체인 경우의 세율은 아래와 같다.

구분	세율
2주택 이하 소유	1,000분의 27
3주택 이상 소유	1,000분의 50

12 ⑤

60세 이상의 직계존속(직계존속 중 어느 한 사람이 60세 미만인 경우 포함)을 동거봉양하기 위하여 합가함으로써 1세대를 구성하는 경우에는 최초로 합가한 날부터 10년 동안(합가한 당시에는 60세 미만 이었으나 합가한 후 과세기준일 현재 60세에 도달한 경우에는 10년의 기간 중에서 60세 이상인 기간 동안)은 주택 또는 토지를 소유하는 자와 그 합가한 자별로 각각 1세대로 본다.

13 ②

지문분석

① 과세기준일 현재 세대원 중 1인과 그 배우자만이 공동으로 1주택을 소유하고 해당 세대원 및 다른 세대원이 다른 주택을 소유하지 아니한 경우 신청하는 경우에만 공동명의 1주택자를 해당 1주택에 대한 납세의무자로 한다.

③ 1세대가 일반 주택과 합산배제 신고한 임대주택을 각각 1채씩 소유한 경우 해당 일반 주택에 그 주택소유자가 과세기준일 현재 주민등록이 되어 있고 실제로 거주하고 있는 경우에 한정하여 1세대 1주택자에 해당한다.

④ 1세대 1주택자는 주택의 공시가격을 합산한 금액에서 12억원을 공제한 금액에 공정시장가액비율을 곱한 금액을 과세표준으로 한다.

⑤ 1세대 1주택자에 대하여는 주택분 종합부동산세 산출세액에서 소유자의 연령과 주택 보유기간에 따른 공제액을 공제율 합계 100분의 80 범위에서 중복하여 공제한다.

14 ④

「건축법 시행령」 별표에 따른 다가구주택은 1주택으로 본다. 즉, 매 1가구마다 각각 1주택으로 보는 것이 아니다.

15 ②

개인소유 주택분 종합부동산세의 세 부담 상한액 비율은 주택 수와 조정대상지역 여부와 관계없이 100분의 150이다.

구분	주택분 종합부동산세	토지분 종합부동산세	
		종합합산 세액	별도합산 세액
개인	150%	150%	
법인	적용 없음	150%	

16 ⑤

토지에 대한 종합부동산세의 세액은 토지분 종합합산세액과 토지분 별도합산세액을 합한 금액으로 한다.

17 ②

- 1세대 1주택자의 연령별 공제: 만 70세이므로 40% 세액공제
- 1세대 1주택자의 보유기간별 공제: 15년 이상 보유시 50% 공제
- 연령별 공제와 보유기간별 공제는 80% 범위 내에서 중복공제가 허용된다.

∴ 산출세액 = 100만원 − 80만원 = 20만원

18 ④

공동명의 1주택자에 대한 납세의무 등의 특례규정에 따라 1주택자로 신고한 경우에 연령별 세액공제와 보유기간별 공제를 받을 수 있다.

Point 37 종합부동산세 부과 · 징수

19 ②

재산세와 종합부동산세의 과세기준일은 매년 6월 1일로 일치하지만, 납부기간은 차이가 있다.

보충 재산세와 종합부동산세의 납부기간

1. 재산세의 납부기간
   ㉠ 건축물: 7월 16일부터 7월 31일까지
   ㉡ 토지: 9월 16일부터 9월 30일까지
   ㉢ 주택
   - 해당 연도에 부과 · 징수할 세액의 2분의 1: 7월 16일부터 7월 31일까지
   - 나머지 2분의 1: 9월 16일부터 9월 30일까지
2. 종합부동산세 납부기간
   12월 1일부터 12월 15일까지

20 ④

주택에 대한 재산세의 세율은 0.1~0.4% 4단계 초과누진세율이며, 종합부동산세는 2주택 이하를 소유하는 경우의 세율은 0.5~2.7% 7단계 초과누진세율이다.

21 ④

순서대로 ㉠ 9억원, ㉡ 100분의 60, ㉢ 1,000분의 27, ㉣ 재산세, ㉤ 150%가 옳다.

22 ②

- 1세대 1주택자에 대한 연령별 공제와 보유기간별 공제는 80% 범위 내에서 중복공제가 허용된다.
- 개인이 3주택을 소유하는 경우에 종합부동산세 세율은 0.5~5% 7단계 초과누진세율을 적용한다.
- 1세대 1주택자가 15년 이상 장기보유하는 경우에는 산출된 주택분 종합부동산세의 세액에서 100분의 50을 곱한 금액을 공제한다.
- 관할 세무서장은 종합부동산세로 납부하여야 할 세액이 250만원을 초과하는 경우에는 그 세액의 일부를 납부기한이 경과한 날부터 6개월 이내에 분할납부하게 할 수 있다.
- 종합부동산세는 납부세액의 100분의 20에 해당하는 농어촌특별세가 부가된다.

23 ⑤

지문분석

① 납세의무자가 법인이며 3주택 이상을 소유한 경우 소유한 주택 수에 따라 과세표준에 5%의 비례세율을 적용하여 계산한 금액을 주택분 종합부동산세액으로 한다. 한편, 법인소유 2주택 이하는 2.7%의 비례세율을 적용한다.
② 납세의무자가 개인 또는 법인으로 보지 않는 단체인 경우 주택에 대한 종합부동산세 납세지는 「소득세법」 제6조의 규정을 준용하여 납세지를 정한다. 즉, 거주자의 소득세 납세지는 그 거주자의 주소지로 한다. 다만, 주소지가 없는 경우에는 그 거소지로 한다.
③ 과세표준 합산의 대상에 포함되지 않는 주택을 보유한 납세의무자는 해당 연도 9월 16일부터 9월 30일까지 납세지 관할 세무서장에게 해당 주택의 보유현황을 신고하여야 한다.
④ 종합부동산세 과세대상 1세대 1주택자로서 과세기준일 현재 해당 주택을 12년 보유한 자의 보유기간별 세액공제에 적용되는 공제율은 100분의 40이다.

24 ④

주택분 종합부동산세액에서 공제되는 재산세액은 재산세 표준세율의 100분의 50의 범위에서 가감된 세율이 적용된 경우에는 그 세율이 적용된 세액으로 하고, 재산세 세 부담 상한을 적용받은 경우에는 그 상한을 적용한 후의 세액으로 한다.

보충 이중과세액 공제(주택분 과세표준금액에 대한 주택분 재산세 부과세액 공제)

1. 주택분 과세표준금액에 대하여 해당 과세대상 주택의 주택분 재산세로 부과된 세액은 주택분 종합부동산세액에서 이를 공제한다.
2. 위 1.의 경우 주택분 재산세로 부과된 세액이 「지방세법」 제111조 제3항에 따라 가감조정된 세율이 적용된 경우에는 그 세율이 적용된 세액, 제122조에 따라 세 부담 상한을 적용받은 경우에는 그 상한을 적용받은 세액을 말한다.

25 ④

종합부동산세는 신고납부를 선택하는 경우에 무신고가산세는 적용될 수 없으나 과소신고가산세는 적용될 수가 있다.

26 ①

과세기준일 현재 토지분 재산세의 납세의무자로서 「자연공원법」에 따라 지정된 공원자연환경지구의 임야는 분리과세 대상 토지로서 종합부동산세 과세대상이 아니다.

27 ④

지문분석

① 종합합산과세대상인 토지에 대한 종합부동산세의 세액은 과세표준에 1~3%의 세율을 적용하여 계산한 금액으로 한다.

② 종합부동산세로 납부할 세액이 250만원을 초과하는 경우에 관할 세무서장은 그 세액의 일부를 납부기한이 지난 날부터 6개월 이내에 분납하게 할 수 있다. 즉, 납부할 세액이 200만원인 경우에는 분납할 수 없다.

③ 관할 세무서장이 종합부동산세를 징수하려면 납부기간 개시 5일 전까지 주택 및 토지로 구분한 과세표준과 세액을 납부고지서에 기재하여 발급하여야 한다.

⑤ 별도합산과세대상인 토지에 대한 종합부동산세의 세액은 과세표준에 0.5~0.7%의 세율을 적용하여 계산한 금액으로 한다.

28 ③

2주택을 소유하는 甲의 주택분 종합부동산세액의 결정세액은 주택분 종합부동산세액에서 '(주택의 공시가격 합산액 − 9억원) × 재산세 공정시장가액비율 × 재산세 표준세율)'의 산식에 따라 산정한 재산세액을 공제하여 계산한다.

29 ③

지문분석

① 재산세 과세대상 중 분리과세대상 토지는 종합부동산세 과세대상이 아니다.

② 종합부동산세의 분납은 허용된다.

④ 납세자에게 부정행위가 없으며 특례제척기간에 해당하지 않는 경우 원칙적으로 납세의무 성립일부터 5년이 지나면 종합부동산세를 부과할 수 없다.

⑤ 별도합산과세대상인 토지의 재산세로 부과된 세액이 세부담 상한을 적용받는 경우 그 상한을 적용받은 세액을 별도합산과세대상 토지분 종합부동산세액에서 공제한다.

30 ②

관할 세무서장의 결정에도 불구하고 종합부동산세를 신고납부방식으로 납부하고자 하는 납세의무자는 종합부동산세의 과세표준과 세액을 해당 연도 12월 1일부터 12월 15일까지 대통령령으로 정하는 바에 따라 관할 세무서장에게 신고하여야 한다. 이 경우 관할 세무서장의 결정은 없었던 것으로 본다.

31 ③

과세기준일인 2025.6.1.에는 거주자 甲이 소유자이므로 3주택을 소유한 경우의 세율을 적용하여 계산한다.

지문분석

① 「신탁법」 제2조에 따른 수탁자의 명의로 등기된 신탁주택의 경우에는 위탁자가 종합부동산세를 납부할 의무가 있으며, 이 경우 위탁자가 신탁주택을 소유한 것으로 본다.

② 법인이 2주택을 소유한 경우 종합부동산세의 세율은 1,000분의 27을 적용한다. 다만, 사회적기업 · 종중 등 법령에 정하는 경우는 초과누진세율이 적용되는 경우도 있다.

④ 신탁주택의 위탁자가 종합부동산세를 체납한 경우 그 위탁자의 다른 재산에 대하여 강제징수하여도 징수할 금액에 미치지 못할 때에는 해당 주택의 수탁자가 종합부동산세를 납부할 의무가 있다.

⑤ 공동명의 1주택자인 경우 주택에 대한 종합부동산세의 과세표준은 주택의 공시가격을 합산한 금액에서 9억원을 공제한 금액에 부동산 시장의 동향과 재정 여건 등을 고려하여 100분의 60부터 100분의 100까지의 범위에서 대통령령으로 정하는 공정시장가액비율을 곱한 금액으로 한다. 다만, 그 금액이 영보다 작은 경우에는 영으로 본다.

32 ⑤

지문분석

① 토지분 재산세의 납세의무자로서 종합합산과세대상 토지의 공시가격을 합한 금액이 5억원을 초과하는 자는 종합부동산세를 납부할 의무가 있다. 즉, 5억원인 자는 납부할 의무가 없다.

② 토지분 재산세의 납세의무자로서 별도합산과세대상 토지의 공시가격을 합한 금액이 80억원을 초과하는 자는 종합부동산세를 납부할 의무가 있다. 즉, 80억원인 자는 납부할 의무가 없다.

③ 토지에 대한 종합부동산세는 종합합산과세대상, 별도합산과세대상으로 구분하여 과세한다. 분리과세대상 토지는 종합부동산세 과세대상이 아니다.

④ 종합합산과세대상인 토지에 대한 종합부동산세의 과세표준은 해당 토지의 공시가격을 합산한 금액에서 5억원을 공제한 금액에 부동산 시장의 동향과 재정 여건 등을 고려하여 100분의 60부터 100분의 100까지의 범위에서 대통령령으로 정하는 공정시장가액비율(100%)을 곱한 금액으로 한다.

제2장 소득세 총설 p.181~186

01	②	02	⑤	03	④	04	③	05	①
06	③	07	②	08	⑤	09	⑤	10	⑤
11	②	12	④						

Point 38 소득세 특징

01 ②

옳은 것은 ㉠㉢㉤이다.

㉡ 공동으로 소유한 자산에 대한 양도소득금액을 계산하는 경우에는 해당 자산을 공동으로 소유하는 각 거주자가 납세의무를 진다.

㉣ 피상속인의 소득금액에 대한 소득세를 상속인에게 과세할 경우에는 상속인의 소득금액과 구분하여 계산한다.

02 ⑤

국내에 해당 자산의 양도일까지 계속하여 5년 이상 주소 또는 거소를 둔 자의 국외에 있는 자산의 양도에 대한 양도소득은 거주자의 국외원천소득으로 보아 과세한다.

Point 39 사업소득

03 ④

지문분석

①② 공익사업과 무관한 지역권·지상권의 설정·대여소득은 사업소득이지만, 공익사업과 관련된 지역권·지상권의 설정·대여소득은 기타소득이다.

③ 미등기 부동산을 임대하고 그 대가로 받은 것은 사업소득이다.

⑤ 국외 소재 주택을 임대하고 그 대가로 받은 것은 사업소득이다.

04 ③

주택임대소득의 비과세 여부를 판정할 때 공동소유주택은 지분이 가장 큰 자의 소유로 하되 지분이 가장 큰 자가 2인 이상인 경우에는 각각의 소유로 계산한다. 다만, 지분이 가장 큰 자가 2인 이상인 경우로서 그들이 합의하여 그들 중 1인을 해당 주택의 임대수입의 귀속자로 정한 경우에는 그의 소유로 계산한다. 한편, 법령에 정하는 경우에는 소수지분자도 주택 수 계산에 포함하는 경우가 있다.

05 ①

지문분석

② 공장재단을 대여하는 사업은 부동산임대업에 해당한다.

③ 해당 과세기간의 주거용 건물 임대업을 제외한 부동산임대업에서 발생한 결손금은 그 과세기간의 종합소득 과세표준을 계산할 때 공제하지 아니한다.

④ 「공익사업을 위한 토지 등의 취득 및 보상에 관한 법률」 제4조에 따른 공익사업과 관련하여 지역권을 설정함으로써 발생하는 소득은 부동산업에서 발생하는 소득에 해당하지 아니하며 기타소득에 해당한다.

⑤ 사업소득에 부동산임대업에서 발생한 소득이 포함되어 있는 사업자는 그 소득별로 구분하여 회계처리하여야 한다.

06 ③

3주택(주택 수에 포함되지 않는 주택 제외) 이상을 소유한 거주자가 주택과 주택부수토지를 임대(주택부수토지만 임대하는 경우 제외)한 경우에는 법령으로 정하는 바에 따라 계산한 금액(간주임대료)을 총 수입금액에 산입하지 않는다. 3주택 이상을 소유하면서, 보증금 등의 합계액이 3억원을 초과하는 경우 총 수입금액에 산입한다.

07 ②

임차 또는 전세 받은 주택을 전대하거나 전전세하는 경우에는 당해 임차 또는 전세 받은 주택을 임차인 또는 전세 받은 자의 주택으로 계산한다.

08 ⑤

주택을 임대하여 얻은 소득은 사업자등록 여부에 관계없이 소득세 납세의무가 있다.

09 ⑤

㉠ 임대료 수입: 24,000,000원

㉡ 간주임대료 수입: (500,000,000원 − 300,000,000원) × 60% × 365 × 365분의 1 × 10% − 0 = 12,000,000원

∴ 총 수입금액

㉠ 24,000,000원 + ㉡ 12,000,000원 = 36,000,000원

10 ⑤

임대보증금의 간주임대료를 계산하는 과정에서 금융수익을 차감할 때 그 금융수익은 수입이자와 할인료, 수입배당금은 포함하지만, 유가증권처분이익은 차감하지 않는다.

핵심 부동산임대 관련 사업소득금액의 계산

- 부동산임대 관련 사업소득금액 = 총 수입금액(비과세소득 제외) − 필요경비
- 부동산임대사업소득 총 수입금액 = 임대료 + 간주임대료 + 관리비수입 + 보험차익

구분	주택의 간주임대료
일반적인 경우	(해당 과세기간의 보증금 등− 3억원*)의 적수 $\times \frac{60}{100} \times \frac{1}{365}$ × 정기예금이자율** − 해당 과세기간의 임대사업부문에서 발생한 금융수익***
추계결정·경정의 경우	해당 과세기간의 보증금 등의 적수 $\times \frac{1}{365}$ × 정기예금이자율

* 보증금 등을 받은 주택이 2주택 이상인 경우에는 보증금 등의 적수가 가장 큰 주택의 보증금부터 순서대로 뺀다.
** 금융회사 등의 정기예금이자율을 고려하여 기획재정부령으로 정하는 이자율(연간 3.1%)
*** 수입이자와 할인료 및 배당금의 합계액을 말하며, 유가증권처분이익은 포함하지 않음

11 ②
신축한 주택이 판매되지 아니하여 판매할 때까지 일시적으로 일부 또는 전부를 임대한 후 판매하는 경우 건설업으로 본다.

12 ④
지문분석
① 국외에 소재하는 주택의 임대소득은 주택 수에 관계없이 과세한다.
② 「공익사업을 위한 토지 등의 취득 및 보상에 관한 법률」에 따른 공익사업과 관련하여 지역권을 대여함으로써 발생하는 소득은 기타소득으로 한다.
③ 부동산임대업에서 발생하는 사업소득의 납세지는 거주자의 주소지로 한다.
⑤ 주거용 건물 임대업에서 발생한 결손금은 종합소득 과세표준을 계산할 때 공제한다.

제3장 양도소득세 p.206~257

01	④	02	②	03	③	04	④	05	③
06	②	07	②	08	③	09	②	10	④
11	①	12	③	13	③	14	④	15	⑤
16	②	17	①	18	②	19	②	20	⑤
21	⑤	22	①	23	③	24	③	25	②
26	⑤	27	⑤	28	②	29	⑤	30	①
31	④	32	③	33	⑤	34	④	35	②
36	⑤	37	②	38	④	39	①	40	③
41	⑤	42	①	43	⑤	44	⑤	45	⑤
46	⑤	47	④	48	④	49	①	50	②
51	④	52	④	53	⑤	54	②	55	①
56	③	57	⑤	58	④	59	④	60	③
61	④	62	②	63	①	64	④	65	③
66	④	67	②	68	③	69	⑤	70	③
71	③	72	②	73	②	74	③	75	⑤
76	③	77	③	78	④	79	④	80	⑤
81	④	82	④	83	③	84	②	85	⑤
86	①	87	①	88	⑤	89	②	90	②
91	④	92	⑤	93	②	94	④	95	②
96	③	97	①	98	②	99	②	100	②
101	①	102	①	103	⑤	104	①	105	③
106	②	107	③	108	①				

Point 40 양도소득세 특징

01 ④
양도소득은 비반복적으로 발생하는 소득으로 계속적으로 발생하는 종합소득에 포함하여 과세하는 것은 형평에 문제가 있어 과세표준과 별도로 분류하여 과세한다.

02 ②
허위계약서를 작성하거나 미등기 양도하는 자산의 경우에는 「소득세법」 상의 비과세는 물론 「조세특례제한법」 상의 감면도 배제한다.

Point 41 양도소득세 과세대상

03 ③

㉠㉡㉣은 양도소득세 과세대상이지만, ㉢ 지역권은 과세대상이 아니다.

04 ④

사업에 사용하는 자산(토지 · 건물 · 부동산에 관한 권리를 말함)과 함께 양도하는 영업권은 양도소득세 과세대상이 된다. 다만, 영업권을 단독으로 양도함으로써 발생하는 소득은 종합소득 중 기타소득에 해당한다.

05 ③

과세대상은 전세권, 사업에 사용하는 토지 및 건물과 함께 양도하는 영업권으로 모두 2개이다.

- 등기되지 않은 부동산임차권: 과세대상 아님
- 토지 및 건물과 함께 양도하는 「개발제한구역의 지정 및 관리에 관한 특별조치법」에 따른 이축권(해당 이축권의 가액을 대통령령으로 정하는 방법에 따라 별도로 평가하여 신고함): 과세대상 아님(기타소득)

06 ②

㉡㉢㉤이 양도소득의 과세대상 자산에 해당한다.

㉠ 지역권, ㉣ 이축권의 가액만을 별도로 평가하여 구분신고하는 경우의 이축권은 과세대상이 아니다. 양도소득세 과세대상은 다음과 같다.

- 토지와 건물
- 부동산에 관한 권리(지상권, 전세권, 등기된 부동산임차권, 부동산을 취득할 수 있는 권리로서는 건물이 완성되는 때에 그 건물과 이에 딸린 토지를 취득할 수 있는 권리 및 토지상환채권, 주택상환사채, 부동산매매계약을 체결한 자가 계약금만 지급한 상태에서 양도하는 권리 등)
- 기타 자산(특정시설물이용 · 회원권, 사업에 사용하는 자산과 함께 양도하는 영업권, 특정주식, 특수업종 영위법인 주식, 부동산과 함께 양도하는 이축권)
- 주식 및 출자지분(기타자산에 해당하는 주식 제외)
- 파생상품
- 신탁수익권

Point 42 양도의 개념 및 형태

07 ②

이혼시 위자료로 양도소득세 과세대상의 소유권을 이전하는 경우에는 양도에 해당한다. 한편, 재산분할로 이전하는 경우에는 양도에 해당하지 아니한다.

지문분석

① 신탁해지를 원인으로 소유권이전등기를 하는 경우에는 양도에 해당하지 않는다.

③ 공동소유의 토지를 단순히 재분할하는 경우에는 양도에 해당하지 않는다. 다만, 지분이 감소된 경우로서 유상이전에 해당하면 양도에 해당한다.

④ 경매 · 공매는 양도에 해당한다. 다만, 자기가 재취득하는 경우에는 양도에 해당하지 않는다.

⑤ 주거용 건물건설업자가 당초부터 판매할 목적으로 신축한 다가구주택을 양도하는 경우는 양도소득이 아니라 사업소득이다.

08 ③

양도담보 목적으로의 이전은 양도에 해당하지 않지만, 양도담보계약을 체결한 후 채무불이행으로 인하여 당해 자산을 변제에 충당한 경우에는 양도에 해당한다. 나머지 지문은 양도에 해당하지 않는다.

09 ②

㉠㉢㉤은 양도소득세 과세대상에 해당하지 않는다. 반면, ㉡㉣은 양도소득세 과세대상에 해당한다.

10 ④

부담부증여에 대해 수증자가 인수한 채무액은 양도에 해당하고, 채무인수액 이외의 부분은 증여에 해당한다. 즉, 5억원 중에서 채무에 상당하는 3억원은 甲이 양도소득세 납세의무가 있고, 나머지 2억원에 대하여는 乙이 증여세 납세의무를 지게 된다.

11 ①

①은 양도에 해당하지만, ②③④⑤는 양도에 해당하지 않는다.

12 ③

토지의 경계를 변경하기 위하여 「공간정보의 구축 및 관리 등에 관한 법률」에 따른 토지의 분할 등 법령으로 정하는 토지교환의 경우로서 다음의 요건을 충족하는 경우에는 양도로 보지 아니한다.

㉠ 「공간정보의 구축 및 관리 등에 관한 법률」 및 그 밖의 법률에 따라 토지 이용상 불합리한 지상경계를 시정하기 위한 토지의 분할 등을 통한 토지의 교환일 것

㉡ 위 ㉠에 따라 분할된 토지의 전체 면적이 분할 전 토지의 전체 면적의 100분의 20을 초과하지 아니할 것

Point 43 양도 또는 취득시기

13 ③

지문분석

① 자산의 일반적인 취득 및 양도시기는 사실상 대금청산일로 한다. 이 경우 자산의 대금에는 해당 자산의 양도에 대한 양도소득세 및 양도소득세의 부가세액을 양수자가 부담하기로 약정한 경우 해당 양도소득세 및 양도소득세의 부가세액은 제외한다.
② 사실상 대금청산일이 불분명한 경우에는 등기부·등록부 또는 명부 등에 기재된 등기·등록접수일 또는 명의개서일을 양도 또는 취득시기로 한다.
④ 대금을 청산하기 전에 소유권이전등기를 한 경우에는 등기접수일을 양도 또는 취득시기로 한다.
⑤ 장기할부조건으로 매매하는 경우에는 소유권이전등기 접수일·인도일 또는 사용수익일 중 빠른 날을 양도 또는 취득시기로 한다.

14 ④

양도소득세의 양도 또는 취득시기는 원칙적으로 사실상의 대금청산일이며, 사실상의 대금청산일이 분명하지 않은 경우에는 등기접수일에 양도 또는 취득한 것으로 본다. 이 경우에는 대금청산일이 분명하지 않기 때문에 등기접수일인 2025년 6월 20일이 양도시기가 된다.

15 ⑤

완성 또는 확정되지 않은 자산을 양도 또는 취득한 경우로서 해당 자산의 대금을 청산한 날까지 그 목적물이 완성 또는 확정되지 아니한 경우에는 그 목적물이 완성 또는 확정된 날을 양도 또는 취득시기로 본다.

보충 자가건설 건축물의 취득시기

1. 허가받은 경우
   ㉠ 원칙: 사용승인서 교부일
   ㉡ 예외
   - 사용승인서 교부일 전에 사용한 경우에는 사실상의 사용일
   - 사용승인서 교부일 전에 임시사용승인을 받은 경우에는 임시사용승인일
2. 무허가 건축물: 사실상 사용일

16 ②

지문분석

① 사실상 대금청산일이 분명하지 않는 경우에는 등기부·등록부 또는 명부 등에 기재된 등기·등록접수일 또는 명의개서일로 한다.
③ 매매계약서 등에 기재된 잔금지급약정일보다 앞당겨 잔금을 받거나 늦게 받는 경우에는 실지로 받은 날이 잔금청산일이 된다.
④ 「민법」 제245조 제1항의 규정(부동산소유권의 취득시효)에 의하여 부동산의 소유권을 취득하는 경우에는 해당 부동산의 점유를 개시한 날을 취득시기로 한다.
⑤ 동일 필지를 2회 이상에 걸쳐 지분으로 각각 취득한 부동산 중에 일부를 양도한 경우로서 취득시기가 분명하지 아니한 경우에는 먼저 취득한 부동산을 먼저 양도한 것으로 본다.

17 ①

「도시개발법」에 따라 교부받은 토지의 면적이 환지처분에 의한 권리면적보다 증가 또는 감소된 경우: 환지처분의 공고가 있은 날의 다음날

18 ②

증여에 의하여 취득한 자산은 증여를 받은 날을 취득시기로 본다.

Point 44 양도소득세 비과세

19 ②

「소득세법」상의 비과세 양도소득이 아닌 것은 1개이다.
- 8년 이상 재촌자경한 농지의 양도소득은 「조세특례제한법」상 감면소득이며, 나머지는 「소득세법」상 비과세대상 소득이다.

20 ⑤

국가가 소유하는 토지와 분합하는 농지로서 분합하는 쌍방 토지가액의 차액이 가액이 큰 편의 4분의 1 이하인 경우 분합으로 발생하는 소득은 비과세된다.

21 ⑤

경작상 필요에 의하여 농지를 교환하는 경우, 교환에 의하여 새로이 취득하는 농지를 3년 이상 농지 소재지에 거주하면서 경작하는 경우(새로운 농지 취득 후 3년 이내에 법령에 따라 수용 등이 되는 경우 포함)로서 교환하는 쌍방 토지가액의 차액이 큰 편의 4분의 1 이하인 경우에 한하여 양도소득세를 비과세한다.

22 ①

부부가 각각 단독세대를 구성하거나 가정불화로 별거 중이라도 법률상 배우자는 같은 세대로 본다.

23 ③

거주자가 해당 주택을 상속 또는 증여받은 경우에는 배우자가 없는 경우에도 1세대로 보는 특례 규정에 해당하지 않는다.

24 ③

종전주택과 신주택 모두 조정대상지역에 소재하는 경우에도 신주택 취득일로부터 3년 이내에 양도하는 경우에 「소득세법 시행령」 제154조의 규정을 적용한다.

25 ②

1세대 1주택(고가주택 제외)에 대한 비과세 규정은 취득 당시에 조정지역에 있는 주택을 취득한 경우에는 해당 주택의 보유기간이 2년(비거주자가 해당 주택을 3년 이상 계속 보유하고 그 주택에서 거주한 상태로 거주자로 전환된 해당하는 거주자의 주택인 경우에는 3년) 이상이고 그 보유기간 중 거주기간이 2년 이상인 것이어야 한다.

26 ⑤

㉠ 1주택을 보유하는 자가 1주택을 보유하는 자와 혼인함으로써 1세대가 2주택을 보유하게 되는 경우 혼인한 날부터 10년 이내에 먼저 양도하는 주택은 이를 1세대 1주택으로 보아 「소득세법 시행령」 제154조 제1항을 적용한다.

㉡ 1주택을 보유하고 1세대를 구성하는 자가 1주택을 보유하고 있는 60세 이상의 직계존속을 동거봉양하기 위하여 세대를 합침으로써 1세대가 2주택을 보유하게 되는 경우 합친 날부터 10년 이내에 먼저 양도하는 주택은 이를 1세대 1주택으로 보아 제154조 제1항을 적용한다. 이때 직계존속의 범위는 다음과 같다.

- 배우자의 직계존속으로서 60세 이상인 사람
- 직계존속(배우자의 직계존속을 포함) 중 어느 한 사람이 60세 미만인 경우
- 중증질환자 등 「국민건강보험법 시행령」 규정에 따른 요양급여를 받는 60세 미만의 직계존속

27 ⑤

㉠은 5, ㉡은 3, ㉢은 10이다.

- 영농의 목적으로 취득한 귀농주택으로서 수도권 밖의 지역 중 면지역에 소재하는 주택과 일반주택을 국내에 각각 1개씩 소유하고 있는 1세대가 귀농주택을 취득한 날부터 5년 이내에 일반주택을 양도하는 경우에는 국내에 1개의 주택을 소유하고 있는 것으로 보아 제154조 제1항을 적용한다.
- 취학 등 부득이한 사유로 취득한 수도권 밖에 소재하는 주택과 일반주택을 국내에 각각 1개씩 소유하고 있는 1세대가 부득이한 사유가 해소된 날부터 3년 이내에 일반주택을 양도하는 경우에는 국내에 1개의 주택을 소유하고 있는 것으로 보아 제154조 제1항을 적용한다.
- 1주택을 보유하는 자가 1주택을 보유하는 자와 혼인함으로써 1세대가 2주택을 보유하게 되는 경우 혼인한 날부터 10년 이내에 먼저 양도하는 주택은 이를 1세대 1주택으로 보아 제154조 제1항을 적용한다.

28 ②

거주하거나 보유하는 중에 소실 · 무너짐 · 노후 등으로 인하여 멸실되어 재건축한 경우에는 멸실된 주택의 보유기간, 재건축한 주택의 보유기간(공사기간은 제외)을 통산한다.

29 ⑤

취학 · 질병요양 · 근무상의 형편 · 학교폭력으로 인한 전학 등 기타 부득이한 사유로 세대원 모두가 다른 시 · 군지역으로 이사를 하고 양도일 현재 1년 이상 거주한 주택을 양도하는 경우에 보유기간의 제한을 받지 않고 비과세된다. 이때 부득이한 사유는 다음의 경우에 한한다.

- 취학: 「초 · 중등교육법」에 의한 학교(유치원 · 초등학교 · 중학교 제외) 및 「고등교육법」에 의한 학교에의 취학
- 근무형편: 직장의 변경이나 전근 등의 근무상의 형편. 이는 동일 직장 내의 전근이나, 새로운 직장의 취업 모두에 해당하는 것이나 사업상 형편으로 이전시에는 인정되지 않는다.
- 질병요양: 1년 이상의 치료나 요양을 필요로 하는 질병의 치료 또는 요양
- 학교폭력으로 인한 전학

30 ①

국내에 1주택을 소유한 1세대가 그 주택에 대한 주택재건축사업의 시행기간 동안 거주하기 위하여 사업시행인가일 이후 다른 주택을 취득하여 1년 이상 거주하고 양도하는 때에는 이를 1세대 1주택으로 보아 비과세에 관한 규정을 적용한다.

31 ④

지문분석

① 상속받은 주택(조합원입주권을 상속받아 사업시행 완료 후 취득한 신축주택을 포함)과 일반주택(상속개시 당시 보유한 주택 또는 상속개시 당시 보유한 조합원입주권에 의하여 사업시행 완료 후 취득한 신축주택만 해당)을 국내에 각각 1개씩 소유하고 있는 1세대가 상속받은 주택을 양도하는 경우에는 2주택에 해당한다. 하지만 일반주택

을 먼저 양도하는 경우에는 1주택으로 보아 비과세에 관한 규정을 적용받을 수 있다.

② 1세대 1주택 비과세 규정을 적용함에 있어서 2개 이상의 주택을 같은 날에 양도하는 경우에는 거주자가 선택하는 순서에 따른다.

③ 장기임대주택을 보유하고 있는 경우에는 거주주택을 양도하는 경우에 비과세 규정을 적용한다. 이 경우 장기임대주택은 양도일 현재 사업자등록을 하고, 장기임대주택을 민간임대주택으로 등록하여 임대하고 있으며, 임대보증금 또는 임대료의 연 증가율이 100분의 5를 초과하지 않아야 한다.

⑤ 법령이 정하는 다가구주택을 가구별로 분양하지 아니하고 그 다가구주택을 하나의 매매단위로 하여 양도하는 경우에는 이를 단독주택으로 보아 비과세 여부를 적용한다.

32 ③

• 겸용주택에 대한 문제이다. 1세대 1주택 비과세 요건을 충족한 1세대 1주택으로서 겸용주택에 해당하는 경우 주택면적이 주택 외의 면적보다 작거나 같을 경우에는 주택 외의 부분은 주택으로 보지 아니하므로 과세된다.

• 도시지역 내 수도권 내의 토지 중 녹지지역 내의 토지는 건물정착면적의 5배의 토지를 주택부수토지로 한다.

구분	비과세
건물 면적	• 주택 ≤ 상가 ⇨ 주거 부분만 주택 • 상가 $120m^2$ 과세, 주택 $80m^2$ 비과세
토지 면적	Min(㉠, ㉡) = $320m^2$ ㉠ 800 × 80/200 = $320m^2$ ㉡ 80 × 5배 = $400m^2$ ∴ 과세되는 토지면적은 800 − 320 = $480m^2$

즉, 건물부분에서는 상가면적 $120m^2$가 과세되며, 토지부분에서는 $480m^2$가 과세된다.

33 ⑤

토지 · 건물 · 부동산에 관한 권리를 매매하는 거래당사자가 매매계약서의 거래가액을 실지거래가액과 다르게 적은 경우에는 해당 자산에 대하여 양도소득세의 비과세에 관한 규정을 적용할 때, 비과세에 관한 규정을 적용하지 아니하였을 경우의 양도소득 산출세액과 매매계약서의 거래가액 그리고 실지거래가액과의 차액 중 적은 금액을 비과세받았거나 받을 세액에서 뺀다.

34 ④

매매계약서의 거래가액과 실지거래가액과의 차액(5천만원)보다 비과세에 관한 규정을 적용하지 않을 경우의 양도소득 산출세액(3천만원)이 더 적으므로 3천만원을 공제한다.

핵심 **허위계약서(Up, Down) 작성시 비과세 또는 면제 배제**

토지 · 건물 · 부동산에 관한 권리를 매매하는 거래당사자가 매매계약서의 거래가액을 실지거래가액과 다르게 적은 경우에는 해당 자산에 대하여 양도소득세의 비과세 또는 감면에 관한 규정을 적용할 때 비과세 또는 감면받았거나 받을 세액에서 다음(1., 2.) 중 적은 금액을 뺀다.

1. 비과세에 관한 규정을 적용하지 아니하였을 경우의 양도소득 산출세액
2. 매매계약서의 거래가액과 실지거래가액과의 차액

35 ②

지문분석

① 국내에 1주택만을 보유하고 있는 1세대가 해외이주로 세대전원이 출국하는 경우 출국일로부터 2년이 되는 날 해당 주택을 양도하면 비과세된다.

③ 직장의 변경으로 세대전원이 다른 시로 주거를 이전하는 경우 6개월간 거주한 1주택을 양도하면 비과세 받을 수 없으며, 1년 이상 거주한 경우이어야 한다.

④ 고가주택의 경우 실지거래가액 12억원 초과분만 과세한다.

⑤ 농지를 교환할 때 쌍방 토지가액의 차액이 가액이 큰 편의 4분의 1인 경우 발생하는 소득은 비과세된다.

36 ⑤

1세대가 1주택인 고가주택을 양도하는 경우 양도소득세 비과세 요건을 갖추지 않은 때에는 양도차익 전체에 대하여 과세된다.

37 ②

양도소득세에서 1세대 1주택 비과세가 배제되는 '고가주택'이란 주택 및 이에 딸린 토지의 양도 당시의 실지거래가액 합계액이 12억원을 초과하는 주택을 말한다.

38 ④

「국토의 계획 및 이용에 관한 법률」에 따른 개발제한구역에 있는 농지는 비사업용 토지에 해당하지 아니한다(단, 소유기간 중 개발제한구역 지정 · 변경은 없음).

Point 45 양도소득세 계산구조(1)

39 ①

핵심 양도소득 계산구조의 순서

양도가액 ⇨ 양도차익 ⇨
양도소득금액 ⇨ 양도소득과세표준

1. 양도가액 - 취득가액 - 필요경비 = 양도차익
2. 양도차익 - 장기보유특별공제액 = 양도소득금액
3. 양도소득금액 - 양도소득기본공제액 = 양도소득과세표준
4. 양도소득과세표준 × 세율 = 양도소득산출세액

40 ③

양도소득금액
= 양도가액 - 필요경비(취득가액 + 자본적 지출액 + 양도직접비용) - 장기보유특별공제액

41 ⑤

환산취득가액은 취득가액을 추계하는 경우에만 적용되며, 양도가액을 추계할 경우에는 적용되지 않는다.

핵심 추계결정의 적용 순서

1. 양도가액 또는 취득가액을 추계결정 또는 경정하는 경우에는 다음의 방법을 순차로 적용(신주인수권의 경우에는 환산취득가액을 적용하지 아니함)하여 산정한 가액에 의한다.
2. 매매사례가액 또는 감정가액이 특수관계인과의 거래에 따른 가액 등으로서 객관적으로 부당하다고 인정되는 경우에는 해당 가액을 적용하지 아니한다.

구분	적용순서
양도가액이 불분명한 경우	매매사례가액 ⇨ 감정가액 ⇨ 기준시가
취득가액이 불분명한 경우	매매사례가액 ⇨ 감정가액 ⇨ 환산취득가액 ⇨ 기준시가

42 ①

양도차익을 계산하는 경우 취득 당시 실지거래가액을 확인할 수 없는 경우에는 매매사례가액, 감정가액, 환산취득가액 또는 기준시가를 순차로 적용하여 산정한다.

43 ⑤

핵심 감정가액 또는 환산취득가액 적용에 따른 가산세

1. 거주자가 건물을 신축 또는 증축(증축의 경우 바닥면적 합계가 $85m^2$를 초과하는 경우에 한정)하고 그 건물의 취득일 또는 증축일부터 5년 이내에 해당 건물을 양도하는 경우로서 감정가액 또는 환산가액을 그 취득가액으로 하는 경우에는 해당 건물 감정가액(증축의 경우 증축한 부분에 한정) 또는 환산취득가액(증축의 경우 증축한 부분에 한정)의 100분의 5에 해당하는 금액을 양도소득 결정세액에 더한다.
2. 위 1.은 양도소득 산출세액이 없는 경우에도 적용한다.

44 ⑤

특수관계인간의 거래가 아닌 경우로서 취득가액인 실지거래가액을 인정 또는 확인할 수 없어 그 가액을 추계결정 또는 경정하는 경우에는 매매사례가액, 감정가액, 환산취득가액, 기준시가의 순서에 따라 적용한 가액에 의한다.

45 ⑤

취득가액을 추계가액 중 환산취득가액으로 계산하는 경우에 한하여 [환산취득가액 + 필요경비개산공제액]의 금액이 [자본적 지출 + 양도직접비용]의 금액보다 적은 경우에는 [자본적 지출 + 양도직접비용]의 금액을 필요경비로 할 수 있다.

46 ⑤

「지적재조사에 관한 특별법」 제18조에 따른 경계의 확정으로 지적공부상의 면적이 증가되어 징수한 조정금은 취득가액에서 제외한다.

47 ④

상속 및 증여에 의하여 취득한 부동산을 양도하는 경우 해당 자산의 취득가액은 상속개시일 또는 증여일 현재의 「상속세 및 증여세법」의 규정에 따라 평가한 가액을 취득 당시의 실지거래가액으로 본다.

48 ④

양도자산의 취득 후 쟁송이 있는 경우 그 소유권을 확보하기 위하여 직접 소요된 소송비용으로서 그 지출한 연도의 각 사업소득금액 계산시 필요경비에 산입된 금액은 포함하지 않는다.

49 ①

지문분석

② 취득가액을 실지거래가액에 의하는 경우 자본적 지출액은 「소득세법」 제160조의2 제2항에 따른 증명서류를 수취 · 보관하는 경우에 필요경비로 인정한다.

③ 「소득세법」 제97조 제3항에 따른 취득가액을 계산할 때 감가상각비를 공제하는 것은 취득가액을 실지거래가액으로 하는 경우뿐만 아니라 취득가액을 환산취득가액으로 하는 때에도 적용한다.

④ 토지를 취득함에 있어서 부수적으로 매입한 채권을 만기 전에 양도함으로써 발생하는 매각차손은 필요경비에 포함한다. 이 경우 금융기관 외의 자에게 양도한 경우에는 동일한 날에 금융기관에 양도하였을 경우 발생하는 매각차손을 한도로 한다.

⑤ 취득세는 납부영수증이 없어도 필요경비로 인정된다.

50 ②

기납부한 상속세는 필요경비에 포함되지 않는다. 한편, 증여세는 원칙적으로 필요경비에 포함되지 않지만, 예외적으로 배우자 또는 직계존비속간 이월과세특례가 적용되는 경우에는 포함될 수 있다.

51 ④

미등기 양도하는 건물: 취득 당시 기준시가의 1,000분의 3

52 ④

부동산을 취득할 수 있는 권리에 대한 기준시가는 양도자산의 종류를 고려하여 취득일 또는 양도일까지 납입한 금액과 취득일 또는 양도일 현재의 프리미엄에 상당하는 금액을 합한 금액으로 한다.

53 ⑤

> 양도차익 = 양도가액 − 취득가액 − 필요경비

⇨ 양도차익은 200,000,000원(㉡) − 100,000,000원(㉠) − 30,000,000원(㉤ + ㉥) = 70,000,000원이다.

54 ②

양도차익은 양도가액에서 필요경비를 공제하여 계산한다. 이때 필요경비 계산시 취득가액을 환산취득가액으로 하는 경우 환산취득가액과 필요경비개산공제액을 합한 금액이 자본적 지출액과 양도직접비용의 합계액보다 적은 경우에는 자본적 지출액과 양도직접비용의 합계액으로 필요경비를 산정할 수 있다. 문제 조건에서 취득가액에 대한 실거래가액, 매매사례가액, 감정가액이 없으므로 취득가액은 환산취득가액으로 계산하여야 한다.

㉠ 환산취득가액(2억 5,000만원) = 양도당시 실지거래가액(5억원) × [취득당시 기준시가(2억원)/양도당시 기준시가(4억원)]

㉡ 필요경비개산공제액(600만원) = 취득당시 기준시가(2억원) × 필요경비개산공제율(100분의 3)

㉢ 환산취득가액으로 하는 경우 필요경비 = 2억 5,600만원 ⇦ ㉠ + ㉡

㉣ 자본적 지출액과 양도비의 합계액 = 2억 6,000만원

㉤ 양도차익을 최소화하기 위한 필요경비는 2억 6,000만원이므로 양도차익은 2억 4,000만원이다.

⇨ 양도차익(2억 4,000만원) = 양도가액(5억원) − 필요경비(2억 6,000만원)

55 ①

토지 양도시 양도소득과세표준 계산

㉠ 양도차익(21,000,000원) = 양도가액(67,000,000원) − 필요경비[취득가액(42,000,000원) + 양도비용(4,000,000원)]

㉡ 3년 미만 보유이므로 장기보유특별공제는 공제되지 않는다.

㉢ 양도소득금액(21,000,000원) = 양도차익 − 장기보유특별공제액(㉠ − ㉡)

∴ 양도소득과세표준(18,500,000원) = 양도소득금액(21,000,000원) − 양도소득기본공제(250만원)

56 ③

양도소득은 분류과세하므로 양도소득에 대한 과세표준은 종합소득 및 퇴직소득에 대한 과세표준과 구분하여 계산한다.

지문분석

① 양도소득금액을 계산할 때 부동산을 취득할 수 있는 권리에서 발생한 양도차손은 토지에서 발생한 양도소득금액에서 공제할 수 있다.

② 양도차익을 실지거래가액에 의하는 경우 양도가액에서 공제할 취득가액은 그 자산에 대한 감가상각비로서 각 과세기간의 사업소득금액을 계산하는 경우 필요경비에 산입한 금액이 있을 때에는 이를 공제한 금액으로 한다.

④

> 고가주택의 양도차익
> = 전체 양도차익 × (양도가액 − 12억원) / 양도가액

1세대 1주택 비과세 요건을 충족하는 고가주택의 양도가액이 15억원이고 양도차익이 5억원인 경우 양도소득세가 과세되는 양도차익은 1억원이다.

⑤ 자본적 지출액은 그 지출에 관한 증명서류를 수취 · 보관하거나, 실제 지출사실이 금융거래 증명서류에 의하여 확인되는 경우에만 양도차익 계산시 양도가액에서 공제할 수 있다.

Point 46 양도소득세 계산구조(2)

57 ⑤

지문분석

① 장기보유특별공제는 양도소득세 과세대상 자산 중 토지 · 건물 및 조합원입주권(조합원으로부터 취득한 것은 제외)에 한하여 적용한다.

② 2026년 5월 9일까지 양도하는 경우에는 조정대상지역 내 1세대 2주택 및 3주택 이상 다주택자의 경우에도 공제 적용을 받을 수 있다. 2021년 1월 1일 이후 취득한 주택 분양권은 주택 수 계산에 포함한다.

③ 장기보유특별공제는 보유기간이 3년 이상인 경우에 한하여 적용한다.

④ 일반 상가건물로서 등기되고 3년 4개월 보유한 경우 장기보유특별공제는 양도차익에 100분의 6을 곱한 금액으로 한다.

58 ④

지문분석

① 장기보유특별공제는 국내 소재 자산의 양도에 한하여 적용한다.

② 동일 연도에 장기보유특별공제의 대상이 되는 자산을 수회 양도한 경우에도 공제요건에 해당하는 경우에는 양도자산별로 각각 공제한다.

③ 양도소득세가 과세되는 1세대 1주택의 장기보유특별공제 금액은 양도차익에 보유기간별 공제율 및 거주기간별 공제율을 곱한 금액이다.

⑤ ④의 보유기간별 공제는 주택이 아닌 건물로 보유한 기간에 해당하는 보유기간별 공제율의 경우에 보유연수에 2%씩을 적용하며, 법령에 정하는 계산식에 따라 계산한 공제율이 100분의 40보다 큰 경우에는 100분의 40으로 한다.

59 ④

0~80%의 장기보유특별공제율을 적용받는 1세대 1주택이란 1세대가 양도일(주택의 매매계약을 체결한 후 해당 계약에 따라 주택을 주택 외의 용도로 용도변경하여 양도하는 경우에는 해당 주택의 매매계약일을 말한다) 현재 국내에 1주택을 보유하고 보유기간 중 거주기간이 2년 이상인 것을 말한다.

60 ③

1세대 1주택 비과세 요건을 충족한 고가주택은 장기보유특별공제를 적용받을 수 있다. 이 경우 보유기간이 3년 이상인 경우에 한한다.

61 ④

조합원입주권을 양도하는 경우 보유기간은 기존 건물과 그 부수토지의 취득일로부터 관리처분계획인가일까지의 기간으로 한다.

62 ②

양도 당시 실거래가액이 12억원을 초과하였으므로 고가주택에 해당한다.

㉠ 전체 양도차익 = 양도가액(14억원) − 필요경비(7억원)

㉡ 고가주택의 양도차익(1억원) = 전체 양도차익(7억원) × (14억원 − 12억원 / 14억원)

⇨ 양도차익(1억원) × 80%(보유기간별 40% + 거주기간별 40%) = 장기보유특별공제액(8천만원)

63 ①

양도소득기본공제는 양도자산의 종류나 보유기간에 관계없이 공제를 적용한다.

64 ④

- 토지와 공동주택의 양도에서 양도소득기본공제액: 250만원
- 비상장주식 양도에서 양도소득기본공제액: 200만원(양도소득금액의 범위 내에서만 공제)

⇨ 총 합계: 450만원

65 ③

장기보유특별공제는 등기된 토지와 건물로서 3년 이상 보유한 것 및 조합원입주권(조합원으로부터 취득한 것은 제외)에 적용되며, 양도소득기본공제는 미등기를 제외한 모든 자산에 적용한다. 따라서 장기보유특별공제가 배제되는 자산일지라도 양도소득기본공제는 가능한 경우가 있다.

66 ④

지문분석

① 미등기 양도자산의 양도소득세율은 70%의 비례세율이 적용된다.

② 보유기간이 1년 미만인 등기된 토지 · 건물(주택 제외) · 부동산에 관한 권리(조합원입주권 및 주택분양권 제외)의 양도소득세율은 50%의 비례세율이다.

③ 2년 이상인 등기된 토지 · 건물(주택 제외) · 부동산에 관한 권리(조합원입주권 및 주택분양권 제외)의 양도소득세율은 8단계 초과누진세율(6~45%)이다. 즉, 과세표준금액이 1,400만원 이하인 경우에는 6%의 세율이 적용된다. 다만, 비사업용 토지는 기본세율(6~45%) + 10% 추가세율을 적용하여 16~55%의 세율이 적용된다.

⑤ 주택 및 조합원입주권의 경우 1년 미만 보유하고 양도하는 경우에는 70%, 1년 이상 2년 미만 보유하고 양도하는 경우 60%, 2년 이상 보유하고 양도하는 경우에는 6~45% 8단계 초과누진세율이 적용된다.

67 ②

보유기간이 1년 미만인 「소득세법」에 따른 분양권: 100분의 70의 세율 적용

지문분석

① 보유기간이 6개월인 등기된 상가건물: 100분의 50의 세율 적용

③ 보유기간이 1년 6개월인 등기된 상가건물: 100분의 40의 세율 적용

④ 보유기간이 1년 10개월인 「소득세법」에 따른 조합원입주권: 100분의 60의 세율 적용

⑤ 보유기간이 2년 6개월인 「소득세법」에 따른 분양권: 100분의 60의 세율 적용

68 ③

양도가액 및 취득가액은 실지거래가액을 원칙으로 계산하며, 보유기간이 3년 미만이므로 장기보유특별공제는 적용되지 않는다. 또한 등기되어 있으므로 양도소득기본공제는 보유기간에 관계없이 공제받을 수 있다.

㉠ 양도가액(1억 2,500만원) − 필요경비[= 취득가액(9천만원) + 자본적 지출액 및 양도비 지출액(200만원)] = 양도차익(3,300만원)

㉡ 양도차익 − 장기보유특별공제액(0원) = 양도소득금액(3,300만원)

㉢ 양도소득금액 − 양도소득기본공제액(250만원) = 양도소득과세표준(3,050만원)

69 ⑤

세율 적용시 보유기간은 해당 자산의 취득일부터 양도일까지로 한다. 그러나 상속받은 자산의 보유기간은 피상속인이 해당 자산을 취득한 날로부터 양도일까지로 한다. 즉, 피상속인의 보유기간 2년 10개월과 상속인의 보유기간 5개월을 합산하기 때문에 총 보유기간은 3년 3개월이 되어 초과누진세율(6~45%)이 적용된다.

지문분석

① 양도 당시 1세대 1주택인 경우 보유기간이 5개월이기 때문에 비과세를 적용받을 수 없다.

② 실지거래가액으로 양도차익을 계산하는 경우 상속개시일 현재의 「상속세 및 증여세법」의 규정에 의하여 평가한 가액을 취득 당시 실지거래가액으로 본다.

③ 장기보유특별공제를 적용받기 위해서는 보유기간이 3년 이상이어야 하는데 5개월 보유하였기 때문에 공제받을 수 없다.

④ 양도소득기본공제는 보유기간과 관계없이 적용받을 수 있다.

70 ③

상속에 의하여 취득한 자산에 대한 보유기간은 상속개시일로부터 기산한다. 다만, 세율 적용시에만 피상속인이 취득한 날로부터 기산한다.

구분	양도 및 취득시기	장기보유특별 공제 적용 보유기간	양도소득세율 적용 보유기간
상속	상속개시일	상속개시일	피상속인 취득일
증여	증여받은 날	증여받은 날	증여받은 날
증여 특례	증여자의 취득일	증여자의 취득일	증여자의 취득일

71 ③

미등기 양도자산의 경우에는 필요경비는 공제받을 수 있다. 그러므로 양도가액에서 필요경비를 공제한 양도차익이 곧 과세표준이 된다.

72 ②

옳은 것을 모두 고른 것은 ㉠㉡㉣이다.

㉢ 미등기 양도자산(미등기 양도제외자산 아님)인 경우에도 필요경비개산공제(미등기 토지 · 건물: 취득당시 기준시가 × 1,000분의 3)는 적용한다.

73 ②

건설업자가 「도시개발법」에 따라 공사용역 대가로 취득한 체비지를 토지구획환지처분공고 전에 양도하는 토지는 등기의제하므로 미등기 양도자산에 해당하지 않는다.

지문분석

① 미등기 양도자산도 양도소득에 대한 소득세의 비과세 및 「조세특례제한법」상 감면에 관한 규정 적용을 배제한다.

③⑤ 미등기 양도자산의 양도소득금액 계산시 장기보유특별공제와 양도소득기본공제를 적용을 배제한다.

④ 미등기 양도자산의 양도소득세 과세표준금액에 100분의 70을 곱한 금액을 양도소득 결정세액에 더한다.

74 ③

증여재산이 양도소득세 과세대상인 경우에는 양도로 보는 부분에 대하여 증여자에게 양도소득세가 과세된다. 이 경우 양도로 보는 부분에 대한 양도차익을 계산할 때 양도가액 및 취득가액은 다음의 가액에 따른다.

> 취득가액 = 취득 당시의 가액*×(인수한 채무상당액 / 증여재산가액)

⇨ 취득가액은 80,000,000원 × (100,000,000원 / 500,000,000원) = 16,000,000원이다.

* 「소득세법」 제97조 제1항 제1호에 따른 실지거래가액(양도가액을 기준시가로 산정한 경우에는 취득가액도 기준시가로 한다)

75 ⑤

양도소득세 과세대상에 해당하는 자산과 해당하지 아니하는 자산을 함께 부담부증여하는 경우로서 증여자의 채무를 수증자가 인수하는 경우 채무액은 다음 계산식에 따라 계산한다.

> 채무액(2,500만원) = 총 채무액(5,000만원) × [양도소득세 과세대상 자산가액(2억원) / 총 증여자산가액(4억원)]

따라서 乙이 인수한 채무액은 5,000만원이 아니라 2,500만원을 X토지에 대한 양도로 본다.

76 ③

양도소득금액 = 양도차익(1억원) − 장기보유특별공제액(1억원 × 40%) = 6,000만원

지문분석

① 고가주택은 비과세가 배제된다.

② 고가주택(1세대 1주택 비과세 요건을 갖춤)의 양도차익 계산

㉠ 전체 양도차익(5억원) = 양도가액(15억원) − 필요경비(10억원)

㉡ 고가주택의 양도차익(1억원) = 전체 양도차익(5억원) × (15억원 − 12억원 / 15억원)

④ 양도소득과세표준 = 양도소득금액(6,000만원) − 양도소득기본공제액(250만원) = 5,750만원

⑤ 세율은 2년 이상이므로 6~45% 8단계 초과누진세율이 적용된다.

77 ③

골프회원권을 양도함으로써 발생하는 양도차손은 비상장주식을 양도함으로써 발생하는 양도소득금액과 통산하지 아니한다.

보충 양도소득금액의 구분계산

양도소득금액의 계산은 다음의 소득종류별로 구분하여 계산하며, 결손금을 통산하지 아니한다.

- 부동산, 부동산에 관한 권리, 기타 자산
- 주식 및 출자지분
- 파생상품
- 신탁수익권

보충 양도차손의 통산

소득종류별로 소득금액을 계산할 때 양도차손이 발생한 자산이 있는 경우에는 다음 순서에 따라 같은 종류 내 다른 자산의 양도소득금액에서 그 양도차손을 순차적으로 공제한다. 미공제분이 발생시 차기 이후 과세기간의 소득종류별 양도소득금액에서 이월공제도 받을 수 없다.

1. 양도차손이 발생한 자산과 같은 세율을 적용받는 자산의 양도소득금액
2. 양도차손이 발생한 자산과 다른 세율을 적용받는 자산의 양도소득금액. 이 경우 다른 세율을 적용받는 자산의 양도소득금액이 둘 이상인 경우에는 각 세율별 양도소득금액의 합계액에서 당해 양도소득금액이 차지하는 비율로 안분하여 공제한다.
3. 위 2.의 소득금액에서 공제 후 남은 부분을 결손금이라 하는데, 이러한 결손금은 종합소득금액 또는 퇴직소득금액에서 공제받을 수 없다.

78 ④

지문분석

① 부담부증여의 채무액에 해당하는 부분으로서 양도로 보는 경우에는 그 양도일이 속하는 달의 말일부터 3개월 이내에 양도소득세를 신고하여야 한다.

② 토지를 매매하는 거래당사자가 매매계약서의 거래가액을 실지거래가액과 다르게 적은 경우에는 해당 자산에 대하여 「소득세법」에 따른 양도소득세의 비과세에 관한 규정을 적용할 때, 비과세 받을 세액에서 '비과세에 관한 규정을 적용하지 아니하였을 경우의 양도소득 산출세액'과 '매매계약서의 거래가액과 실지거래가액과의 차액' 중 적은 금액을 뺀다.

③ 근무상 형편(사업상의 형편 제외) 등 부득이한 사유로 인하여 세대전원이 다른 사군으로 주거를 이전하게 되어 1년 이상 거주한 주택을 양도하는 경우 보유기간 및 거주기

간의 제한을 받지 아니하고 양도소득세가 비과세된다.

⑤ 상속받은 주택과 상속개시 당시 보유한 일반주택을 국내에 각각 1개씩 소유한 1세대가 일반주택을 양도하는 경우에는 국내에 1개의 주택을 소유하고 있는 것으로 보아 1세대 1주택 비과세 규정을 적용한다.

79 ④

1. 건물의 양도소득과세표준 계산
   ⓐ 양도소득금액(15,000,000원) = 양도차익 15,000,000원 – 장기보유특별공제액 0원(3년 미만 보유이므로 공제적용 없음)
   ⓑ 양도소득과세표준 12,500,000원 = 양도소득금액(15,000,000원) – 양도소득기본공제 2,500,000원
2. 토지B의 양도소득과세표준 계산
   ⓐ 양도소득금액(23,500,000원) = 양도차익 25,000,000원 – 장기보유특별공제액 1,500,000원(25,000,000원 × 6%)
   ⓑ 양도소득과세표준 23,500,000원 = 양도소득금액(23,500,000원) – 양도소득기본공제는 적용 없음(양도소득기본공제는 소득별로 연250만원을 공제하므로 건물에서 이미 공제를 적용받음)
   ⓒ 23,500,000원 – 토지A에서 발생한 결손금 20,000,000원 = 3,500,000원

80 ⑤

부당행위계산 부인 규정에 해당하므로 그 양도가액을 시가에 의하여 계산한다.

지문분석

① 부동산에 관한 권리의 양도로 발생한 양도차손은 토지의 양도에서 발생한 양도소득금액에서 공제할 수 있다.
② 양도일부터 소급하여 10년 이내에 그 배우자로부터 증여받은 토지의 양도차익을 계산할 때 그 증여받은 토지에 대하여 납부한 증여세는 양도가액에서 공제할 필요경비에 산입한다.
③ 취득원가에 현재가치할인차금이 포함된 양도자산의 보유기간 중 사업소득금액 계산시 필요경비로 산입한 현재가치할인차금상각액은 양도차익을 계산할 때 양도가액에서 공제할 필요경비에서 제외한다.
④ 특수관계인에게 증여한 자산에 대해 증여자인 거주자에게 양도소득세가 과세되는 경우 수증자가 부담한 증여세 상당액은 양도가액에서 공제할 필요경비에 산입하지 아니한다.

81 ④

특수관계에 있는 자와의 거래에 있어서 토지 등을 시가를 초과하여 취득하거나 시가에 미달하게 양도함으로써 조세부담을 부당히 감소시킨 것으로 인정되는 경우에는 그 취득가액 또는 양도가액을 부인하고 시가에 의하여 재계산한다. 이 경우 시가와 거래가액의 차액이 시가의 5%에 상당하는 금액 이상이거나 3억원 이상인 경우에 한한다.

- 취득가액: 실거래가액 3억 1천만원(시가 3억원)
  ⇨ 실거래가액과 시가와의 차이(1천만원)가 3억원과 시가의 5%(1,500만원)에 미달하므로 부당행위가 적용되지 않는다. 따라서 취득가액은 실거래가액인 3억 1천만원이다.
- 양도가액: 실거래가액 5억원(시가 5억 6천만원)
  ⇨ 실거래가액과 시가와의 차이(6천만원)가 3억원에는 미달하지만 시가의 5%(2,800만원) 이상에 해당하므로 부당행위계산 부인 규정이 적용되어 실거래가액을 부인하고 시가로 재계산한다. 따라서 양도가액은 시가인 5억 6천만원이다.
- 양도차익: 양도가액(5억 6천만원) – 취득가액(3억 1천만원) = 2억 5천만원
- 양도소득금액: 3년 미만 보유한 토지에 해당하므로 장기보유특별공제는 없다. 따라서 양도차익이 곧 양도소득금액이다.

82 ④

지문분석

① 이월과세를 적용하는 경우 거주자가 배우자로부터 증여받은 자산에 대하여 납부한 증여세를 필요경비에 산입한다.
② 이월과세를 적용받은 자산의 보유기간은 증여한 배우자가 그 자산을 취득한 날을 취득일로 본다.
③ 거주자가 양도일부터 소급하여 10년 이내에 그 배우자(양도 당시 사망으로 혼인관계가 소멸된 경우 제외)로부터 증여받은 토지를 양도할 경우에 이월과세를 적용한다.
⑤ 이월과세를 적용하여 계산한 양도소득 결정세액이 이월과세를 적용하지 않고 계산한 양도소득 결정세액보다 적은 경우에 이월과세를 적용하지 아니한다.

83 ③

배우자 또는 직계존비속간 이월과세 특례가 적용되는 경우이다.

지문분석

① 양도차익 계산시 양도가액에서 공제할 취득가액은 3억원이다.
② 양도차익 계산시 甲이 지출한 자본적 지출액 5천만원은 양도가액에서 공제할 수 있다.

④ 장기보유특별공제액 계산 및 세율 적용시 보유기간은 甲의 취득일부터 양도일까지의 기간으로 한다.
⑤ 甲과 乙은 양도소득세에 대하여 연대납세의무가 없다.

84 ②

• 배우자로부터 증여받아 10년 이내에 부동산을 양도하는 경우 배우자 및 직계존비속간 이월과세 규정이 적용된다.
• 장기보유특별공제 적용시 보유기간은 증여한 배우자(甲) 및 직계존비속이 취득한 날(2018년 1월 20일)로부터 양도일(2025년 5월 20일)까지로 한다. 즉, 장기보유특별공제를 받을 수 있다.

지문분석

① 양도소득세 납세의무자는 증여받은 배우자(乙)및 직계존비속이다.
③ 양도차익 계산시 양도가액에서 공제할 취득가액은 증여한 배우자(甲) 및 직계존비속의 취득가액(3억원)으로 한다.
④ 기납부한 증여세는 필요경비에 산입하여 양도차익 계산시 공제된다.
⑤ 증여자와 수증자는 연대납세의무가 없다.

85 ⑤

양도 당시에 혼인관계가 소멸된 경우에도 특례를 적용한다. 다만, 사망으로 혼인관계가 소멸된 경우에는 제외한다.

86 ①

거주자 甲이 국내 소재 토지를 甲의 사촌 형인 거주자 乙에게 양도한 경우에는 특수관계인에게 증여 후 양도한 경우로 증여일로부터 10년 이내에 양도한 경우에 한하여 甲이 그 토지를 직접 타인에게 양도한 것으로 보아 양도소득세가 과세된다.

87 ①

부당행위계산 부인 특례 중에서 특수관계자간의 증여 후 우회양도의 경우에는 수증자가 부담하는 증여세는 필요경비에 포함하지 않는다.

Point 47 양도소득세 납세절차

88 ⑤

지문분석

① 토지 또는 건물을 양도한 경우에는 그 양도일이 속하는 달의 말일부터 2개월 이내에 양도소득과세표준을 신고해야 한다.
② 양도차익이 없거나 양도차손이 발생한 경우에도 양도소득과세표준 예정신고의무가 있다.
③ 건물을 신축하고 그 신축한 건물의 취득일부터 5년 이내에 해당 건물을 양도하는 경우로서 취득 당시의 실지거래가액을 확인할 수 없어 환산취득가액을 그 취득가액으로 하는 경우에는 해당 건물 환산취득가액의 100분의 5에 해당하는 금액을 양도소득 결정세액에 더한다.
④ 양도소득과세표준 예정신고 또는 확정신고시에 납부할 세액이 1천만원을 초과하는 경우 그 납부할 세액의 일부를 분할납부할 수 있다.

89 ②

양도소득세 예정신고를 하지 아니한 경우에는 확정신고를 하더라도 가산세가 부과된다. 다만, 예정신고시 부과된 가산세는 확정신고시 다시 부과되지 아니한다.

90 ②

부담부증여의 채무액에 해당하는 부분으로서 양도로 보는 경우에 양도소득 예정신고기한은 그 양도일이 속하는 달의 말일부터 3개월이다.

91 ④

지문분석

① 2025년 3월 15일에 양도한 경우, 예정신고기한은 2025년 5월 31일이다.
② 예정신고납부세액공제(산출세액의 10%)는 폐지되었다.
③ 예정신고 관련 무신고가산세가 부과되는 경우, 그 부분에 대하여 확정신고와 관련한 무신고가산세는 다시 부과되지 아니한다.
⑤ 확정신고기간은 양도일이 속한 연도의 다음 연도 5월 1일부터 5월 31일까지이다.

92 ⑤

지문분석

① 건물을 신축하고 그 취득일부터 5년 이내에 양도하는 경우로서 감정가액을 취득가액으로 하는 경우에는 그 감정가액의 100분의 5에 해당하는 금액을 양도소득 결정세액에 가산한다.
② 양도소득세는 물납이 허용되지 않는다.
③ 과세표준 예정신고와 함께 납부하는 때에도 납부할 세액의 100분의 5에 상당하는 금액을 세액공제는 적용하지 않는다.
④ 예정신고납부할 세액이 1,000만원을 초과하는 자는 그 세액의 1,000만원을 초과하는 금액을 납부기한이 지난 후 2개월 이내에 분할납부할 수 있다.

93 ②

- 양도시기: 잔금지급일 이후에 허가를 받은 경우에는 잔금지급일이 양도시기가 된다. 즉, 2025년 2월 28일에 잔금을 지급하고 2025년 5월 20일에 허가를 받은 경우 양도시기는 2025년 2월 28일이 된다.
- 예정신고: 허가일이 속하는 달의 말일부터 2개월 이내이다. 즉, 2025년 5월 20일에 허가를 받았기 때문에 2025년 7월 31일까지 예정신고납부를 하면 된다.
- 확정신고: 양도한 다음 연도 5월 1일부터 5월 31일까지이다.

94 ④

비거주자는 국내에 있는 자산의 양도소득에 대하여만 납세의무(제한납세의무자)를 진다.

95 ②

지문분석

① 2025년 3월 21일에 주택을 양도하고 잔금을 청산한 경우 2025년 5월 31일까지 예정신고할 수 있다.

③ 예정신고납부시 납부할 세액이 1,000만원을 초과하는 경우에 분납할 수 있다.

④ 양도차익이 없거나 양도차손이 발생한 경우 예정신고하여야 한다.

⑤ 예정신고하지 않은 거주자가 해당 과세기간의 과세표준이 없는 경우에도 확정신고하여야 한다.

핵심 **재산세 · 종합부동산세 · 양도소득세 분할납부 비교**

구분	재산세	종합부동산세	양도소득세
분납요건	납부할 세액 250만원 초과	납부할 세액 250만원 초과	납부할 세액 1천만원 초과
분납기한	납부기한 경과 후 3개월 이내	납부기한 경과 후 6개월 이내	납부기한 경과 후 2개월 이내
분할납부 가능금액	납부할 세액 500만원 이하: 250만원을 초과하는 금액	납부할 세액 500만원 이하: 해당 세액에서 250만원을 차감한 금액	납부할 세액 2천만원 이하: 1천만원을 초과하는 금액
	납부할 세액 500만원 초과: 100분의 50 이하의 금액	납부할 세액 500만원 초과: 100분의 50 이하의 금액	납부할 세액 2천만원 초과: 100분의 50 이하의 금액

96 ③

예정신고기한 내 무신고 · 과소신고 후 확정신고기한까지 신고 · 수정신고한 경우에는 해당 무신고 · 과소신고가산세 100분의 50을 감면한다.

97 ①

예정신고시 납부할 세액이 1,200만원이므로 200만원에 대하여 2개월 이내에 분할납부가 가능하며, 확정신고시 납부할 세액이 2,800만원(4,000만원 − 1,200만원)이므로 1,400만원을 2개월 이내에 분할납부할 수 있게 된다.

핵심 **양도소득세 분할납부**

구분	양도소득세
분납요건	납부할 세액 1천만원 초과
분납기한	납부기한 경과 후 2개월 이내
분할납부 가능금액	납부할 세액 2천만원 이하: 1천만원을 초과하는 금액
	납부할 세액 2천만원 초과: 100분의 50 이하의 금액

98 ②

지문분석

① 과세기간별로 이미 납부한 확정신고세액이 관할 세무서장이 결정한 양도소득 총결정세액을 초과한 경우 다른 국세에 충당하여야 한다.

③ 양도소득세 과세대상 건물을 양도한 거주자는 부담부증여의 채무액을 양도로 보는 경우 양도일이 속하는 달의 말일로부터 3개월 이내에 예정신고하여야 한다.

④ 양도소득세 납세의무의 확정은 원칙적으로 납세의무자의 신고에 의하여 확정된다.

⑤ 납세지 관할 세무서장은 과세기간별로 「소득세법」 제116조 제2항 각 호의 금액의 합계액이 동법 제93조 제3호에 따른 양도소득 총결정세액을 초과할 때에는 그 초과하는 세액을 환급하거나 다른 국세 및 강제징수비에 충당하여야 한다. 즉, 해당 결정일로부터 90일 이내에 환급하여야 하는 것은 아니다.

99 ②

추계방법으로 양도차익을 산정하는 경우 필요경비개산공제액은 취득 당시 기준시가(개별공시지가)의 100분의 3을 곱한 금액으로 한다.

100 ②

예정신고납부를 하는 경우 예정신고 산출세액에서 감면세액을 빼고 수시부과세액이 있을 때에는 이를 공제한 세액을 납부한다.

Point 48 국외자산에 대한 양도소득세

101 ①

지문분석

② 비거주자가 국외토지를 양도한 경우 양도소득세 납부 의무가 없다.

③ 거주자가 국내상가건물을 양도한 경우 거주자의 주소지와 상가건물의 소재지가 다르다면 양도소득세 납세지는 양도자의 주소지이다.

④ 비거주자가 국내주택을 양도한 경우 양도소득세 납세지는 국내사업장 소재지이며, 국내사업장이 없는 경우에는 국내원천소득이 발생하는 장소이다.

⑤ 거주자가 국외 소재 자산을 양도하는 경우에 장기보유특별공제는 적용하지 아니한다.

102 ①

국외 소재 부동산, 부동산에 관한 권리, 기타 자산을 양도하는 경우에는 보유기간에 관계없이 기본세율(6~45% 8단계 초과누진세율)이 적용된다. 그러므로 1년 미만 단기양도의 경우에도 6~45% 8단계 초과누진세율이 적용된다.

103 ⑤

양도차익을 계산함에 있어서 양도가액 및 필요경비는 수령하거나 지출한 날 현재의 「외국환거래법」에 의한 기준환율 또는 재정환율에 의하여 계산한다.

104 ①

국내주택과 국외 1주택을 소유한 경우 국내주택을 먼저 양도한 경우에는 1세대 1주택으로 보아 비과세를 받을 수 있다.

105 ③

핵심 국외자산 양도시 국내자산의 양도에 대한 양도소득세 규정의 준용 여부

준용사항	준용하지 않는 사항
• 비과세 양도소득, 양도소득세 감면 • 양도소득과세표준 예정신고 · 확정신고 • 양도소득의 부당행위계산 부인 • 양도소득의 분할납부 • 취득 및 양도시기 • 양도소득과세표준의 계산(단, 장기보유특별공제는 제외)	• 미등기 양도자산에 대한 비과세의 배제 • 배우자 및 직계존비속간 수증자산의 이월과세 • 결손금 통산의 배제 • 양도의 정의 • 필요경비개산공제 • 단기보유자산에 대한 70%, 60%, 50%, 40% 세율 적용 • 기준시가의 산정

106 ②

국외 자산 양도시에는 결손금 통산에 관한 규정은 준용되지 않으므로, 국외 부동산을 양도하여 발생한 양도차손은 동일한 과세기간에 국내 부동산을 양도하여 발생한 양도소득금액에서 통산할 수 없다.

107 ③

국외자산의 양도가액은 그 자산의 양도 당시의 실지거래가액으로 한다. 다만, 양도 당시의 실지거래가액을 확인할 수 없는 경우에는 양도자산이 소재하는 국가의 양도 당시 현황을 반영한 시가에 따르되, 시가를 산정하기 어려울 때에는 그 자산의 종류, 규모, 거래상황 등을 고려하여 법령에 정하는 보충적 평가방법에 따른다.

108 ①

甲의 국외주택에 대한 양도차익은 양도가액에서 취득가액과 자본적 지출액 및 양도비를 차감하여 계산하며, 필요경비개산공제는 적용하지 아니한다.

Memo

Memo